Nunca es demasiado tarde para ser un artista

Julia Cameron con Emma Lively

Nunca es demasiado tarde para ser un artista

Descubrir la creatividad y el significado
de la vida después de la mediana edad

AGUILAR

Título original: *It's Never Too Late to Begin Again*
Primera edición: junio de 2017

© 2016, Julia Cameron
© 2016, edición original en inglés por Tarcher Perigee, Nueva York
© 2017, Penguin Random House Grupo Editorial, S.A.U.
Travessera de Gràcia, 47-49. 08021 Barcelona
© 2017, de la traducción, Laura Vidal

Printed in Spain - Impreso en España

ISBN: 978-84-03-51619-9
Depósito legal: B-8678-2017

Impreso en Limpergraf
Barberà del Vallès (Barcelona)

AG 1 6 1 9 9

Penguin
Random House
Grupo Editorial

Este libro está dedicado a Jeremy Tarcher,
cuya vida de creatividad nos inspiró a todos.

ÍNDICE

Introducción

Hace veinticinco años escribí un libro sobre creatividad titulado *El camino del artista*. En él explicaba, paso a paso, exactamente lo que tenía que hacer una persona para recuperar, y ejercitar, su creatividad. A menudo me he referido a ese libro como «el puente», porque permitía a las personas pasar de la orilla de sus constricciones y miedos a la tierra prometida de una creatividad profundamente satisfactoria. *El camino del artista* tuvo lectores de todas las edades, pero quienes más me conmovieron fueron mis estudiantes recién jubilados. Detecté en ellos una serie de problemas específicos que venían con la madurez. A lo largo de los años, muchos de ellos me pidieron que los ayudara a abordar problemas específicamente relacionados con el final de una vida profesional activa. El libro que tienes en tus manos es el resultado de un cuarto de siglo enseñando. Es mi intento de contestar «Y ahora ¿qué?» a quienes se disponen a empezar el «acto segundo» de su vida. En este libro encontrarás los problemas comunes a que se enfrentan las personas recién jubiladas: exceso de tiempo, ausencia de horarios, sensación repentina de que nuestro entorno físico se ha quedado anticuado, ilusión por el futuro mezclada con un miedo palpable a lo desconocido. Tal y como se preguntaba, preocupado, un amigo mío hace poco: «No hago otra cosa que trabajar. Cuando deje de trabajar, ¿qué haré? ¿Nada?».

La respuesta es no. No harás «nada». Harás muchas cosas. Te sorprenderá y encantará descubrir el pozo de inspiración que tienes dentro, un pozo del que solo tú puedes beber. Descubrirás que no estás solo en tus anhelos, que hay herramientas de creatividad que pueden ayudarte a sortear los distintos obstáculos de la jubilación. A los que trabajaron con *El camino del artista* algunas de estas herramientas les resultarán familiares. Otras son nuevas, o su uso es innovador. Este libro trata de abordar muchos temas tabú para los recién jubilados: aburrimiento, vértigo, miedo a la libertad, irritabilidad, ansiedad y depresión. Busca proporcionar a quienes pongan en práctica sus consejos un sencillo kit de herramientas que, usadas juntas, desencadenarán un renacimiento creativo. Su propósito es demostrar que todos somos creativos, que nunca es demasiado tarde para explorar nuestra creatividad.

Cuando mi padre se jubiló después de treinta y cinco años ajetreados y productivos como ejecutivo de cuentas en publicidad, se refugió en la naturaleza. Compró un terrier escocés negro llamado Blue al que sacaba todos los días a dar largos paseos. También se compró unos prismáticos para observar pájaros y comprobó que dedicar una hora a identificar seres emplumados le llenaba de asombro y alegría. Observaba pinzones, carboneros, juncos, reyezuelos y visitantes más exóticos, como garcetas. Vivía medio año en un velero en Florida y el otro medio a las afueras de Chicago. Disfrutaba de las distintas poblaciones de aves y le cautivaban sus comportamientos. Cuando se volvió demasiado peligroso que viviera solo en el barco, se instaló de forma permanente al norte, en una casita de campo cerca de una laguna. Allí veía cardenales, azulejos, urracas azules, búhos y algún que otro halcón. Cuando le visitaba, me hablaba de su amor a los pájaros. Su entusiasmo era contagioso y terminé comprando láminas de Audubon de las aves que observaba mi padre. Enmarcadas con esmero, estas láminas me alegraban la vida. La nueva afición de mi padre se convirtió pronto en la mía, aunque fuera solo a ratos.

«Solo hace falta tiempo y atención», decía mi padre. Al jubilarse había encontrado ambas cosas. Los pájaros hacían compañía a mi padre. Se puso contentísimo cuando una garza real de gran tamaño anidó en un lugar donde podía verla. Cada vez que visitaba a mi padre, tenía la esperanza de atisbarla. Las garzas eran hermosas y elegantes. Mi padre las esperaba con paciencia. Su paciencia era un regalo de su jubilación. Durante su carrera profesional intensa y llena de estrés, no había tenido ni perro ni pájaros. Pero la naturaleza le había llamado y era una llamada a la que solo pudo responder una vez jubilado.

Cuando tenía 54 años me fui a vivir a Manhattan. A los 64, cuando entraba en mi madurez, me mudé a Santa Fe. Conocía a dos personas que vivían en Santa Fe: Natalie Goldberg, la profesora de escritura, y Elberta Honstein, que criaba caballos de competición de raza Morgan. Podría decirse que tenía cubiertas las bases más importantes: me encantaba escribir y me encantaban los caballos. En mis diez años en Manhattan había escrito mucho, pero no había montado a caballo. Me mudé a Santa Fe por un ejercicio de los incluidos en *El camino del artista*. Había hecho una lista de veinticinco cosas que me gustaban y en los primeros puestos estaban la salvia, la ericameria, el enebro, las urracas, el mirlo de alas rojas y los cielos anchos. Era, en suma, una lista del suroeste de Estados Unidos y en la que no aparecía Nueva York por ninguna parte. No, mis amores eran la flora y la fauna del oeste del país: ciervos, coyotes, gatos monteses, águilas, halcones. No pensé en mi edad cuando hice la lista, aunque ahora me doy cuenta de que dejar Nueva York por Santa Fe puede haber sido mi última mudanza.

Me di tres días para encontrar un sitio donde vivir, cogí un avión de Nueva York a Santa Fe y empecé a buscar. Hice una lista de todo lo que pensaba que quería: un apartamento, no una casa; cafés y restaurantes a poca distancia caminando; vistas a las montañas. El primer sitio que me enseñó la agente inmobiliaria cumplía todos los requisitos de mi lista, y me horrorizó. Seguimos viendo un apartamento detrás de otro. Muchos de ellos tenían moqueta clara, y de mis años en Taos yo sabía que una moqueta así equivalía a desastre seguro.

Por fin, a última hora de mi último día de búsqueda, la agente me llevó a la última casa.

«No sé por qué le enseño esta casa», fue lo primero que dijo mientras conducía por un laberinto de senderos de tierra hasta una casita de adobe con un jardín sembrado de juguetes. «Vive una mujer con sus cuatro hijos», se disculpó mientras yo observaba la casa. Había juguetes y ropa por todas partes. Los sofás estaban cubiertos de cosas.

«Me la quedo», le dije a mi atónita agente. La casa estaba rodeada de enebros. No tenía vistas a las montañas. Estaba a kilómetros de distancia de restaurantes y cafés. Pero supe que era mi «hogar». El empinado camino de entrada sería traicionero en invierno y tuve el presentimiento de que la nieve me aislaría más de una vez. Pero también tenía una habitación octogonal y acristalada rodeada de árboles. Supe que a mi padre le habría encantado tener una «habitación para mirar a los pájaros» así. La convertí en mi cuarto para escribir y no hay un solo día pasado en ella en que no haya disfrutado aprendiendo un poco más sobre ornitología.

Llevo ya casi tres años viviendo en esta casa de adobe en la ladera de una montaña, coleccionando libros y amigos. Santa Fe ha resultado ser acogedora. Es una ciudad llena de lectores, donde se aprecia mi trabajo. A menudo me reconocen por la fotografía de la sobrecubierta de mis libros. «Gracias por tus libros», me dicen. He puesto mucho cuidado en construir mi vida en Santa Fe. Mis amistades se basan en intereses comunes. Yo creo que la creatividad es un camino espiritual y entre mis amigos hay muchos budistas y wiccanos. Cada tres meses voy a Manhattan, donde imparto talleres. La ciudad me resulta acogedora, pero también agobiante. A mis estudiantes me presento como «Julia de Santa Fe». Me encanta vivir allí, les digo, y es verdad.

El correo me llega a un buzón destartalado que hay al principio del camino de entrada. Tengo que obligarme a abrir el buzón y sacar su contenido. Casi nada de lo que recibo me gusta. En el mes de marzo de mi primer año en Santa Fe cumplí 65 años. Pero para enero ya tenía el buzón atestado de propaganda relacionada con envejecer. Todos los días me llegaban anuncios de Medicare y de seguros especiales identificándome como ciudadana de la tercera edad. Las cartas me parecían una intromisión, era como si me estuvieran vigilando. ¿Cómo exactamente sabían todos esos remitentes que iba a cumplir 65 años?

Empecé a pensar en mis cumpleaños con horror. Es posible que me sintiera joven de corazón, pero oficialmente me categorizaban como persona mayor. Algunas cartas llegaban incluso a ofrecerme que comprara una parcela en un cementerio. Estaba claro, no solo me hacía mayor, me acercaba al final de mi vida. ¿Quería cargar a mi familia con los costes de mi entierro? Por supuesto que no.

El correo se convirtió en un espejo que me devolvía mi reflejo bajo una luz dura e inclemente. Mis líneas de expresión se convertían en arrugas. Tenía pliegues en la garganta. Me acordé del libro autobiográfico de Nora Ephron, *El cuello no engaña y otras reflexiones de ser mujer*. Cuando lo leí a los 60 años lo encontré melodramático. Pero eso fue antes de descubrir que tampoco mi cuello engañaba, antes de cumplir 65 años y convertirme oficialmente en una señora mayor.

El término «mayor» se refiere oficialmente a quienes tienen 65 o más años. Pero no todas las personas «mayores» se sienten mayores. Y no todos lo que se jubilan tienen 65 años. Hay quien se jubila a los 50, hay quien espera a los 80. La mayoría de los artistas no se jubila nunca. Como dijo el director de cine John Cassavetes: «Da igual los años que cumplas; mientras conserves el impulso creativo, el niño que hay en tu interior seguirá vivo». Cassavetes era un buen ejemplo de lo que podría llamarse «envejecimiento juvenil». Actuaba y dirigía, hacía películas que reflejaban sus convicciones personales. Trabajaba con un grupo de actores que incluía a su mujer, Gena Rowlands, para contar historias de intimidad y de conexión. Cuando se hizo mayor empezó a interpretar a hombres atormentados y llenos de conflictos. Su pasión era palpable. Incluso si hacía del personaje de mayor edad de la película, seguía siendo joven de espíritu. Si seguimos el ejemplo de Cassavetes, podemos conservar un interés apasionado por la vida. Podemos entregarnos a proyectos en cuerpo y alma. A los 65 años aún podemos ser principiantes llenos de energía.

Me dicen que la edad media en Santa Fe es de 60 años. Es verdad que cuando voy a hacer la compra, veo a muchas personas mayores. A los jubilados les gusta mudarse a Santa Fe. Casi me he acostumbrado a la pregunta «¿Sigues escribiendo?». Lo cierto es que no me imagino no escribiendo. Termino un proyecto y empiezo otro, y casi siempre vivo con temor el intervalo entre ambos. Me sorprendo a mí misma desconfiando de mi capacidad. Da igual que haya escrito más de cuarenta libros, siempre temo que cada uno sea el último, que llegue un momento en que la edad me impida seguir.

Hace poco fui a hablar con Barbara McCandlish, una excelente terapeuta.

«Estoy triste», le dije. «Me da miedo no volver a escribir».

«Creo que lo que te da miedo es envejecer», dijo Barbara. «Creo que si escribes sobre eso, el resto vendrá solo».

La creatividad siempre es la respuesta.

El dramaturgo Richard Nelson se entrega en cuerpo y alma a nuevos proyectos. Su edad no le supone ningún problema. Uno de sus últimos trabajos, el ciclo teatral *The Apple Family Plays*, es un ejemplo de lo que se puede conseguir con dedicación.

El excelente escritor John Bowers publicó su primera novela, *End of Story*, a los 60 años. A los 64 trabaja duro en su segunda novela, más larga y ambiciosa que la primera, y me recuerda que Laura Ingalls Wilder publicó su primer libro de *La casa de la pradera* con 64 años. John empezó la presentación de su libro en Santa Fe diciendo que los potentes focos del escenario dejaban ver sus muchas arrugas. Es un hombre atractivo que lleva bien su edad, a pesar de los chistes que hace. Tal y como yo lo veo, ser tan creativo es lo que le conserva tan joven de espíritu.

Mi amiga Laura, con más de 60 años, asiste a agotadoras clases de zumba en su gimnasio de Chicago. «Consigo seguir el ritmo de la clase», dice con modestia. La realidad es que hace mucho más. Su postura corporal es orgullosa y su energía, eléctrica. «Solo son tres días a la semana», me dice. Pero está claro que bastan para influir en su físico y en su optimismo. A Laura siempre le ha encantado bailar, desde que daba clases de ballet siendo niña, y al encontrar una forma de ejercicio que encaja con su naturaleza alegre y creativa está radiante, y haciendo más ejercicio físico que en toda su vida.

Canoso pero en forma, Wade se jubiló hace poco de una larga carrera académica. Conocido por sus carismáticas clases en el departamento de filosofía de su universidad, cuando se jubiló, comprobó sorprendido que le apetecía apuntarse a clases de teatro. De joven había disfrutado participando activamente en el grupo de teatro de su barrio. Ahora se dedica con pasión a la interpretación y hace poco ha hecho el papel de Jack Nicholson en *Mejor imposible* en el mismo teatro de barrio que frecuentó de joven. «Mi vuelta a los escenarios», dice riendo. Su ilusión es palpable y los miembros más jóvenes de la compañía siempre están deseando oír sus anécdotas de los viejos tiempos.

Una vez jubilados, tanto Laura como Wade regresaron a las pasiones de su juventud. Está muy claro. En las vidas de todos hay pistas que nos conducen a lo que nos proporcionará felicidad durante nuestro «segundo acto».

Mi amigo Barry, a quien de pequeño le encantaba sacar fotografías con su cámara Brownie, redescubrió su pasión casi inmediatamente después de jubilarse de una larga carrera profesional en tecnologías de la comunicación. Empezó a hacer fotos, disfrutó aprendiendo la magia de las cámaras digitales y, muy pronto, utilizó Photoshop para editar las imágenes. Ahora cuelga todos los días en Facebook fotos bellas y misteriosas. En ocasiones captura una imagen más literal, en otras muestra una versión manipulada de la toma original para transmitir su visión particular, su mirada de artista. A menudo ajusta una imagen hasta que recuerda a una pintura clásica.

«Cuando tenía unos 5 años», me cuenta, «me sentaba en el regazo de mi padre a hojear *Las pinturas más famosas del mundo*, de Rockwell Kent. Me leía los pies de foto. Lo hicimos durante varias semanas y vi mucho arte. Se me quedó grabado». Cuando sus amigos comentan que siempre ha sabido cuál era su vocación, se muestra humilde. «No sabía que lo sabía», dice. «Probablemente le pasa a muchas personas».

Picasso dijo algo así como que todos los niños nacen artistas y que lo difícil es seguir siéndolo de adulto. Pasión, dedicación y, sobre todo, el valor de ser un principiante son las cualidades necesarias… y que están a nuestro alcance.

Hace poco cené con un amigo artista. Tiene 67 años y trabaja todos los días escribiendo, participando en programas de radio y de profesor. La conversación derivó en mi nuevo libro y en mis reflexiones sobre el tema de la jubilación.

«Los artistas no se retiran», se limitó a decir.

Es verdad. Tom Meehan, a los 83 años, estrenó dos musicales en Broadway en una misma temporada. Hoy, a los 86, prepara un nuevo espectáculo. Roman Totenberg, reputado violinista y profesor, enseñó —y dio recitales— hasta su muerte, a los noventa y muchos años. Frank Lloyd Wright falleció a los 91, dejando un edificio sin terminar en Oak Park, Illinois. B. B. King hizo giras hasta seis meses antes de morir, a la edad de 89 años. Oscar Hammerstein II vivió solo hasta los 65, lo bastante sin embargo para ver *Sonrisas y lágrimas* estrenarse en Broadway. Su última canción, *Edelweiss*, se añadió a la obra durante los ensayos.

¿Qué lecciones podemos extraer de todo esto? La autoexpresión es algo que no para nunca —y no debería hacerlo—. Todos somos creativos. Todos poseemos algo único que ofrecer al mundo. Tenemos el tiempo y la experiencia de nuestro lado. La jubilación es el momento de emprender proyectos, rescatar sueños, tiempo de revisitar el pasado y explorar lo desconocido. Es el momento de rediseñar nuestro futuro.

PRINCIPIOS BÁSICOS PARA RECUPERAR LA CREATIVIDAD

1. La creatividad es el orden natural de la vida. La vida es energía... pura energía creativa.
2. Hay una fuerza creativa subyacente, profunda, presente en todo ser vivo... incluidos nosotros.
3. Cuando nos abrimos a nuestra creatividad, nos abrimos al creador que está dentro de nosotros y en nuestras vidas.
4. Nosotros mismos somos creaciones. Y tenemos que dar continuidad a esa creatividad siendo creativos.
5. La creatividad es un regalo que nos hace Dios. Usarla es nuestra manera de corresponderle por su regalo.
6. Negarse a ser creativo es un acto voluntario y contrario a nuestra verdadera naturaleza.
7. Cuando nos abrimos a explorar nuestra creatividad nos abrimos a Dios: vamos por el camino correcto.
8. Cuando abrimos nuestro canal creativo al creador, cabe esperar muchos cambios suaves, pero poderosos.
9. No corremos ningún peligro abriéndonos a una creatividad cada vez mayor.
10. Nuestros sueños y anhelos creativos tienen un origen divino. Al perseguir nuestros sueños, nos acercamos a la divinidad.

CÓMO USAR ESTE LIBRO

Nunca es demasiado tarde para ser un artista es un curso de doce semanas para cualquiera que desee expandir su creatividad. No está pensado solo para artistas «declarados». Se dirige a quienes están empezando el segundo acto, dejando su vida anterior atrás y entrando en otra aún por construir. Para algunos, esto puede significar abandonar el mundo profesional; para otros, enfrentarse al nido vacío una vez los hijos se han hecho mayores e ido de casa; y para otros puede significar simplemente rejuvenecer el espíritu creativo una vez han sido clasificados como «personas mayores».

Cada semana lee un capítulo y haz las tareas que se incluyen al final de este. Trabajarás con cuatro herramientas básicas: la herramienta diaria de páginas matutinas; la cita con el artista, de periodicidad semanal; y los paseos, que se hacen cada quince días y en soledad. Durante las doce semanas usarás la autobiografía para revisitar tu vida dividiéndola en etapas que puedas abarcar.

Doce semanas —tres meses— pueden parecer mucho tiempo, pero considéralo una inversión semanal de unas cuantas horas en la siguiente fase de tu vida.

Herramientas básicas

Páginas matutinas. Tres páginas diarias escritas a mano que fluyen libremente de la conciencia nada más levantarte y «solo para tus ojos».

Autobiografía. Un proceso semanal y guiado de desenterrar recuerdos y de revisitar tu vida en intervalos de siete años.

Cita con el artista. Una expedición semanal y en solitario a explorar algo divertido.

Paseos. Un paseo a solas de veinte minutos, dos veces a la semana, sin perro, sin un amigo, sin teléfono móvil.

Páginas matutinas

La herramienta básica para recuperar la creatividad es algo que llamo páginas matutinas: tres páginas escritas a mano sobre cualquier cosa. Hay que escribirlas a primera hora de la mañana y no enseñarlas a nadie. No existen reglas para estas páginas matutinas. Me gusta pensar en ellas como limpiaparabrisas, que se llevan cualquier cosa que haya entre ti y una visión despejada del día que tienes por delante.

Las páginas pueden parecer insignificantes y triviales. «Se me ha olvidado comprar alpiste. El nuevo detergente de lavavajillas no me vuelve loca. Tengo que renovar el carné de Alcohólicos Anónimos. Estoy sin papel para la impresora. Tengo que devolverle la llamada a mi hermano...», pero preparan el camino para nuevas aventuras creativas.

Las páginas nos dicen a nosotros y al universo dónde estamos exactamente. A menudo pienso en ellas como una forma activa de meditación. Otra manera de verlas es como un cepillito que quita el polvo a cada recoveco de nuestra existencia. Muchas personas se resisten a las páginas matutinas argumentando que no tienen tiempo de hacerlas, y luego, cuando el tiempo libre empieza a vislumbrarse amenazador en el horizonte, les van resultando más factibles.

No te equivoques: las páginas matutinas son perfectas para jubilados.

«Julia, no tengo tiempo» se convierte en «Julia, tengo mucho tiempo... y no sé qué hacer con él». Yo entonces explico que las páginas son como un radiotransmisor espiritual. Cuando ponemos por escrito nuestros resentimientos, miedos, alegrías, placeres, sueños y deseos estamos notificando al universo quiénes somos en realidad. Cuando escribimos con libertad, empezamos a vivir con más libertad, a ver oportunidades de elegir en nuestro día a día que antes nos pasaron desapercibidas. Nos damos cuenta de que el universo nos contesta. Tenemos corazonadas e intuiciones que nos dicen cuáles deberían ser nuestros siguientes pasos. Non sentimos guiados y acompañados. A menudo las páginas matutinas son como un amigo que nos dice las verdades. Si estamos evitando un problema importante, las páginas nos insistirán hasta que pongamos en práctica sus sugerencias.

«Julia, haciendo las páginas matutinas me he obligado a dejar de beber», me han dicho a menudo.

«Julia, he hecho lo de las páginas matutinas y he terminado revisando mis hábitos alimentarios y de ejercicio físico. He adelgazado veinte kilos».

Es muy difícil quejarse de una situación una mañana detrás de otra sin terminar sintiendo la necesidad de hacer algo al respecto.

Las páginas matutinas nos conducen a un contacto consciente con nuestro creador. Tienden un puente por el que podemos cruzar a nuestras nuevas vidas, vidas más adecuadas a nuestros deseos y aspiraciones.

«Julia, me dan miedo las páginas», oigo algunas veces. A los temerosos les tranquilizo diciendo que las páginas no tienen nada de traumático.

«No les veo la utilidad», me dicen en ocasiones los dubitativos.

«Tú pruébalo», les animo. No existen reglas para estas páginas matutinas. Son una herramienta para experimentar. Escribirlas nos lleva a creer en ellas.

Igual que los viajeros de un avión pueden no apreciar la velocidad a la que viajan a no ser que haya turbulencias, quienes escriben estas páginas matutinas pueden no ser conscientes de la velocidad a la que viajan. Es imposible escribir las páginas matutinas sin que cambie algo, y aun así, hay quien se queja de que mientras las escriben solo le producen aburrimiento.

«Seguid escribiendo», les digo a los incrédulos. «Si seguís escribiendo terminaréis por hacer progresos».

«Pero, Julia, en serio. No noto nada», me dice algún alumno que, tal y como yo lo veo, está cambiando a la velocidad de la luz. A menudo la recuperación de nuestra creatividad permanece invisible porque nos cambia en un sentido que no esperábamos. He visto a escritores empezar a pintar, abogados ponerse a escribir, profesores convertidos en cantantes. Todos se desbloquean de maneras que les estaban destinadas. Yo digo muchas veces que usar estas herramientas es como sacudir un manzano... y que el universo te mande naranjas.

Este desbloqueo no se produce solo en el ámbito artístico. Carol se hizo voluntaria en un programa de alfabetización de adultos. Disfrutaba mucho y llenaba su tiempo libre. Antonio se apuntó a una liga de ajedrez. Monty a un club de bridge. El redescubrimiento de nuestras aficiones es un resultado frecuente de las páginas matutinas. Así que la próxima vez que pienses que «no notas nada», párate y piensa más despacio.

Escribir las páginas matutinas es un ejercicio de atención. Prestar atención siempre resulta curativo. Muchos se embarcan en las páginas matutinas sin ser conscientes de su valor terapéutico. Todos tenemos cicatrices, algunas profundas, otras no tanto. Algunos hemos sufrido duros reveses en la infancia. Otros llevamos cicatrices de heridas sufridas en edad adulta. Al escribir, «reescribimos» las injusticias sufridas.

Las páginas matutinas encierran esperanza de futuro. Lo hacen centrándose en el presente; en la andadura de cada día hay muchos momentos de elección posibles. Cuando somos conscientes de estas elecciones, mejora nuestro estado de ánimo... y también nuestra vida.

Para quien escribe las paginas matutinas por primera vez, el impacto de muchas emociones hasta entonces evitadas puede resultarle abrumador. Estamos acostumbrados a la imprecisión. Pero ya no nos sirve.

Estamos acostumbrados a decir: «Estoy bien» respecto a alguna cosa, cuando la realidad puede ser muy distinta. Las páginas nos desafían a ser específicos. En lugar de decir: «Estoy bien», podemos encontrarnos diciendo: «Eso me tiene enfadado, molesto, amenazado», u otra serie de cosas, ninguna de las cuales significa «bien». A medida que aprendemos a poner nombre —y a afirmar— a nuestros sentimientos, esos sentimientos se vuelven menos abrumadores. A medida que admitimos nuestras emociones negativas, empezamos a dejar de pensar en ellas como algo malo. «Me siento amenazado», podemos escribir. O «tengo celos» o «estoy furioso». Sentir emociones previamente ignoradas puede darnos pie a enfrentarnos a ellas. Ya no nos sobrepasan. A medida que usamos las páginas matutinas para explorar y expresar nuestros sentimientos más difíciles nos estamos enseñando a nosotros mismos el valioso arte de ser auténticos. Primero sobre el papel, luego en la vida, dibujamos nuevas fronteras. Ya no complacemos a los demás con mentiras piadosas. Plantamos cara sobre el papel y pronto descubrimos que también al mundo.

Escribir las páginas matutinas nos orienta hacia nuestro «verdadero norte». Vemos claros nuestros valores. Nos volvemos más sinceros, primero con nosotros mismos, luego con los demás. Si antes temíamos que nuestra sinceridad ahuyentara a quienes nos rodean, ahora comprobamos que es justo al contrario: las relaciones sanan y crecen a medida que lo hacemos nosotros.

Las páginas matutinas se escriben a mano. ¿Por qué? Cada vez que empiezo un taller, un estudiante me señala que es mucho más rápido escribir en ordenador. ¿No sería más práctico...?

No, no lo creo.

Es esencial que las páginas matutinas estén escritas a mano. Cuando escribimos a mano vamos lo bastante despacio para registrar nuestros pensamientos con precisión. En el ordenador ponemos nuestros pensamientos por escrito a toda velocidad. Escribir a mano es como conducir a 50 kilómetros por hora. «Ah», decimos, «ese es el desvío. Qué bien, hay una tienda abierta».

Teclear en el ordenador es como conducir a 100 kilómetros por hora. «Vaya por Dios, ¿era esa la salida», nos preguntamos. «¿Y eso? ¿Era una gasolinera o una tienda?». Nuestras percepciones son fugaces. No sabemos muy bien lo que vemos o sentimos. Pasamos por alto señales y detalles importantes. Escribiendo a mano sabemos exactamente lo que nos encontramos. Escribir a mano tiene como resultado una vida escrita a mano. Muchos tenemos la sensación de que podemos avanzar más rápido con un ordenador, pero velocidad no es lo que buscamos. Escribimos a mano para conectarnos de forma precisa con lo que pensamos y sentimos. En el ordenador escribimos a la carrera, diciéndonos que llevamos «bien» lo que ocurre en nuestras vidas. Pero ¿qué significa exactamente «bien»?

La contestación llega cuando escribimos a mano.

Me siento triste y se nota en mi caligrafía. Echo de menos a mi perra Tiger Lily, que murió hace dos meses. Echo de menos a mi hija, que está en Nueva York con su padre. Hay especificidad en aquello que echo de menos: la costumbre de mi perra de dormitar en la alfombra persa; la dulce voz de mi hija mientras me cuenta sus novedades. No, la verdad es que no estoy «bien». Lo de «bien» era una cortina de humo, una bruma entre mi persona y la realidad. Sobre el papel, mi sinceridad es palpable. Aunque escribir una palabra detrás de otra puede resultar más lento que teclear, estoy en contacto directo con mis preguntas, y con mis respuestas, de manera mucho más inmediata.

Las páginas matutinas nos enseñan paciencia cuando nos enfrentamos a una relación difícil. Nos descubren nuestra capacidad de resistencia cuando nos embarcamos en nuevos objetivos y proyectos.

✎ Tarea
Páginas matutinas

Cada mañana, si es posible nada más despertarte, escribe tres páginas sobre nada en particular. Escríbelas a una sola cara, a mano, y no las des a leer a nadie. Sugiero usar cuartillas; son más pequeñas y moldearán mejor tus pensamientos. Por favor, escribe a mano; no es lo mismo hacerlo en un dispositivo, aunque nos parezca que así vamos más «deprisa». Muchas veces me preguntan si hay que hacer las páginas antes de tomarse el café. Como buena cafetera, jamás me interpondría entre alguien y su café de la mañana. Pero no dediques cuarenta y cinco minutos a prepararlo. Ponte a escribir lo antes posible. Cuando antes hagas las páginas, mayor será su efecto.

No las enseñes a ningún ser querido ni a amigos bienintencionados. Son algo privado y completamente libre, un monólogo interior. Hacen las veces de quiropráctico que nos pone a punto para el día que tenemos por delante. No tienen que ser «escritura», ni siquiera de periodismo, donde lo normal es centrarse en un tema y analizarlo de manera más estructurada. Las páginas matutinas despejan los escollos que se interponen entre nosotros y el día. Si se hacen de manera consistente, cambiarán el rumbo de nuestras vidas.

Cita con el artista

La segunda gran herramienta para recuperar la creatividad es algo que llamo cita con el artista. Es una salida semanal en solitario a explorar algo que te interese o enriquezca. Cuando te propongas a ti mismo hacer algo divertido, seguramente encontrarás resistencia. Las páginas matutinas son trabajo, y a trabajar siempre estamos dispuestos. El concepto de «trabajar» en nuestra creatividad es algo que podemos entender.

Las citas artísticas, en cambio, son diversión obligada. Y aunque nos encanta usar la expresión «jugar con las ideas», no siempre entendemos muy bien hasta qué punto la diversión puede resultarnos de ayuda. Aquellos que ponen en práctica las citas con el artista hablan de ideas, de corazonadas, de progresos. Hablan de una sensación de bienestar más intensa. Algunos hasta afirman que la cita con el artista les proporciona un contacto consciente con un poder más grande que ellos. Así que merece la pena resistirnos a nuestra resistencia.

Planifica tu cita con el artista con tiempo; por eso se llama «cita». Luego, espera a que tu aguafiestas interior entre en acción. De pronto habrá un millón de cosas más importantes que la cita. Nuestra pareja querrá acompañarnos. Pero no. A las citas con el artista tenemos que ir solos, sin compañía. Si nos mantenemos firmes, obtendremos de ellas una reconfortante sensación de independencia.

Una cita con el artista no tiene por qué ser ni cara ni exótica. Puede consistir en algo tan sencillo como entrar en una tienda de mascotas. Una de mis citas con el artista preferidas es ir a una librería infantil. Al fin y al cabo nuestro artista es algo así como un niño interior. Las librerías infantiles me ofrecen la información «justa» para arañar la superficie de un tema que me resulta interesante y la naturaleza lúdica de la tienda me anima a jugar, a ahondar en muchos temas distintos, a asomarme aquí y allá.

Lo fundamental es que la cita con el artista sea algo que te resulte nuevo y emocionante *a ti*.

Para su cita con el artista, Charles eligió ir a una floristería. Estuvo viendo algunas orquídeas exquisitas, pero se decidió por una bromelia rosa y azul que, según le aseguró la vendedora, le duraría meses.

Muriel concertó una cita musical. Fue a oír al coro de su parroquia interpretar el *Mesías*, de Haendel. «Fue maravilloso», contó. «No sabía que tenían tanto talento».

Gloria visitó una tienda de suministros de bellas artes donde había una serpiente de 100 kilos de peso en un recinto de plexiglás. «La serpiente me dio miedo», informó Gloria. «Pero convirtió ir de compras en una aventura».

La primera cita artística de Antoinette fue muy movida: una clase de kickboxing en su gimnasio. «Me cansé enseguida y no pude seguir el ritmo», contó, «pero decidí continuar porque sabía que iría ganando resistencia. Después de todo, el profesor tenía sobrepeso y aun así seguía un ritmo duro. Me gustó que el profesor no fuera perfecto. Me dio valor».

La cita con el artista requiere valor. Pero la recompensa es vigor e inspiración renovados.

Uno de los primeros frutos de las citas con el artista es un aumento de la resistencia. A medida que empezamos a jugar, descubrimos que no nos cansamos tan fácilmente. El mundo es una aventura y nosotros somos espíritus intrépidos. Es importante, a la hora de planear nuestras aventuras, que pensemos en términos de misterio y no de magisterio. ¿Que no sabes patinar sobre hielo? ¡Nunca es demasiado tarde para aprender! Nuestro yo juvenil lleva hambriento mucho tiempo. Necesitamos pensar en términos de belleza y no de deber. Buscamos recuperar la capacidad de asombro. A menudo un zoo, un aviario o un acuario son lugares ideales donde empezar. Allí encontramos criaturas que pueden mirarnos con la misma curiosidad con que las miramos nosotros a ellas. A la hora de planear nuestras aventuras, quizá nos apetezca inventar un niño imaginario a quien tenemos que entretener. Pero no te lleves a un niño a la cita con el artista. El sentido de estas es ayudarnos a recuperar la capacidad de asombro y la emoción de nuestra juventud, pero sin la inhibición que supone cuidar de un niño de carne y hueso.

A medida que avances con tu autobiografía quizá quieras organizar una cita con el artista que evoque uno de los recuerdos que estás revisitando. Estas citas «reminiscentes» pueden ser algo muy poderoso. Una alumna mía recordaba cuando visitaba la casa de su abuela de pequeña cada verano y la gran lata de «galletas de la abuelita» que había en lo alto de la estantería. Años más tarde, mientras trabajaba en su autobiografía, dedicó una cita con el artista a revivir la experiencia.

«Fui a varias tiendas de antigüedades con la esperanza de encontrar una lata que me recordara a la que tenía mi abuela. Cosa increíble, encontré una que me evocaba ese recuerdo. Me di cuenta de que no sabía exactamente cómo era la lata de mi abuela, pero un frasco de galletas alto, azul y blanco despertó en mí algo infantil. Le pedí la receta a mi tía y preparé las "galletas de la abuela", forrando con esmero el interior del frasco con papel encerado para que el glaseado rosa de las galletas no se pegara. La experiencia me resultó de lo más conmovedora. Los olores y sabores de la tarea me transportaron a un tiempo muy sencillo y muy feliz».

Otro alumno usó la cita con el artista para revivir un recuerdo más doloroso... con resultados sorprendentes. «Mi hermano murió de alcoholismo», me contaba Chris. «Yo le cuidé durante mucho tiempo. Fue una época de muchos miedos, con emociones contradictorias. A veces temía estar perdiéndonos a los dos, a él y a mí. Vivía conmigo en Greenwich Village y nunca sabías cómo iba a terminar el día. Fueron unos años caóticos, inestables». Chris se obligó a ir al restaurante chino donde solía pedir comida a domicilio cuando vivía con su hermano en Greenwich Village. «Llevaba sin ir desde... hace años», recuerda. «Pedí las empanadillas que pedíamos siempre. Estaban... igual que siempre. El sabor y el olor me devolvieron al pasado. Paseé por mi antiguo vecindario, pasé por el apartamento en que vivíamos. Me inundaron los recuerdos... de mi perro cuando era cachorro, de mi hermano a edades muy diferentes, en sus días buenos y sus días malos. Las veces que comimos juntos esas empanadillas y las veces que las comí yo solo mientras él estaba comatoso, borracho en el sofá. Fui a una papelería que había frecuentado mucho en aquella época. A veces, cuando me sentía perdido, entraba y me ponía a mirar los bolígrafos de colores, intentando distraerme con algo que me gustaba. Años más tarde hice lo mismo, miré bolígrafos en aquella papelería. Me puse muy triste pensando en mi hermano, pensando en aquella época tan dura para mí. Y entonces ocurrió algo increíble. Me di cuenta de que podía ayudar a mi antiguo yo. El tipo que había entrado en aquella papelería a ver bolígrafos era yo. Era como si pudiera mirar atrás y decirle: "Oye, todo va a salir bien. Vas a salir de esta". Fue como pasar página. Aquel día me compré un bolígrafo y cada vez que lo uso me siento feliz».

Cortejarnos a nosotros mismos, mimarnos, conocer lugares nuevos o históricos... una cita con el artista suele durar una hora. Por mucho esfuerzo que pueda parecer levantarse de la cama y acudir a ella, hay muchas probabilidades de que se convierta en una hora memorable.

✐ Tarea
Cita con el artista

Haz una lista de diez aventuras posibles. Una vez a la semana emprende una. Puede ser algo de la lista o algo que se te ocurra durante la semana. La cita con el artista es *solo para ti*, para que experimentes y disfrutes algo *en soledad*. Resérvale una hora a la semana —más si quieres— y agéndala como si fuera una reunión con alguien importante. Resiste la tentación de cancelarla o de invitar a alguien a que te acompañe. Es una cita con tu artista interior. Puedes encontrarte con que te resistes a hacerla, pero te aseguro que los resultados te sorprenderán e inspirarán.

Pasear

Una de las herramientas creativas más valiosas también es la más sencilla. Estoy hablando de pasear. Cuando escribí *El camino del artista* incluí el ejercicio físico en la semana doce. Sabía que era importante, pero aún no me había dado cuenta de hasta qué punto. Ahora, veinticinco años después, cada vez que doy un curso, asigno a mis alumnos dos paseos semanales. He aprendido que caminar calma la ansiedad y hace aflorar la creatividad.

«Pero, Julia, no tengo tiempo para paseos», se quejan a veces mis alumnos. Lo hacen porque no se dan cuenta de lo importante que es la actividad. Con frecuencia los que más protestan terminan convertidos en los principales defensores de pasear. Tal y como me lo explicó uno de ellos, «es como si me comunicara con el universo y el universo aprovechara que estoy paseando para comunicarse conmigo».

Al caminar ejercitamos la receptividad. Mientras paseamos llenamos el pozo creativo. Reparamos en imágenes nuevas y establecemos conexiones también nuevas. Desde un gato sentado en un alféizar hasta el perro que tira de la correa que sujeta su amo, tomamos consciencia de nuestra conexión con todas las criaturas. Desde el grito de felicidad de un niño que juega hasta el trino de un pájaro, entretejemos muchas notas de la melodía de la vida. Caminar es coser una colcha con los retazos aterciopelados de nuestra experiencia. Así pues sí, caminar es importante.

Solvitur ambulando, dijo san Agustín. En español: «Se soluciona caminando». Ese *se* puede referirse a casi cualquier cosa. Para muchos de nosotros, caminar resuelve problemas de la vida diaria. No solo nos trae orden, también respuestas. Podemos salir a caminar con un problema y las probabilidades de que volvamos con él resuelto son altísimas.

Mona se resistía a pasear. Lo consideraba una pérdida de su valioso tiempo. Cuando le insistí en que lo probara se puso gruñona, hostil incluso: «Julia, tú tienes tiempo para pasear, pero yo no».

«Mona», le dije, «estamos hablando de veinte minutos. Estoy segura de que puedes sacar ese tiempo».

De mala gana, Mona dio el primero de sus paseos de veinte minutos. Caminó siete manzanas calle abajo y siete calle arriba, diez minutos para ir y diez para volver. Mientras paseaba, una ardilla se cruzó en su camino y un mirlo de alas rojas trinó en la rama de un manzano. Era raro ver un mirlo en la ciudad, se dijo Mona. Verlo le produjo satisfacción. De mala gana, Mona se reconoció a sí misma que quizá lo de caminar no era tan mala idea. En su segundo paseo de la semana se cruzó con una pareja mayor de enamorados que caminaban de la mano. Al verlos Mona sintió fe y optimismo. «Puede que hacerse mayor no sea tan malo». Se aficionó a caminar mucho más rápido de lo que habría imaginado. Aunque los deberes consistían en pasear dos veces a la semana, empezó a hacerlo a diario y cada paseo le resultaba una aventura.

El diplomático Dag Hammarskjöld creía en los largos paseos diarios. Durante ellos reflexionaba sobre complejos asuntos de Estado. El novelista John Nichols escribe todos los días y también camina todos los días. La reputada profesora de escritura Brenda Ueland defendía los largos paseos diarios. «Una cosa he aprendido: a mí, un paseo de ocho o nueve kilómetros me ayuda. Y tengo que hacerlo sola y todos los días». Al caminar ejercitamos no solo la cabeza, también el cuerpo. Caminar es gratis, no hace falta pagar un gimnasio caro ni un entrenador. Caminar nos conduce sin esfuerzos a la buena forma mental y física.

Lisa empezó su jubilación abrumada y con sobrepeso. Entonces se puso a dar paseos diarios para, explicaba, «aclararme las ideas» y porque «solo eran veinte minutos». A los dos meses había perdido cuatro kilos y medio. «Caminar es adictivo», me dijo.

Frances, compositora, estaba atascada con un musical. Por sugerencia mía, probó a pasear y a las dos semanas me dijo contenta: «Estoy llena de melodías otra vez».

Gerald, neoyorquino, a menudo va andando a los sitios y por el camino disfruta de la arquitectura de los distintos barrios de Manhattan. Como es optimista por naturaleza, atribuye su buen humor a sus paseos.

La costumbre de caminar todos los días se convierte en un hábito diario saludable. Veinte minutos son suficientes, aunque muchas personas dan paseos más largos.

Katie, una agente literaria con muchas responsabilidades, cree en caminar. Hace lo que ella llama «rutas urbanas» diarias, a menudo de quince o más kilómetros. «Caminar me aporta paz y me aclara las ideas», dice. «El aire fresco es vivificante y mientras camino a menudo se me ocurren ideas e intuiciones».

✐ Tarea
Camina

Dos veces por semana da un paseo de veinte minutos tú solo. Ve sin perro, sin pareja, sin un amigo, sin teléfono móvil. Es el momento de ponerte en marcha... hacia la lucidez. Caminar abre espacio en tu cabeza para que lleguen las ideas. Cuando salgo a caminar me gusta estar atenta a posibles «ajás». Si escucho, siempre los encuentro.

Autobiografía

Hay una frase desgarradora que oigo una y otra vez a mis alumnos recién jubilados. «Mi vida no tiene demasiado interés».

Lo cierto es que todas las vidas son fascinantes. Y cuando nos decidimos a examinar, y por tanto a honrar, la vida que hemos llevado, inevitablemente terminamos con una sensación de poder y de autoestima.

Suena mágico, y lo es.

La autobiografía es un ejercicio semanal que se alimenta a sí mismo. Dividirás tu vida en secciones: como regla general, divide tu edad por doce y ese será el número de años que cubras cada semana. Contestando a una lista de preguntas cada semana desenterrarás recuerdos vívidos, descubrirás sueños olvidados y encontrarás una serenidad y una clarividencia inesperadas. No te preocupes, no tienes que escribir tu obra magna... a no ser que quieras, claro. Cada autobiografía será distinta; puedes elegir contestar simplemente las preguntas y enumerar los recuerdos que evocan en prosa estándar; o puede ocurrirte que los recuerdos afloren en forma de poemas, dibujos o canciones. Por el camino encontrarás sueños a los que querrás volver, ideas que estás dispuesto a descartar, heridas que ya pueden cicatrizar... Pero sobre todo valorarás la vida que has llevado. He tenido alumnos que han cosido colchas con distintas etapas de su vida, que han escrito canciones sobre amores perdidos, enviado cartas de agradecimiento a personas cuya influencia ahora valoran, escrito relatos basados en personas que han conocido o ensayos sobre experiencias que han tenido.

Cuando te abras a revisitar tu vida, tu vida se abrirá a revisitarte a ti. He tenido alumnos preocupados por que «no se acuerdan de nada», pero luego nunca ha resultado ser así. Cada semana, al final de cada asignación, tendrás que contestar una serie de preguntas. Este proceso guiado de revisitar poco a poco tu vida hasta la fecha —con grandes dosis de diversión y aventura— resulta de lo más revelador. Después de revisitar —y reavivar— las muchas, complejas y profundas facetas de ti mismo y de tu trayectoria, experimentarás una lucidez y una determinación que te servirán de trampolín para el resto de tu vida.

Me hace mucha ilusión presentarte estas herramientas. Si las usas, tu vida se transformará. Espero que te encuentres a ti mismo en estas páginas. Estoy convencida de que lo que llamo «segundo acto de la vida» puede ser la época más emocionante y satisfactoria de todas.

Reavivar una sensación de asombro

Esta semana bucearás en tus recuerdos de infancia a medida que empieza tu aventura creativa. Recuperarás una sensación maravillosa, aunque quizá ignorada durante mucho tiempo, de posibilidad. Empezarás a examinar y a descartar viejas nociones que pueden estar impidiéndote vislumbrar nuevos horizontes: los escollos interiores del escepticismo y la autocensura; las convenciones sociales externas según las cuales la creatividad es un don raro concedido a unos pocos; la idea de que es «demasiado tarde» para empezar algo nuevo. Te verás a ti mismo —y a tu trayectoria— con más simpatía. Te reconocerás con asombro como un ser único con mucho que dar al mundo.

«Los jóvenes son felices
porque ven la belleza...
Quien conserva la
capacidad de ver la belleza
nunca envejece».

Franz Kafka

Recuperar el asombro de la infancia

La parte creadora de nosotros es infantil. Está llena de
capacidad de asombro, alerta a nuevas experiencias e hip-
notizada por las maravillas sensoriales de nuestro entorno: la manta sobrenatural de la nieve recién caída; el
tentador aroma de galletas de chocolate horneándose;
la firmeza de un lapicero nuevo; el delicioso encanto de
un pisapapeles de colores. A mí las casas victorianas me
despiertan fuertes recuerdos: los fascinantes rincones
del hogar de mi infancia en Libertyville, Illinois. La casa
la construyó un carpintero, cuyo arte se manifestaba en
compartimentos secretos, tallas elaboradas y paneles
ocultos. Era emocionante tocar un punto especial en
una pared y ver cómo se abría para dejar ver un estéreo.
Deambular por la casa era toda una aventura; en cada
rincón había un detalle artístico esperando a ser descubierto.

Los niños pequeños descubren las cosas una a una.
El detalle más diminuto les despierta una sensación de
asombro. Puesto que un niño no tiene la noción del
tiempo de un adulto, no tiene esa «prisa» por aprender
cosas. Cada nuevo descubrimiento se suma al anterior,
construyendo un cuerpo de conocimientos y confor-
mando experiencias. Los adultos a menudo se olvidan
de esta manera natural de hacer las cosas y se presionan
a sí mismos para aprender deprisa o se exigen encontrar
soluciones inmediatas a los problemas.

Muchos adultos recién jubilados se encuentran con
que están abandonando una vida estructurada donde
eran expertos y entrando en una nueva no estructurada
en la que pueden sentirse, hasta cierto punto, perdidos.
El cambio drástico que supone la jubilación puede asus-
tarlos. De pronto se ciernen en el horizonte horas y horas sin nada que hacer. Las posibilidades son infinitas,
lo que puede resultar de lo más abrumador. Las personas recién jubiladas coinciden en describir estos prime-

ros días, meses incluso, como un periodo de intensa readaptación.

El primer día de su jubilación, después de muchos años de trabajar de director creativo, Richard se levantó sintiéndose sin rumbo, a falta de obligaciones diarias. Cuando su mujer le preguntó a qué pensaba dedicar el día contestó: «Creo que voy a dar una vuelta en bicicleta». Y cuando ella le preguntó dónde pensaba ir, se dio cuenta de que no tenía respuesta. «No tengo adonde ir», admitió.

Victor había sido ingeniero y pasó su primer día de jubilado entrando una y otra vez en el despacho de su casa para hojear libros de su trabajo. Su hija le llamó para interesarse por cómo estaba y le preguntó si estaba disfrutando de su jubilación. «No estoy seguro de qué hacer», contestó.

«La sabiduría empieza por la capacidad de asombro».

Sócrates

Es importante que seas muy amable contigo mismo, sobre todo en los primeros días de transición. De hecho, en esos días, toda amabilidad contigo mismo será poca.

Muchos jubilados no han previsto de forma realista lo traumático que puede suponer un exceso de tiempo libre. De pronto se sienten solos, pueden encontrarse abatidos o deprimidos, lo que los conduce a juzgarse a sí mismos de forma negativa. «Debería encontrarme mucho mejor», se dicen, intentando compadecerse de sí mismos. Sería mucho mejor si, en lugar de emitir juicios severos sobre sus flaquezas, se dijeran con amabilidad: «Pues claro que estoy en shock. Estoy en un periodo de adaptación muy duro».

La necesidad de tener objetivos está en la naturaleza humana y, a falta de uno, es normal que nos domine el pánico a medida que empezamos a sentirnos a la deriva. Aquí es donde las páginas matutinas, las citas con el artista y los paseos se convierten en un salvavidas. Estas tres herramientas básicas crean una estructura para tu día y para tu semana. Dentro de esta estructura surgirán nuevas ideas y oportunidades. Al mismo tiempo, a medida que contestas preguntas sencillas en tu autobiografía, descubrirás nuevos intereses, deseos y objetivos. Es posible que despiertes sueños y pasiones largo tiempo olvidados. Te espera un viaje rico y emocionante.

Sally se jubiló después de treinta años como contable. Al principio era un mar de dudas: «Quería hacer algo creativo», dice, «pero me consideraba totalmente anticreativa. Trabajaba con números. Todo era o blanco o negro».

Cuando empezó a escribir las páginas matutinas, Sally experimentó arranques inesperados de energía creativa. «En mis páginas aparecieron toda clase de ideas», cuenta. «Cambié todos los colores de mi casa y tiré casi toda la ropa de trabajo. Me apetecía llevar cosas de colores vivos. Decidí que quería plantar un jardín».

Empezó su autobiografía con reparos e hizo un descubrimiento sorprendente. «Me intimidaba la palabra "autobiografía", pero pensé que por qué no contestar las preguntas. No parecía difícil. Me vinieron a la cabeza muchos recuerdos: mi padre era muralista y me encantaba acompañarlo a su trabajo. Recordé la emoción que eso me producía, era como entrar en un mundo secreto. Me había olvidado de lo mágico de aquella experiencia». Sally continuó excavando y recordó una ocasión en que siendo una niña se metió en un lío por pintar la cocina de su casa. «Tenía mis pinturas y pensé que estaba haciendo una cosa muy bonita. Desde luego me estaba divirtiendo. Pero entró mi madre y no lo vio así. Había estropeado una pared que sería muy cara de arreglar. No nos sobraba el dinero. Recuerdo sentirme muy culpable. Destrozada».

En su defensa, Sally había argumentado que su abuelo pintaba en las paredes también. Pero su madre había contestado: «Bueno, porque es un pintor de verdad. Eso es otra cosa».

«Las personas más refinadas que conozco siguen siendo niños por dentro».

JIM HENSON

Sally había olvidado aquella conversación, pero al recordarla se dio cuenta de que las palabras de su madre le habían hecho mella. «En el colegio se me dio bastante mal la educación artística», dice ahora. «Fue como una profecía autocumplida. Existían los pintores de verdad, y yo solo sabía que no era uno. Creo que sin darme cuenta, en aquel momento decidí que sería mejor hacer algo lo más diferente posible».

Sally necesitó mucho valor para dedicar una cita con el artista a ir a una tienda de material de bellas artes. «La idea de entrar me ponía muy nerviosa. Pasé de largo cuatro veces antes de decidirme», cuenta. «Sé que suena absurdo, pero no me creía autorizada para entrar».

Cuando lo hizo los recuerdos la inundaron. «Los colores, los pinceles, los lienzos me devolvieron a los momentos con mi abuelo», dice. «Algunos de los botes de pintura siguen teniendo el mismo envasado». Sally compró unas cuantas cosas, se las llevó a casa y se permitió a sí misma pintar. «Reía de la felicidad», cuenta. «No tenía ni idea de lo que estaba haciendo, pero quería aquello. Era diversión pura, imperfecta, estimulante».

Sally volvió a la tienda unos meses después y se encontró con que en la parte de atrás daban clases de pintura mural para principiantes. Preguntó al dependiente si podía apuntarse aunque el curso hubiera empezado ya y la respuesta fue sí. Unos meses más tarde, Sally enseñaba orgullosa un pequeño mural que había pintado en el porche cubierto de su casa: unas sencillas ramas con pájaros. ¿Qué otra cosa había en el porche? Una fotografía de su abuelo trabajando.

«Resulta que me sigue encantando pintar en la pared», reconoce con una carcajada. «Estoy convencida de que si yo he sido capaz de recuperar una pasión perdida, entonces cualquiera puede. Regresar a ese momento de pureza cuesta un poquito. Pero merece la pena. Y además tengo la sensación de estar pasando tiempo con mi abuelo».

Así pues, ¿por dónde empezar? ¡Por el principio, por supuesto! Ayuda recordarnos de niños, abiertos de forma natural a explorar cosas nuevas. Nuestros recuerdos de infancia son específicos, y a menudo en ellos encontramos las pistas que nos llevarán a nuestras verdaderas pasiones, si estamos dispuestos a emprender la búsqueda.

✎ Tarea
Autobiografía, semana uno

Divide tu edad por doce. Es el número de años que cubrirás cada semana en tu autobiografía. Por ejemplo, si tienes 60 años, esta semana repasarás tus primeros cinco años de vida. Empieza por completar la siguiente lista, pero respondiendo con rapidez a las preguntas. Están pensadas para liberar tus pensamientos conscientes y subconscientes. En ella puedes descubrir recuerdos emocionantes, dolorosos, resueltos, no resueltos... cualquier respuesta vale. Es *tu* historia tal como solo tú puedes contarla. Los recuerdos que vienen cargados de emociones son un material excelente de donde sacar ideas para las citas con el artista, el combustible para un paseo extralargo o la motivación para recuperar una vieja amistad. Si sientes la necesidad de escarbar más profundo en un recuerdo particular, ahora o más adelante, hazlo. En el curso de la semana, relee tus respuestas y, si te apetece, escribe algo más sobre los recuerdos que te han evocado. Quizá quieras describir lo ocurrido en forma de narración, o quizá el recuerdo te inspire otro formato, un poema tal vez, una pintura o una canción. Pero sé amable contigo mismo. La autobiografía puede ser como tú quieras, no hay reglas.

Años: _____

1. ¿Dónde vivías?
2. ¿Quién te cuidaba?
3. ¿Tenías mascotas?
4. ¿Cuál es tu primer recuerdo?
5. ¿Cuál era tu libro favorito? ¿Cuál era tu juguete favorito?
6. Describe un olor que recuerdes de esta etapa de tu vida.
7. ¿Cuál era tu comida favorita?
8. Describe un sonido de esos años (una voz, una canción, el silbato de un tren, el ladrido de un perro, etcétera).
9. Describe un sitio en el que recuerdes haber pasado tiempo.
10. ¿Qué otros recuerdos te vienen a la cabeza de esos años? ¿Has descubierto algo en tu autobiografía que te gustaría desarrollar en una cita con el artista? (Por ejemplo, si has recordado el olor a pan recién hecho, una visita a una panadería sería una excelente cita con el artista).

Nunca es demasiado tarde

El chiste dice así:

Pregunta: ¿Sabes cuántos años tendré para cuando aprenda a tocar el piano?
Respuesta: Los mismos que si no aprendes.

«Dentro de un año desearás haber empezado hoy».

Karen Lamb

Hace poco publiqué en Facebook que nunca es demasiado tarde para ser un principiante. Recibí una avalancha de «Me gusta». Una mujer me contó que su padre había empezado a dar clases de piano a los 76 años... y le iba muy bien. Yo empecé a dar clases de piano cuando cumplí 60. A los 65 seguía considerándome una principiante, aunque mi profesora decía que hacía grandes progresos. Cada semana iba a clase armada con una pequeña libreta en la que mi profesora me apuntaba los deberes de la semana: «Practica la escala en do mayor. Practica la escala en sol mayor. Practica...».

Sigo dando clases de piano. Todos los jueves voy a clase y le llevo a la profesora una grabación con lo que he practicado durante la semana. Me encantan mis clases de piano. Sin duda sigo siendo una principiante, pero he hecho progresos. Y cualquier progreso es satisfactorio. De pequeña se me consideraba uno de los niños «no musicales» de una familia grande, en la que tres de mis seis hermanos se convirtieron en músicos profesionales. El piano estaba a menudo «cogido» por uno de mis hermanos, que tocaba piezas más avanzadas de las que yo era capaz. Yo me sumergía feliz en palabras y libros, pero parte de mí anhelaba contribuir a las melodías que bailaban por la casa. Siempre me han encantado los hogares llenos de música. Hoy, incluso en mi fase de alumna principiante, me encanta ser la que aporta música a mi hogar.

A menudo, cuando decimos que es «demasiado tarde» para empezar alguna cosa, lo que estamos diciendo en realidad es que no queremos ser principiantes. Pero una vez decides atreverte con algo nuevo, aunque sea un poquito, la recompensa es una sensación de asombro de lo más rejuvenecedora.

Gillian tuvo una carrera larga y exitosa como actriz. Pero cuando se acercaba a los 60 años, las oportunidades profesionales empezaron a escasear. Entonces escribió poesía, diciéndose que era solo para llenar el tiempo. «Soy una principiante», le decía a quienes se enteraban de su recién descubierta afición. «Me gustaría aprender». Le sugerí que considerara matricularse en la universidad. «Soy un poco mayor para estudiar una titulación supe-

«No rendirse nunca, no rendirse nunca, nunca, nunca, nunca».

WINSTON CHURCHILL

rior», dijo. Le expliqué que en la escritura creativa la edad da igual. Después de todo, Robert Frost ganó su primer premio Pulitzer a los 50 años... y el cuarto a los 69.

Gillian le echó valor y solicitó entrar en un programa universitario de poesía *on line*. Para su sorpresa y su alegría, la admitieron. Me dijo: «Para cuando termine tendré 75 años. Me intimida mucho la idea de usar internet...». Le dije: «Tendrás 75 años uses o no internet... y hay muchas personas que pueden enseñarte a usar las tecnologías». Gillian se matriculó en el programa y le pidió a su nieta adolescente que le diera clases de informática dos días a la semana por un precio módico. Para cuando empezó sus talleres intensivos de poesía, dominaba las destrezas informáticas necesarias. Disfrutó aprendiendo más de poesía y probando distintos formatos. Para su sorpresa y su placer, a sus profesores les gustaba su obra y la valoraban.

Y cuando, cosa inevitable, cumplió 75 años, tenía un máster en poesía, un entusiasmo a prueba de bombas y un dominio del ordenador que antes tanto la había intimidado.

A Gillian le asustaba probar una disciplina artística nueva, pero le asustaban quizá más el ordenador y los misterios de internet. Sin embargo, a medida que fue dando pasos pequeños para aprender, comprendió que no eran más que herramientas nuevas y, además, de manejo mucho más sencillo de lo que había imaginado.

A menudo el obstáculo que nos impide empezar algo nuevo es más pequeño de lo que creemos. Basta con dar un pasito hacia nuestro sueño para poner el proceso en marcha. «Es demasiado tarde» constituye un impedimento poderoso para muchos, cuando lo cierto es que raras veces es un obstáculo real para explorar la actividad deseada.

«Tengo 65 años y nunca he hecho ejercicio», dice Patti. «Podría decir que es demasiado tarde para convertirme en una gimnasta olímpica y decidir que he

«Interiormente, siempre tenemos la misma edad».

Gertrude Stein

llegado al máximo de mis capacidades. O podría empezar a caminar, apuntarme a un gimnasio, contratar un entrenador personal y disfrutar viendo las olimpiadas por televisión a modo de inspiración. Limitarme a decir "Nunca podré hacer eso" cuando veo a las gimnastas en las barras por televisión es un poco derrotista. ¿Y es mi objetivo convertirme en atleta profesional? No. Mi objetivo es estar en mejor forma que ahora. Unos pequeños pasos en esa dirección son suficientes. De hecho son más que suficientes».

Al explorar nuevos territorios, a menudo comprobamos que nuestra experiencia de vida nos resulta de gran utilidad. Hemos aprendido a ser pacientes. Somos capaces de pensar a largo plazo. Sabemos identificar la pericia y buscar a aquellos que pueden ayudarnos a encontrar el medio más eficaz de lograr nuestros objetivos. Y con independencia de la edad que tengamos, la emoción de empezar algo nuevo es universal.

Ron tiene 70 años. Sigue trabajando a tiempo completo en la universidad, aunque la jubilación ya está en su horizonte. El año pasado se centró en una idea para un libro que había tenido durante cuatro décadas. Escribió diariamente y le dio forma. A continuación envió un adelanto a un escritor amigo suyo, quien a su vez se la pasó a su agente.

«Es un libro excelente», contestó el agente. «Me gustaría llevar los derechos».

Así fue como Ron, escritor primerizo, se encontró con un agente literario de primera fila y todo un conjunto de nuevos retos. Sabía desenvolverse en el mundo académico, donde era respetado como profesor. Pero desenvolverse en el mundo editorial era otra historia.

Por suerte, sus años en la universidad le habían enseñado el valor de la investigación. Buscó el consejo de profesionales con experiencia. Para su alegría, la respuesta de estos fue alentadora. Tenía delante un proyecto de gran magnitud, pero que le hacía ilusión emprender. «Me encanta aprender», dice, «y ahora seré el estudiante en un proceso que me es completamente nuevo».

No era «demasiado mayor» para ser un principiante. Y al permitirse iniciar este proyecto justo antes de su fecha de jubilación prevista, facilitó la transición a la nueva etapa de su vida, porque comprendió que el paso de una existencia dictada por un calendario académico a la libertad de la jubilación sería más suave si tenía ya un proyecto grande que le ayudara a estructurar su tiempo.

Nunca es tarde para ser un principiante.

🖊 Tarea
Nunca es demasiado tarde

Coge un bolígrafo. En un cuaderno, numera del 1 al 5 y termina las siguientes frases con cinco actividades.

1. Si no fuera demasiado tarde...
2. Si no fuera demasiado tarde...
3. Si no fuera demasiado tarde...
4. Si no fuera demasiado tarde...
5. Si no fuera demasiado tarde...

El censor que llevamos dentro

A lo largo de nuestra vida profesional a menudo recibimos críticas de nuestros superiores y en ocasiones también de nuestros colegas. Muchos tenemos que someternos a evaluaciones anuales o trimestrales y aceptamos su frecuente negatividad como parte del trabajo. Cuando nos jubilamos, seguimos recibiendo *feedback* negativo que, en lugar de proceder de nuestro empleador, es un producto del censor que llevamos dentro, esa voz interior que nos dice que no lo estamos haciendo bien y que tenemos mucho que mejorar. Nuestro censor nos ataca sin previo aviso y su voz tiene una autoridad irrefutable. Podríamos, y deberíamos, haberlo hecho mejor, dice el censor, y a menudo nos repetimos esta crítica a nosotros mismos. A la hora de enfrentarnos al censor, resulta de ayuda tener presente que su negatividad no es la voz de la razón, sino más bien un villano ridículo que no dejará de atacarnos hasta que le plantemos cara y digamos: «Ah, no es más que el censor que llevo dentro».

«El peor enemigo de la creatividad es la falta de confianza en uno mismo».

Sylvia Plath

Para muchos de nosotros, esta voz negativa interior constituye un enemigo formidable. Muchos hemos dedicado muchos años a fomentar la negatividad de este censor, creyendo lo que nos dice y usando esa convicción para negarnos proyectos y alegrías. Suele ser algo así:

Me encantaría diseñar ropa.

Censor: Eres demasiado mayor para aprender diseño de moda.

Pero es que me encantaría.

Censor: No tienes talento para la moda.

Creo que me gustaría probar.

Censor: Qué manera de tirar el dinero.

Me lo puedo permitir.

Censor: Mira que eres tonto.

A menudo renunciamos a nuestros sueños por miedo a sentirnos tontos. Aceptamos la voz del censor como la voz de la razón, cuando en realidad la que es tonta es la voz del censor por hacernos renunciar a alegrías y recompensas futuras.

El censor suele ser sarcástico. Se burla de nuestras ideas y nos anima a rendirnos. Usa un tono de «matón de escuela» y sus razonamientos suelen ser simplistas. Cuando lo examinamos de cerca, a menudo descubrimos que la negatividad del censor es irracional, de hecho es posible que critique nuestras mejores ideas. Digamos que nuestra creatividad es un prado verde. El censor se considera responsable de los animales que pisan la hierba. Le gustan las criaturas conocidas, familiares…, las ideas que son como las cabras. Pero puede que una idea novedosa quiera entrar en el pasto, por ejemplo, una cebra. El censor comenzará su ataque y se burlará hasta del aspecto de esa idea nueva. Arremeterá y menospreciará: «¿Rayas? ¿Cómo que rayas? Las rayas son una ridiculez».

No sirve de nada decir en tono conciliador: «Es una cebra. Las cebras tienen rayas». El censor no quiere saber nada. «Que venga una vaca», ordena. Y a menos que nos rindamos, proseguirá su ataque contra las cebras. Es importante darse cuenta de que el censor se reserva sus ataques más vehementes para nuestras ideas más originales.

Soy una escritora experimentada con más de cuarenta libros publicados. Y sin embargo mi censor sigue gozando de excelente salud… y de credibilidad. Cada vez que propongo una idea para un libro, entra en escena: «Es una mala idea», me dice. Eso y «No eres capaz». Mi censor, al que llamo Nigel, es casi imposible de derrotar. Hace poco escribí un libro que le puso en pie de guerra. Cada página que escribía parecía desatar nuevas y crueles críticas. De haber sido más joven, es posible que me hubiera sentido descorazonada hasta el punto de abandonar. Pero al ser mayor y más sabia, los ataques de Nigel me enfurecieron. La ira fue el combustible para seguir escribiendo.

He aprendido a decir: «Ah, ¡hola, Nigel! ¿Qué es lo que no te gusta esta vez?».

Mis alumnos han comprobado que les gusta poner nombres y describir a su censor interior. Al hacerlo lo minimizan, a menudo lo convierten en un personaje de tebeo al que es fácil ignorar.

No podemos eliminar a nuestro censor, pero sí aprender a darle esquinazo.

Cuando Annie se jubiló como bióloga, sabía que quería escribir sus memorias. Soñaba con escribir y com-

«Si oyes una voz dentro de ti que te dice que no sabes pintar, pinta y la acallarás».

Vincent van Gogh

partir la historia de su vida con sus hijos y nietos. Annie había escrito algo de prosa, sobre todo cartas y ensayos cortos. Pero lo que de verdad quería era escribir algo más largo y trabajado que repasara su vida.

Su censor le dijo que la idea era una locura, y que su vida no tenía interés. Pero página a página —palabra a palabra—, Annie perseveró. Ignoraba a su censor y le decía bromeando: «Gracias por tus consejos» cada vez que oía su desagradable voz en su cabeza. Al poco de emprender su proyecto, se apuntó a un grupo de mujeres escritoras. Con su ayuda, empezó a trabajar en sus memorias despacio y metódicamente, en entregas semanales.

«Eso es una estupidez», intervenía el censor. «¿Quién va a querer leer esto?». Pero Annie persistió. A sus compañeras del grupo de escritura les encantaba su relato. Semana tras semana Annie escribía sus aventuras grandes y pequeñas, en orden cronológico. Llegó un momento en que cada vez conseguía contrarrestar la negatividad de su censor con mayor frecuencia. Se esforzó mucho por lograr una alquimia creativa, por convertir cada comentario negativo en uno positivo.

«Nadie va a querer leer eso», opinaba el censor.

«Hay personas a las que les encantará leer esto», contraatacaba Annie.

«Tu vida es aburrida», insistía el censor.

«Mi vida está llena de pequeñas aventuras», respondía Annie.

Comentario a comentario, Annie logró ser más inteligente que su censor. Todos podemos aprender a hacer lo mismo. Hace falta mucha empatía con nosotros mismos para hacer frente a nuestro censor. Reconocer que existe —para nosotros y para todo el mundo— es un buen punto de partida. Solo porque el censor diga algo, no quiere decir que sea cierto. Y cuantas más acciones emprendamos que desafíen sus sombrías predicciones, más fuertes seremos. Las acciones inspiran

«Nuestras dudas son traicioneras y nos llevan a perder el provecho que podemos lograr al temer intentar obtenerlo».

WILLIAM SHAKESPEARE

nuevas acciones. Cada paso creativo que damos nos proporciona energía y nos guía hacia el siguiente. Cuando nos ponemos en movimiento nuestras vidas avanzan, da igual lo que diga el censor. Así que ponte a trabajar en tu proyecto, pero estate atento a sus ataques. No te desanimes. El censor es un capullo.

TAREA
Ridiculiza a tu censor

Dedica unos minutos a nombrar y describir a tu censor. ¿Es de género masculino, femenino o ninguno de los dos? ¿Qué edad tiene? ¿Cuál es su aspecto? ¿Cuáles son sus comentarios despectivos y maniobras insultantes preferidos? Quizá quieras hacer un boceto de él. Mis alumnos han dibujado bestias, brujas, un profesor de cuarto curso... Deja que tu censor adopte la forma que quiera. ¡Da rienda suelta a tu sentido del humor! Dibujar, bautizar y describir a esa desagradable criatura servirá para minimizar de forma automática su poder sobre ti.

COMBATIR EL ESCEPTICISMO

El escepticismo puede asumir muchas formas. Puede proceder de nosotros mismos con apariencia de dudas o preocupaciones respecto a nuestras capacidades o a si las herramientas funcionarán de verdad. También puede venir de fuera, en forma de creencias sociales según las cuales solo unos pocos elegidos son creativos; o de voces de personas cercanas y queridas que intervienen con sus admoniciones cuando nos disponemos a embarcarnos en nuestro viaje creativo. Con independencia de su origen, el escepticismo es algo común y también destructivo. Es importante identificar y desmantelar las

«La duda mata muchos más sueños que el fracaso».

Suzy Kassem

dudas y seguir adelante a pesar de nuestro pesimismo o del pesimismo de quienes nos rodean.

Yo sigo sufriendo escepticismo, surgido del miedo de no ser guiada de forma correcta. Cuando doy clase a otros me doy cuenta de que también a ellos les bloquea el escepticismo. Así que he aprendido a preguntar «¿Cómo puedo ayudar a las personas a superar su escepticismo?». La respuesta que me viene siempre es: «Diles que hagan las páginas matutinas. Diles que pidan consejo. Diles que anoten y registren los resultados». Llevo más de veinticinco años escribiendo páginas matutinas y he comprobado que son una fuente fiable de sabiduría espiritual.

Para muchos de nosotros, la idea de que descendemos directamente de nuestro creador resulta demasiado bonita para ser cierta. Nos han enseñado que necesitamos una tercera persona —un ministro de la Iglesia, un rabino, un sacerdote— con formación espiritual para que nos haga de interlocutor con el poder superior. Mi experiencia me ha enseñado que todos podemos ponernos en contacto directamente con el creador. Solo hace falta voluntad.

En mis páginas matutinas me limito a pedir: «Por favor, guíame» y a continuación escucho y escribo lo que «oigo». La voz que me guía es serena, amable y sencilla. Me dice que no sucumba al pánico, que alguien me guía bien y con atención y que no he equivocado mi camino. Es posible que me dé además alguna instrucción: «Prueba a _____». Cuando pruebo a _____, mi fe se ve recompensada con resultados tangibles. Cuando demuestro mi confianza en mi sabiduría interior mediante mis acciones, mi escepticismo interior disminuye.

Muchas personas esperan con ilusión su jubilación, imaginando unas largas vacaciones. Tal y como lo ven ellas, la jubilación es el momento en que por fin podrán dedicarse a lo que llaman «placeres prohibidos».

«Cuando me jubile me dedicaré a actuar», soñaba Howard. Pero cuando se jubiló después de una larga vida profesional como director de un colegio, descubrió que no tenía ganas de ser principiante. Estaba acostumbrado a unas dosis determinadas de respeto y de dignidad.

«Parezco tonto», pensaba. Así que el sueño de ser actor se quedó en un sueño.

James soñaba que cuando se jubilara viviría en un pequeño velero y navegaría de un puerto a otro. Como era viudo, vendió la casa familiar y compró el barco. Pero en lugar de navegar de puerto a puerto lo dejó atracado y buscó las aventuras entre las tapas de novelas de misterio.

Cuando escribimos las páginas matutinas reducimos nuestro escepticismo interior, pero aún nos falta combatir el de los que nos rodean. El escepticismo nace del miedo; esas personas cercanas y bienintencionadas se están centrando en nuestros miedos y no en los placeres que puede proporcionarnos hacer realidad nuestros sueños.

Para muchos jubilados, lo que se interpone entre ellos y sus placeres prohibidos es el miedo a parecer insensatos. Muchos tienen amigos que se muestran escépticos respecto a sus aventuras. Estos amigos cuestionan sus proyectos. «¿Cría de perros? Eso es un lío y da mucho trabajo. ¿Y si luego no vendes los cachorros? Entonces ¿qué?». «¿Actuar? Piensa en la competencia con la que te vas a encontrar». «¿Vivir en un velero? Suena peligroso». Lo que la mayoría necesitamos es un espejo amigo, alguien que apoye nuestras aventuras. «¿Cría de perros? Qué divertido». «¿Actuar? Siempre te he visto madera de actor». «¿Vivir en un velero? ¡Todos a bordo!».

Es importante buscar la compañía de aquellos que apoyarán nuestros primeros pasos al principio de nuestra jubilación. Igual que el niño que descubre el mundo

«Los obstáculos más temibles son aquellos que solo nosotros vemos».

George Eliot

«El éxito lo logran casi siempre aquellos que ignoran que el fracaso es inevitable».

Coco Chanel

por vez primera, somos libres de jugar y soñar, de probar cosas nuevas y tantear posibles áreas de interés. Al escribir las páginas matutinas fortalecemos el músculo que nos recuerda que «la peor equivocación es no intentar algo». Con las citas con el artista, al dedicar «solo una hora» a hacer algo divertido, nos asomamos a un tema o a un área que amplía nuestros horizontes. Gracias a estas dos cosas, crecemos. La clave para superar el escepticismo es seguir avanzando.

Harry había esperado con ilusión a jubilarse de la abogacía. Tal y como él la imaginaba, la jubilación era algo agradable, lleno de proyectos y aventuras. Pero cuando llegó no se parecía a nada de eso. Los días se le antojaban largos y vacíos. Le costaba trabajo empezar los muchos proyectos que tenía. Y en cuanto a las aventuras, comprobó que tenía miedo, que albergaba dudas, y que sus amigos también. «No me di cuenta de hasta qué punto era escéptico», dice. «Me había acostumbrado a diseccionar las cosas, a ponerme siempre en lo peor. Como abogado, había perdido casos que debería haber ganado. A lo largo de mi carrera profesional había aprendido a "desconfiar" de la justicia, y este escepticismo interior se convirtió en una actitud intelectual. Me rodeé de personas que eran como yo. Creo que nos considerábamos "inteligentes" o, al menos, "sensatos" cuando en realidad lo único que hacíamos era alimentar nuestros escepticismos respectivos».

Desanimado, terminó por pedir consejo a un amigo juicioso que estaba teniendo lo que él llamaba una «jubilación de éxito»: activa, ocupada en proyectos que le interesaban, grandes y pequeños, y que estaba satisfecho con su vida.

«Cuesta acostumbrarse a la jubilación», le dijo este amigo. «Yo si fuera tú, me daría un plazo de dos años. Y no es malo dejar de ver a aquellas personas que te lo ponen más difícil con sus dudas. Dales —date— un respiro. No es momento de ser quisquilloso, es el momento de ser un poco alocado. Déjate llevar a ver qué pasa».

A Harry esta conversación le resultó, aunque radical, una gran fuente de alivio. ¿De qué le servía consultar con personas que sabía intentarían hacerle ver los defectos de sus planes, agravando así su inseguridad? Necesitaba pasar tiempo en compañía de personas que lo animaran a crecer, y también necesitaba dedicar energía a darse ánimos a sí mismo. «Esto puede llevarme algo de tiempo», se dijo, «y no pasa nada. Una vida nueva no se construye de un día para otro».

Harry empezó a explorar su nueva vida con las páginas matutinas. Cada vez que conseguía hacerlas se sentía productivo. Poco a poco descubrió que las páginas eran una herramienta excelente tanto para asimilar el trauma de la jubilación como para soñar con las posibilidades de futuro. «Las páginas me daban esperanza», reconocía. «Me intimidan las citas con el artista y me da miedo repasar la historia de mi vida y descubrir motivos de lamentación y oportunidades perdidas. Pero en realidad ¿qué tengo que perder? Esto también lo puedo hacer poco a poco». Día a día empezó a construir los cimientos de su futuro hasta añadir las citas con el artista, los paseos y la autobiografía a su agenda, y se vio recompensado con una sensación creciente de optimismo. Cuando recuperó el contacto con sus amigos, sabía que percibirían el cambio operado en él. «Aunque quizá voy a esperar», confesó. «Creo que de momento no se lo voy a contar a nadie».

✎ Tarea
Amabilidad activa

El escepticismo nace del miedo y el miedo se cura con empatía. Ser amables con nosotros mismos nos ayuda a superar la vulnerabilidad y nos acerca a nuestros sueños. Un poco de amabilidad activa con nosotros mismos puede llevarnos muy, muy lejos.

Escribe tres acciones que podrías regalarte. Por ejemplo:

1. Comprar velas y sales de baño y darme un baño largo de burbujas.
2. Cogerme una tarde para vaciar esa estantería llena de trastos que lleva diez años amargándome.
3. Ir al cine a ver esa comedia que tan malas críticas ha tenido y que es posible que sea una «pérdida de tiempo», pero que llevo secretamente queriendo ver desde que me reí tanto con el tráiler.

Esta semana, elige una de esas tres cosas y ponla en práctica.

Registro semanal

1. ¿Cuántos días has escrito las páginas matutinas? ¿Qué te ha parecido la experiencia?
2. ¿Hiciste la cita con el artista? ¿Qué fue? ¿Descubriste algo en tu autobiografía que te gustaría explorar en una cita con el artista?
3. ¿Diste los paseos? ¿Qué notaste?
4. Un «ajá» es un descubrimiento o constatación que se produce, al parecer salido de ninguna parte, cuando se trabaja con estas herramientas. ¿Qué «ajás» has tenido esta semana?
5. ¿Has experimentado «sincronicidad» esta semana? (La sincronicidad puede ser encontrarnos «accidentalmente» en el lugar correcto y en el momento oportuno, tener noticias de un amigo al que habíamos perdido la pista y del que acabábamos de acordarnos, encontrar información sobre algo que había desper-

tado nuestro interés, etcétera). ¿Qué fue? ¿Te hizo sentirte conectado?

6. ¿Qué has descubierto en tu autobiografía que te apetezca explorar más a fondo? La exploración puede adoptar muchas formas. Puede ser una colcha hecha a mano, un cuadro, una coreografía, una canción, un poema sencillo. Recuerda no juzgar con dureza tus primeros tanteos. Algunas personas sienten la necesidad de escribir un ensayo sesudo sobre un momento o un recuerdo específicos. Otras sienten el impulso de «moverse»: por ejemplo un recuerdo especialmente emocional puede motivar un largo paseo en bicicleta en solitario o un paseo por el bosque. Quizá te apetezca volver a oír música de ese periodo de tu vida, añadir a tu colección de discos un álbum que sonaba en tu casa cuando eras pequeño. Si no estás seguro de qué te apetece hacer, no te preocupes. Sigue adelante.

Reavivar una sensación de libertad

Esta semana es posible que descubras que ansías felicidad y al mismo tiempo te desconcierta. Cuando te sumerjas en la siguiente fase de tu autobiografía, te encontrarás con tu yo más joven en un momento en que deseabas —y obtenías— cada vez más independencia. Ha desaparecido la sensación de inercia. Tienes un nuevo influjo de energía que puedes usar para cambiar. A medida que experimentas esta nueva sensación de libertad tanto en tu presente como en tu pasado, los problemas de tiempo, espacio y rutina cobran más importancia. Hay cierto paralelismo entre el periodo de la primera juventud y el de la jubilación. ¿Se puede tener demasiada independencia? ¿Demasiado —o demasiado poco— tiempo? ¿Cómo quieres vivir? ¿El lugar en el que vives te resulta recargado, pasado de moda, acogedor, deprimente? Es posible que descubras que haciendo pequeños cambios en el entorno de tu hogar, tu nuevo yo se sienta más cómodo. A medida que aumenta tu sensación de libertad, tu entorno reflejará esa nueva manera de ver las cosas. La libertad productiva requiere equilibrio; es más fácil prosperar y florecer dentro de una sensación de orden.

AUMENTO DE LA INDEPENDENCIA

«No te conformes con historias, con saber cómo les ha ido a los demás. Vive tu propio mito...».

RUMI

Cuando nos jubilamos, nos encontramos en una situación de independencia repentina. Ya no estamos sujetos a los horarios o a las exigencias de nuestros trabajos, ahora vivimos la complejidad que entraña ser nuestro propio jefe. Hayas deseado o temido que llegara este momento de falta de estructura en tu vida, nuestra mayor independencia es una realidad nueva a la que podemos dar forma como queramos.

La independencia puede ser motivo de celebración y también de miedo. Estamos solos, lo que es emocionante, pero también carecemos del apoyo que nos han proporcionado nuestros colegas durante tantos años. Las páginas matutinas y las citas con el artista pueden ayudarnos a fortalecer nuestra autonomía. Las páginas nos enseñan a ser sinceros y empáticos con nosotros mismos. Las citas con el artista nos enseñan a salir al mundo y asumir riesgos. Juntos constituyen un poderoso catalizador para el cambio a medida que descubrimos nuestro verdadero yo en sus muchas y variadas facetas.

La siguiente etapa de tu vida que repasarás en tu autobiografía se centrará en los años de colegio y contendrá recuerdos de una independencia creciente. Al recordar los pasos más sencillos hacia esta independencia —el primer día de clase, la primera noche fuera de casa— es probable que te inunden recuerdos extrañamente similares a la experiencia que supone redescubrir tu independencia durante la jubilación.

«De niño daba clases de guitarra», dice Jeff, «y cuando tenía unos 10 años decidí que no quería que mi madre se quedara a mirarme durante la clase. Quería hacerlo solo, y que mi madre no me dijera lo que tenía que practicar. Así que le rogué y supliqué que me dejara ir solo y al final accedió. Pero el problema era que no practicaba lo bastante y, como ella no había estado en la clase, no podía saberlo. Era un constante motivo de discusión entre los dos. Siempre me preguntaba si quería de verdad tocar la guitarra, si no estaba desperdiciando un dinero que le costaba mucho ganar en mi profesor. A mí me gustaba ir a clase, pero me costaba tener la disciplina necesaria para practicar. Terminé por dejarlo». Jeff, ahora jubilado, está considerando aprender a tocar la guitarra. «Es un recuerdo con muchas emociones asociadas, pero al revisitarlo en mi autobiografía me he dado cuenta de que mi resistencia de entonces y la de ahora no son muy distintas. Mi madre no hizo nada mal, yo solo quería ejercer mi independencia diciendo: "En esto voy a hacer lo que yo quiera". Ahora me doy cuenta de que estoy haciendo exactamente lo mismo... conmigo mismo. Estoy negándome algo que me gusta solo para demostrar que puedo hacerlo». Para Jeff recuperar este recuerdo fue una experiencia dolorosa, aunque también muy potente. «En cierta medida, he roto el código que me aplicaba a mí mismo. No tengo que seguir determinados patrones porque sean los de mi conducta por defecto. Y, quién sabe, es posible que mi próxima cita con el artista la dedique a comprarme una guitarra de segunda mano».

Las citas con el artista constituyen poderosas avenidas hacia una sensación de libertad casi inmediata. Pueden ser aventuras en apariencia pequeñas que reportan enormes dividendos a cambio de una hora de nuestro tiempo. Solo hay que querer dar ese paso y salir de casa.

Incluso si crees que conoces tan bien la ciudad o el pueblo en el que vives que no te queda nada por descubrir, investiga. El factor «en solitario» de las citas con el artista hace que las cosas «conocidas» se vean bajo una luz nueva. Quizá has estado en un restaurante muchas veces acompañado, pero nunca solo. El restaurante del que crees estar cansado puede ser, en realidad, fuente de interés y placer cuando se visita en soledad. Eres libre de pedir lo que quieras, de empezar por el postre o de no pedirlo, de probar un plato del menú en el que nunca habías reparado, de sentarte en un rincón.

«Seré libre el día que descubra quién soy».

Ralph Ellison

La experiencia, vivida en solitario, constituye un riesgo pequeño pero esclarecedor.

Kara descubrió que la transición de ser dueña de sus días —de todos— era más dura de lo que había imaginado. «Nunca me he considerado una persona dependiente, pero de pronto, al pasar tanto tiempo sola y no formar parte de un esfuerzo de grupo, como me ocurría cuando trabajaba, me sentía nerviosa». Resulta irónico que su buena disposición frente a la cita con el artista —una actividad que se hace en solitario— fuera lo que empezó a disipar esa sensación de aislamiento.

«Me asombraron la emoción y la sensación de aventura que me proporcionaba hacer las cosas más sencillas», confesaba. «Había ido docenas de veces al cine de mi barrio, pero nunca sola. Al hacerlo, la experiencia se intensificó. Vi una película que solo yo quería ver, compré chucherías, algo que llevaba años sin comer, y fue casi embriagador. Es asombroso lo distinta que me pareció una actividad tan sencilla cuando la probé en solitario. Después fue como si tuviera un secreto que solo yo sabía. Me di cuenta de que podía ser mi propia compañía y que, cuanto más lo practicaba, más fácil me resultaba relacionarme y conectar con los demás».

Cuando Natalie se jubiló tenía, por primera vez en su vida, tiempo y dinero para viajar. Durante años había estado enamorada de todo lo francés, pero nunca pensó que llegaría a viajar al extranjero. No se le ocurría a nadie que quisiera hacer ese viaje con ella. Así que se contentó con investigar la cultura francesa en minúsculas dosis, a base de citas con el artista de temática francesa. Fue al cine a ver películas francesas con subtítulos, hizo un curso de cocina francesa y después otro de cata de vinos de crianza franceses. Se dio cuenta con emoción de que las oportunidades de experimentar la cultura francesa estaban por todas partes, desde cursos de idioma en línea a jabones y perfumes importados en su establecimiento habitual.

«Lo más grande de este mundo es saber estar con uno mismo».

Michel de Montaigne

«Quizá era porque tenía a Francia en la cabeza, pero empecé a verla por todas partes. Cuando vi un anuncio en el tablón de un centro comunitario que decía "Francia en bicicleta" supe que iba dirigido a mí». Natalie llamó al número que venía en el anuncio y supo que su destreza ciclista era adecuada y que su edad —66— no era un obstáculo para realizar la actividad. «Como había dado ya pasos pequeños, este, más grande, no me resultó abrumador cuando lo di», explica.

El precio de tamaña aventura era modesto y cuando colgó el teléfono, Natalie estaba decidida a ir. «Eso fue hace cuatro años», dice. «He vuelto cuatro veces en estancias de cuatro semanas. Este año he alquilado un apartamento en París y me quedaré otras cuatro semanas».

Natalie nunca habría soñado con ser tan independiente, capaz de viajar sola a una ciudad extranjera que ahora es como un viejo amigo para ella. «No solo me siento cómoda, me encanta», dice radiante. En el transcurso de sus aventuras ha hecho amistad con personas como ella. «Me consideran un espíritu libre, una intrépida», dice y ríe. «Yo jamás me habría definido así antes, pero supongo que las acciones dicen mucho más que las palabras». Y emprender acciones hacia la consecución de nuestros sueños, sean estos grandes o pequeños, nos dan una idea aumentada —y más precisa— de nuestras capacidades.

Pasos pequeños que conducen a otros mayores. Y el paso siguiente siempre está a nuestro alcance. Es posible que te descubras diciéndote: «Pero bueno, sí podría probar ____». Puede ser pintar una habitación, tapizar una silla, comprar una mesa nueva para tu cocina. También «hojear» un catálogo por internet y terminar comprando sábanas nuevas o una bonita bufanda. Son cambios pequeños pero significativos que te darán sensación de libertad. Tendrás la impresión de que, como decía Tolstói, vives tu vida a base de minúsculos cambios. Cada uno te fortalece, puesto que responde a tus verdaderos intereses. Cada pequeño cambio prepara el camino para futuros cambios en una vida que podrás moldear a la medida de tus deseos y de los de nadie más.

✎ Tarea
Autobiografía, semana dos

Sigue por el año de tu vida en que lo dejaste la última vez. Como siempre, si te apetece profundizar más en un recuerdo concreto, ahora o más adelante, hazlo.

Años: _____

1. ¿Dónde vivías? Describe tu habitación.
2. ¿Quiénes fueron tus principales referentes? ¿Tuviste algún profesor que te influyera de manera especial?
3. ¿Probaste alguna actividad artística durante ese periodo?
4. ¿Qué nuevas libertades experimentaste en esos años?
5. ¿Qué te aburría?
6. Describe el olor que mejor recuerdes de esos años.
7. Describe un amigo íntimo, real o imaginario, de esos años.
8. Describe tu golosina preferida de esos años.
9. Describe un lugar en el que recuerdes haber pasado tiempo.
10. ¿Qué otros recuerdos guardas de esos años?

«Al final, lo que cuenta no son los años que uno ha vivido, sino lo que ha vivido en esos años».

Abraham Lincoln

Tiempo

En el curso de nuestra vida laboral, antes de jubilarnos, muchos estamos demasiado ocupados para cultivar nuestra creatividad. Cuando tenemos ideas, decidimos que no son viables y las reservamos para cuando nos jubilemos. Una vez jubilados, nos sobra tiempo por todas partes. Y aun así, los proyectos que teníamos planeados se quedan sin hacer, por la misma razón que muchos profesores universitarios son incapaces de escribir en sus periodos sabáticos. Tener mucho tiempo libre puede ser tan intimidatorio como tener poco.

Es muy fácil ponernos presión a nosotros mismos y criticar el uso que hacemos de nuestro tiempo. Corremos de un sitio a otro. Nos llamamos «vagos» cuando «perdemos el tiempo sin hacer nada productivo». Nos lamentamos de cómo empleábamos el tiempo en el pasado: preocupándonos de cosas que no estaba en nuestra mano controlar, tiempo «perdido» haciendo cosas que no nos gustaban, o peguntándonos obsesivamente «¿Me quiere o no me quiere?». La sociedad nos ha entrenado para que «empleemos nuestro tiempo con sensatez» y se nos recuerda constantemente que el tiempo es dinero, que el tiempo vuela, que el tiempo es... por fin nuestro para usarlo como queramos.

Muchos de mis alumnos descubren al escribir su autobiografía que el tiempo que creían haber «desperdiciado» en realidad lo habían empleado bien. Por otra parte, he visto a personas darse cuenta de que el tiempo que habían dedicado a hundirse en agujeros de depresión o inseguridad no solo era tiempo desperdiciado, también autodestructivo. Un alumno en concreto me contó que se había dado cuenta de que a menudo había usado su creatividad (y tenía mucha) «a poner por escrito mis pensamientos más oscuros y a recrearme en mis futuros fracasos...». Verbalizar esta constatación resultó ser el primer paso para evitar esta clase de comportamiento. Al orientar de manera consciente su tiempo y su creatividad hacia un objetivo concreto, descubrió que su ansiedad disminuía considerablemente. «Dedicaba el tiempo a castigarme, y luego me castigaba por haber perdido el tiempo castigándome. Un círculo de lo más

«El tiempo existe solo para que no ocurra todo al mismo tiempo».

RAY CUMMINGS

vicioso, pero conseguí romperlo a base de cambiar lo que *hacía*. Me di cuenta de que podía ser útil incluso en cosas pequeñas, como limpiar la cocina. Poco a poco descubrí lo que quería hacer, cómo quería de verdad pasar mi tiempo en lugar de atormentarme por no saberlo».

No pasa nada si al principio no sabemos qué queremos hacer con nuestro tiempo. De pronto nos encontramos con que tenemos mucho más tiempo para cultivar nuestra creatividad, pero eso no siempre facilita las cosas. De hecho en este momento —cuando disponemos de tiempo— tenemos que ser especialmente amables con nosotros mismos. No hay necesidad alguna de ser perfecto. Es importante limitarse a dar un paso detrás del otro y confiar en dónde nos llevan. Una de las cosas más útiles que podemos hacer es ordenar nuestros días. Las páginas matutinas son el primer paso hacia una vida creativa. Si se escriben todos los días introducen cierto orden. De manera diaria y de forma acumulativa nos van marcando una dirección, y pronto nos encontraremos no solo escribiendo las páginas matutinas, también haciendo las cosas que se sugieren en ellas.

Los recién jubilados a menudo están sujetos a una combinación de factores de estrés relacionados con el tiempo: la idea de que el tiempo vuela y de que sus días están demasiado vacíos. Ninguna de estas cosas tiene por qué ser cierta. Es importante dejar de acuciarnos a nosotros mismos a no perder un momento y a que cada momento sea perfecto. Muchos jubilados piensan que están viviendo el «último capítulo» de sus vidas, cuando en realidad este periodo puede estar compuesto de muchos capítulos. A pesar de nuestros temores, la creatividad nos acompaña siempre. No se agota misteriosamente cuando cumplimos 65 años. Pensemos en artistas como Georgia O'Keeffe, por ejemplo, que rindió al máximo después de cumplir los 90.

Claude se jubiló después de años de trabajar intensamente de auditor. Pasó de no tener tiempo libre a tener muchísimo. Le sugerí que usara las páginas matutinas para estructurar sus días. Se mostró escéptico pero dispuesto. «Mis páginas son deprimentes», me dijo. «Veo tantos sueños abandonados...».

«Sigue escribiendo», le animé. «Sigue escribiendo».

Cuando llevaba unas semanas haciéndolo se dio cuenta de que había un sueño que destacaba sobre los demás y cuando vio el anuncio de una escuela de cine que prometía enseñar a sus alumnos a rodar sus propias películas, decidió apuntarse.

> «No hay secretos que el tiempo no termine por revelar».
>
> Jean Racine

Su familia y amigos pensaron que estaba loco al embarcarse en un proyecto tan «de izquierdas», pero Claude estaba cada vez más ilusionado. A sus 66, tenía casi cuarenta años más que la mayoría de sus compañeros de clase. Pero comprobó que su experiencia vital, lejos de ser un perjuicio, le daba ventaja respecto a los otros estudiantes. Tenía muchas historias que contar y ahora podía contarlas con humildad y perspectiva. Como tema de su primer corto eligió el divorcio, algo que vivía con culpabilidad desde que se separó de su mujer en la treintena. Sus compañeros aplaudieron su elección, tan valiente como delicada. Muchos estaban solteros y muchos le expresaron su agradecimiento por abordar de manera franca algo que no se les había planteado aún en sus vidas. Sus compañeros de 20 o 30 años estaban abiertos a las lecciones que Claude podía enseñar. Este se sintió inesperadamente feliz y realizado compartiendo el dolor de su experiencia. «Me sentí útil», dice, «y optimista. Tengo cosas que contar y tiempo para contarlas. Creo que voy a hacer otra película».

Cuando al jubilarte te conviertes en dueño de tu tiempo, estructurar tus días se vuelve fundamental, pero es posible que no tengas claro cómo debe ser esa estructura al principio. Las páginas matutinas empiezan por ayudarte a planificar tu día, pero en última instancia te guían hacia los intereses que llenarán tus semanas y tus meses. Te sugieren cambios pequeños en el uso de tu tiempo. Por ejemplo, es posible que escribas: «Creo que me gustaría madrugar más. Me encantan las primeras horas del día y cuando me quedo en la cama hasta las doce me siento inútil. Igual puedo hacerme un horario: escribir las páginas matutinas y dar un paseo diario, estar duchado y listo para la jornada —aunque no sepa lo que me va a traer— a las nueve de la mañana». Las páginas matutinas también sugieren cambios más grandes relativos al empleo de tu tiempo. «Igual puedo trabajar de voluntaria en el colegio del barrio. Ver si a alguien le apetece leer conmigo... Un club de lectura puede ser más divertido que leer en solitario. Igual puedo...».

Sí, igual puedes. Y sí, tienes tiempo «suficiente» cada día. Es cuestión de administrarlo de acuerdo a tus valores y deseos. Cuando lo hagas, comprobarás que el tiempo te preocupa menos. Repasar cada jornada y tomar nota de al menos una cosa útil que hemos hecho, por ejemplo llamar a un amigo necesitado de apoyo, puede proporcionarnos energía y satisfacción. Las páginas matutinas nos empujan a acciones productivas. La autobiografía es una de ellas. La introspección combinada que brindan las páginas matutinas y la autobiografía proporciona una estructura beneficiosa a nuestros días.

✎ Tarea
Tiempo

Escribe deprisa, sin pensarlo demasiado, y termina las siguientes frases.
1. Si tuviera más tiempo, probaría...
2. Si tuviera más tiempo, probaría...
3. Si tuviera más tiempo, probaría...
4. Si tuviera más tiempo, probaría...
5. Si tuviera más tiempo, probaría...

1. Si tuviera menos tiempo, probaría...
2. Si tuviera menos tiempo, probaría...
3. Si tuviera menos tiempo, probaría...
4. Si tuviera menos tiempo, probaría...
5. Si tuviera menos tiempo, probaría...

Despejar el camino

Con más tiempo a nuestra disposición, es posible que pasemos muchas más horas en casa. Al hacerlo podemos reparar en cosas que queremos mejorar: ese marco de puerta sin terminar; el cajón de la cocina que se atasca; un felpudo desgastado que llevamos tiempo queriendo renovar. También podemos reparar en la belleza que no habíamos visto porque estábamos pensando en el trabajo: la funda del cojín de punto de cruz que con tanto esmero bordó la tía Maude; la vista del lago a la que no dábamos valor; las criaturas que viven en los árboles cuyos juegos ahora tenemos tiempo de observar. Dedicar tiempo a disfrutar de nuestro entorno a menudo nos descubre inspiración en los detalles y nos impulsa a actuar.

Hay potencial creativo esperándonos en nuestro hogar, decorando, fabricando muebles, cosiendo, cuidando el jardín... Y ahora que estamos en casa con tiempo para experimentar y valorar nuestro entorno, cuidarlo nos resultará beneficioso.

Cuando trabajábamos, el espacio que ocupábamos a menudo estaba sujeto a escrutinio. Por ello tendíamos a mantenerlo ordenado. Después de todo, el desorden da mala impresión. Ahora que estamos jubilados, puede que acabemos cayendo en el caos. Sin nadie que juzgue nuestro comportamiento, dejamos de ordenar nuestro entorno. Los papeles se amontonan. Las revistas están por todas partes. No es de extrañar que cuando nos sentamos a trabajar delante de nuestra mesa nos cueste

«La mejor manera de descubrir lo que de verdad necesitamos es deshacernos de lo que no necesitamos».

Marie Kondo

pensar con claridad. El caos es enemigo de la claridad. Unos pocos minutos dedicados a poner orden resultarán en un aumento de nuestra agudeza mental. La mayoría de los métodos de meditación sugieren dedicarle veinte minutos. He comprobado que dedicar veinte minutos a limpiar constituye una forma efectiva de meditación. A medida que sacamos papeles y desechamos los que no necesitamos, empezamos a ver con claridad las prioridades de nuestra vida. Ordenar las pilas de papel nos ayuda a ver con claridad lo que de verdad importa. Una mesa —o un cajón de los calcetines— desordenada refleja una mente desordenada. Y viceversa, claro.

La reina del orden y de la organización Marie Kondo habla de conservar solo aquellos objetos que nos «dan alegría» en nuestros hogares, y tirar el resto. Aunque en principio esto puede parecer radical, la idea minimalista de no solo repasar todo lo que tenemos, sino de conservar solo aquello que nos es de utilidad, es muy poderosa. La convicción de Kondo de que al coger cada uno de los objetos que nos pertenecen sabremos si debemos conservarlo o tirarlo ha llevado a muchos practicantes de sus métodos a sacar de sus casas bolsas y bolsas de cosas y a conservar solo aquello que «infunde alegría». Es una manera concreta y activa de honrar nuestras pertenencias y de mostrar respeto por nosotros mismos y por nuestras elecciones. Para quienes se acaban de jubilar, este proceso de «despejar lo viejo para hacer sitio a lo nuevo» es especialmente potente. Cuando despejamos nuestro espacio hacemos sitio a nuevas ideas. Hacemos sitio a la lucidez. Aclaramos nuestra mente en el sentido más literal del término.

El proceso de hacer limpieza mientras repasamos nuestra vida en la autobiografía es doblemente poderoso. El examen cuidadoso de cada una de nuestras pertenencias desencadena recuerdos. Al repasar recuerdos, muchas de nuestras pertenencias adquieren un valor

«Se puede amueblar más suntuosamente una habitación quitando muebles que poniéndolos».

Francis Jourdain

mayor... o menor. Esther trabajó en su autobiografía a la vez que se mudaba de la que había sido su casa durante muchos años. «Fue durísimo», dice, «pero ahora agradezco el cambio tan drástico. Justo cuando me jubilé, vendí mi casa. Había pensado mudarme, pero no esperaba venderla tan deprisa y no tuve tiempo de pensar. Me vi obligada a repasar mis cosas y decidir cuáles me llevaba. Fue angustioso, pero también muy liberador. Hacer limpieza en mis cosas a la vez que repasaba mi vida en la autobiografía me resultó muy esclarecedor». Mientras Esther sacaba de su casa treinta y cinco años de «cosas» acumuladas, vio su vida desfilar ante sus ojos. «Cuentos que escribían mis hijos de pequeños, la ropa que les hice para sus primeros recitales de piano, mi título universitario, los de mis hijos... Todo estaba allí mezclado». Esther descubrió que al hacer repaso de su vida de una manera tan exhaustiva y drástica le costó poco sacar conclusiones. «Cuando miras todo lo que tienes —con la presión de tener que decidir qué conservas y qué tiras— te das cuenta de la cantidad de cosas que has acumulado y de que muchas no las necesitas en realidad. Simplemente están ahí guardadas, no las usas, ni las aprecias ni las miras».

Al deshacerse de sus cosas, Esther comprobó que cuanto más desechaba, más fácil le resultaba. «Me di cuenta de que mi madre siempre me había regalado unas postales preciosas. Mi impulso era conservarlo todo. Pero entonces pensé: ¿cuántas cosas quiero de verdad almacenar? ¿Iba a volver a leer alguna vez esas postales? Había tomado la decisión consciente de simplificar mi vida. En lugar de conservar todas las postales, me hice la promesa de valorar el buen gusto a la hora de elegir de mi madre. Y ahora, cada vez que le doy a alguien una postal, trato de ponerle la misma atención que le ponía mi madre. Creo que en cierta manera, así estoy honrando su recuerdo más que si guardara todas las postales que me dio».

«No tengas nada en tu casa que no te resulte útil o no te parezca bello».

William Morris

Muchas personas al retirarse se sienten superadas por su propio espacio, un espacio en el que no reparaban cuando estaban distraídos por el ajetreo de su vida laboral. Sam, actor de Broadway, empezó a trabajar en su autobiografía al cumplir 60 años. «Seguía presentándome a pruebas», cuenta, «haciendo trabajos de locución, anuncios. Pero tenía menos trabajo y más tiempo libre. Al cumplir los 60 mi vida se ralentizó. No sé qué había esperado sentir, pero lo cierto es que me deprimí. Pensé en los actores de mi generación que habían ganado óscares. Había tenido una carrera de actor larga y sólida, pero no podía evitar hacer comparaciones. ¿Y si me hubiera quedado en Los Ángeles a los 30 años? ¿Y si no me hubieran ofrecido mi primer papel en Broadway? ¿Qué habría pasado? Al repasar mi vida en la autobiografía empecé poco a poco a valorar mi camino profesional. No era el de nadie más, era el mío. Había hecho cosas de las que me sentía orgulloso. Había conocido a mucha gente».

Cuando Sam se concentró en ver su vida tal y como era, y no como podía haber sido, también se centró por primera vez en lo que le rodeaba. Se dio cuenta de que se había convertido en una auténtica urraca y almacenado recuerdos de toda una vida. Tenía la casa llena a rebosar de cosas —programas de funciones y fotografías—, empezando por sus primeros pequeños papeles cuando era un actor joven y siguiendo con cada papel, temporada tras temporada, hasta el momento actual. Cuando le sugerí la posibilidad de tirar algunas de sus cosas, reaccionó con verdadero horror. Y sin embargo, apenas tenía espacio para moverse en su abarrotado apartamento.

Sam tuvo que admitir que el entorno en que vivía no le estaba ayudando. «Al escribir mi autobiografía me di cuenta de que siempre me había sentido "menos" que este o aquel actor. De hecho, creo que he guardado todos esos recuerdos para demostrarme a mí mismo que he tenido una carrera profesional. ¿Ves? Bailé con

Mary Martin. Conocí a Richard Rogers. Aquí me mencionan. En esta crítica me ponen muy bien. Pero el volumen de cosas no me dejaba espacio para pensar, y mucho menos para pensar con algo de perspectiva en lo que había hecho y en lo que aún me apetecía hacer. Y la mayoría de las cosas estaban en cajas, apiladas hasta el techo. ¿Y de qué me servían en realidad?».

«Lo revisé todo», continúa. «Lo que no había imaginado es que experimentaría una constatación tan poderosa de lo orgulloso que estaba de mi carrera profesional. En cierto modo siempre le había quitado importancia a mis logros. Ni siquiera era consciente de hacerlo».

Muchos de nosotros restamos importancia a nuestros logros; por eso escribir nuestra autobiografía es tan importante para avanzar como seres humanos plenos, en contacto con nuestra propia vida.

Sam se deshizo de casi todos sus recuerdos. «Al final resultó que solo había una caja de cosas que de verdad me importaban», dice. «Al principio fue muy duro —como una montaña rusa emocional—, mirar todas esas cosas y, sobre todo, desprenderme de ellas. Me sentí como si estuviera tirando mi vida a la basura. Pero en realidad estaba haciendo lo contrario. Estaba rindiendo homenaje a mi propia vida sacando los cincuenta o sesenta objetos que de verdad me importaban o eran irremplazables. Reciclé algunas cosas, y regalé programas y fotografías a la biblioteca. Luego compré un álbum gigante encuadernado en piel y lo llené con los momentos estelares de mi carrera». Ordenar sus pensamientos y recuerdos en un único sitio le permitió consolidar y hacer más accesibles las historias que tenía que contar a los demás. «Durante cincuenta años no había querido olvidar nada», explica Sam, «así que lo guardé todo. Pero después de desprenderme de ello lo siento más mío».

Su recién descubierta libertad ha cambiado su aspecto por completo. Ahora irradia ligereza y una palpable seguridad en sí mismo.

«En lugar de amontonados en cajas, fuera de mi alcance, tengo mis recuerdos más valiosos en una estantería, tratados con respeto», explica Sam. «Le he enseñado el álbum a muchos amigos y es divertido comprobar cuánto disfrutan viéndolo. Uno llegó a decirme que había decidido hacer lo mismo con sus recuerdos de su vida deportiva, que le ocupan medio cuarto de estar. Y mi apartamento es mucho más espacioso ahora. Puedo volver a pensar. Y estoy considerando escribir mi primera obra de teatro».

Desprendernos de lo que no nos resulta irremplazable y decir adiós a lo que ya no nos es de utilidad nos deja espacio para vivir al presente. Al vivir el presente, liberamos el pasado y nos abrimos a lo que pueda traernos el futuro.

✎ Tarea
Tiempo y espacio

Dedica unos minutos a sentarte en una parte de tu casa donde antes estabas «demasiado ocupado» para sentarte. Mira a tu alrededor y observa tu casa con ojos nuevos. ¿Qué te gusta? ¿Qué querrías cambiar? Si ves muchas cosas que quieras cambiar o te emocionas demasiado haciendo este ejercicio, no te preocupes: tus páginas matutinas te ayudan a priorizar y procesar todas esas ideas.

✎ Tarea
Veinte minutos

A todos nos viene bien hacer un poco de limpieza, y todos podemos dedicar veinte minutos a esta actividad. Ponte la alarma, hazte el propósito de terminar en cuanto suene y a continuación dedica veinte minutos a desechar las cosas de tu casa que ya no necesitas. Puede ser útil usar tres bolsas: para basura, para reciclar, para dar. A mí me gusta hacerlo como si fuera una carrera contrarreloj: ¿de cuántas cosas me puedo deshacer en veinte minutos? Haciendo limpieza en intervalos de tiempo determinados, avanzamos en una tarea aparentemente ingente. Y estos progresos nos animan a seguir.

Aburrimiento

El aburrimiento es una máscara que nos ponemos para decirnos «Total, ¿para qué?». En otras palabras, el aburrimiento enmascara un temor. Afirmamos estar aburridos cuando en realidad estamos asustados. Muchos sufrimos de aburrimiento, y aquí uso el verbo «sufrir» deliberadamente. Cuando nos aburrimos, nos sentimos atascados. Nada parece encender nuestras pasiones. Nos preguntamos si algún día dejaremos de estar aburridos. Nos sentimos desesperados, al borde del precipicio. Al no saber qué hacer, nos entra el pánico y cuando nos entra el pánico nos hundimos aún más en ese agujero oscuro en el que creemos que no tenemos ideas.

Pensar que no se tienen ideas resulta aterrador y, de hecho, nunca es cierto. Pero cuando caemos en las garras del aburrimiento puede ser muy difícil salir de él y ver las cosas con perspectiva. Necesitamos sacarnos a nosotros mismos de la inercia. Una de las maneras más eficaces de hacer esto es la cita con el artista.

A los 67 años, Caroline vivía en Santa Fe, una ciudad rica en arte y en artistas. Pero podía haber vivido en cualquier otra parte, porque no aprovechaba lo que le ofrecía la ciudad. Cuando le sugerí que usara las citas con el artista como remedio contra el aburrimiento del que tanto se quejaba, se mostró reacia. No se le ocurría una sola cosa que le pareciera divertida. Le dije que no se preocupara, que no tenía que ser una actividad per-

«Se negaba a aburrirse principalmente porque no era aburrida».

Zelda Fitzgerald

«Los Beatles salvaron al mundo del aburrimiento».

George Harrison

fecta. Con que se le ocurriera una sola cosa que pudiera ser divertida sería más que suficiente. De mala gana, sugirió ir a una galería de arte. Santa Fe es famosa por Canyon Road, una calle serpenteante con galerías en cada rincón. A pesar de llevar cuatro años en Santa Fe, Caroline no la conocía.

«Suena demasiado fácil; demasiado obvio», objetó.

«Suena genial», insistí. «Una cita con el artista perfecta».

Así que Caroline planeó su primera visita a una galería de arte.

«Me prometí que estaría una hora visitando galerías», dice Caroline. «Eso es lo que me permitió salir de casa, supongo que necesitaba ponerme un límite de tiempo para animarme a hacerlo. Al principio no sabía muy bien qué pensar de las obras de arte que vi, o de si me provocaban alguna sensación. Pero solo llevaba cinco minutos y me había prometido estar una hora, así que seguí».

Menuda fue su sorpresa cuando descubrió que la obra de varios artistas le interesaba profundamente.

«Para cuando entré en la décima galería, me di cuenta de que me estaba divirtiendo», dice tímidamente. «Mi reticencia a explorar se debía a la falta de confianza en mi capacidad intelectual. Cuando visité exposiciones individuales me sentí inspirada. Me di cuenta de que todos estos artistas trabajaban solos y que, aun así, algo los impulsaba a crear y crear. Había corpus enteros de obra porque estos artistas no dejaban de trabajar. Me resultó admirable y me di cuenta de que podía extraer una lección de ello. Había muchas facetas de mi vida en las que podía esforzarme un poco más. Me encantaba la idea de que los artistas locales tuvieran tanto talento. Empecé a verme como parte de una comunidad fascinante a la que, además, tenía algo que aportar».

Caroline volvió a casa aquel día más animada. Llevaba tiempo acariciando la idea de plantar un pequeño jardín de flores a la entrada de su casa, y ahora se dio cuenta de que tenía la capacidad y de que la idea le resultaba atractiva desde el punto de vista creativo. «Me entraron muchas ganas de hacerlo», dice. «Igual resulta un poco abstracto, pero la atención que los artistas ponían en su trabajo me hizo sentir que era importante. Hacer algo poniéndole toda la atención posible, así que pasé una tarde de lo más divertida eligiendo, distribuyendo y luego plantando flores. Y ahora tengo la sensación de que también yo estoy poniendo mi nota de color en Santa Fe».

Es importante prestar atención a nuestra sensación de aburrimiento y enfrentarnos a ella con sinceridad. Estar aburrido puede no resultar cómodo, pero podemos cambiar cómo nos sentimos una vez que admitimos nuestras frustraciones y tomamos medidas para solucionarlas.

Todos somos creativos y todos tenemos reservas ilimitadas de energía creativa. Si la usamos —o la «gastamos» por así decirlo— de manera positiva, expandimos y enriquecemos nuestro entorno. Pero si en lugar de expandirnos nos encogemos, corremos el riesgo de terminar recreándonos en nuestra negatividad.

«Mi madre es inteligente», dice Cindy, «y siempre había pensado que al no trabajar había malgastado su formación... en la Ivy League, nada menos. A medida que la veía cada vez más infeliz —y con peor carácter— me prometí que siempre trabajaría. Era la única defensa que se me ocurría contra la negatividad que observaba y recibía de ella, y eso ha marcado mi vida. Lo cierto es que creo que mi madre se aburre. Es inteligente, pero no ha usado su inteligencia de manera que le resulte satisfactoria. En lugar de ello se ha dedicado a organizarnos la vida a mí y a mis hermanos hasta extremos aterradores. Todos sabemos que es porque "se aburre", pero sigue resultando muy destructivo».

«¿No es la vida cien veces demasiado corta para aburrirnos?».

Friedrich Nietzsche

Puesto que nuestra actividad necesita una salida, es importante decidir de manera consciente lo que vamos a hacer con ella. Es posible que la madre de Cindy se viera a sí misma como una mujer abnegada, pero dedicar tanta energía a los demás terminó por asfixiarla a ella y a sus hijos. Puesto que no estaba dispuesta a reflexionar sobre lo que quería hacer con su vida, los problemas de su familia se convirtieron en su principal ocupación. Es parecido a lo que le ocurre a un niño que se aburre y decide portarse mal como medio de entretenerse. El problema es que, en tanto adultos, tenemos la capacidad de obstaculizar el progreso natural de aquellos en cuyas vidas nos entrometemos. Al final, el resentimiento y la frustración eclipsan las buenas intenciones que pudiera haber al principio.

En cambio, si ejercemos nuestra creatividad y expandimos nuestros horizontes, no nos queda demasiado tiempo para inmiscuirnos en la vida de los demás. Estamos satisfechos, de manera que no sentimos la necesidad de hacer sentirse insatisfechos a otros. Una vez decidimos ser sinceros, estamos en situación de encontrar las respuestas a lo que estamos buscando en realidad. El aburrimiento es un enemigo taimado, nos impulsa a hacernos preguntas transcendentales y aterradoras de tipo: «¿Qué estoy haciendo con mi vida?». El remedio para el aburrimiento es, en realidad, muy sencillo. La pregunta correcta es: «¿Qué podría estar haciendo ahora mismo que fuera productivo?». Y a menudo tenemos la respuesta.

✎ TAREA
Aburrimiento

Los niños reaccionan de manera instintiva al aburrimiento con imaginación y creatividad. Si haces memoria, ¿recuerdas cómo te enfrentabas al aburrimiento siendo un niño?

Por ejemplo:

1. Montando un teatro de títeres.
2. Construyendo un castillo de arena.
3. Haciendo música con tapas de cacerolas y sartenes.
4. Teniendo largas conversaciones con amigos imaginarios.
5. Jugando a los disfraces.

Elige un recuerdo y descríbelo, regresa así al mundo de tu infancia.

Rutina

Las personas recién jubiladas suelen tener sentimientos encontrados respecto a la rutina. Por un lado, disfrutan de no tener ya unos horarios laborales impuestos desde fuera. Pueden elegir dormir hasta tarde, viajar entre semana o comer cuando tienen hambre en lugar de a las horas que marca una agenda de reuniones y tareas. Por otro, la falta de rutina puede causar estrés. Si una persona lleva décadas con sus días organizados, puede serle difícil encontrar una rutina para su nueva vida.

«Jubílate del trabajo, pero no de la vida».

M. K. Soni

Voy a pedirte que no tengas prejuicios. Aunque hará falta un periodo de prueba y error, es posible encontrar una rutina que termine por convertirse en una suerte de práctica espiritual y te haga más abierto a la inspiración, la energía y la creatividad. Crearte unas rutinas que te hagan sentir cómodo te dará paz mental, y esa paz te dará la inspiración necesaria para avanzar.

Mi rutina diaria empieza cuando me levanto. Me preparo una taza de café, cojo cuaderno y bolígrafo, me siento en una amplia butaca de cuero y escribo mis tres páginas matutinas. Cuando termino, desayuno, y después de desayunar hago las cosas que me sugieren las páginas. «Sacar al perro, cambiar las sábanas, leer las oraciones de Ernest Holmes, llamar a mi hermana, escribir el prólogo al libro de Natalie...». Raro es el día en que las páginas no me dicen lo que debo hacer a continuación. «Llamar a Domenica y escuchar», me sugieren mis páginas. La mayoría de las veces, las páginas me orientan en «la dirección correcta», que llamo con las siglas LDC. Dar un paseo por los caminos de tierra en los alrededores de mi casa por la tarde me mantiene en forma física y también mental, porque estoy atenta a posibles coyotes y serpientes. La última hora de la tarde es ideal para trabajar en el libro que esté escribiendo en ese momento. Una vez a la semana programo una cita con el artista.

Basta esta sencilla planificación para sentirnos serenos y seguros. Hacemos cosas que alimentan nuestro espíritu. Volvemos a tener una rutina, pero esta vez es una rutina que hemos elegido nosotros y que responde a nuestros impulsos interiores, no una serie de tareas impuestas desde fuera. La rutina nos pone en contacto con nuestra capacidad para la disciplina. Sacamos inspiración de las páginas matutinas. Cuando invocamos diariamente a un poder superior a que se comunique con nosotros mediante lo que escribimos, nos nutrimos de nuevas ideas.

En ningún lugar es más evidente el valor espiritual de la rutina que en un monasterio. Los monjes se levantan a una hora concreta, rezan a otra y empiezan una jornada donde las campanas suenan a intervalos regulares indicándoles que deben cambiar de actividad. Reservar un tiempo al trabajo, a la oración y al descanso da como resultado una vida satisfactoria, plena y productiva. Las páginas matutinas son una forma de plegaria. Cuando escribimos: «Por favor, guíame» nos llega un flujo de inspiración. Nos sentimos guiados. A medida que escribimos cada mañana sobre lo que ocupa en ese momento nuestras vidas estamos rezando por escrito. Y quien nos escucha es una fuerza benevolente

«El secreto de tu futuro se esconde en tu rutina diaria».

Mike Murdoch

más allá de nosotros mismos, elijamos o no ponerle un nombre. Las páginas matutinas nos dibujan el camino que hemos de seguir ese día, son un lugar donde establecer nuestros objetivos y los plazos para cumplirlos. Cada vez que llamo a mi hija me siento como una caja de resonancia. Nuestras conversaciones son mutuamente terapéuticas. Las páginas matutinas también pueden ser una caja de resonancia y un trampolín para el resto de nuestras vidas.

Tom se jubiló pronto con la esperanza de vivir grandes y variadas aventuras. Su carrera profesional había estado llena de éxitos e imaginaba que su jubilación sería igual. En lugar de ello, se encontró luchando contra la depresión. Descubrió que tener mucho tiempo libre por delante lo abrumaba. Para su sorpresa, echaba de menos el trabajo y el sentido que le daba a su vida. A los seis meses de jubilarse, su depresión era tan aguda que decidió ir a terapia. Su terapeuta fue directo al grano. «¿Cómo es su rutina diaria?», le preguntó y Tom contestó: «No tengo rutina. Me limito a pasar cada día como puedo».

«Creo que necesita un poco de orden», sugirió el terapeuta. «Introducir una rutina saludable en sus días».

Tom suspiró aliviado. Iban por el buen camino. Había echado de menos su rutina, que le proporcionaba diariamente una sensación de haber hecho cosas útiles. Ahora, sin ella, todos los días se sentía un fracasado.

«Tiene que llenar sus días con actividades que le interesen. ¿Cree que será capaz?»

«Me siento como un vagabundo que se pasa las mañanas durmiendo».

«Pues levántese de la cama y póngase a hacer cosas», sugirió el terapeuta.

«Me siento aislado del mundo», se quejó Tom.

El terapeuta le sugirió dedicar un tiempo todos los días a leer las noticias. Tom empezó a sentirse un poco más ilusionado.

«La rutina, en un hombre
inteligente, es signo de
ambición».

W. H. Auden

«Igual puedo ir a tomar café por las mañanas y, de paso, comprar el *New York Times*», sugirió. «Siempre que veía a la gente tomarse un café tranquilamente pensaba que eso era vida. Así que ¿por qué no probarlo?». En cuanto Tom empezó a crearse una rutina sencilla para sus mañanas, le llegaron más ideas. «También he evitado el ejercicio físico», reconoció. «Igual podría apuntarme a un gimnasio y fijarme unos objetivos. ¡Incluso podría ir directamente desde la cafetería y con eso tendría la mañana ocupada! Tendría un horario».

Tom descubrió que tener un horario le hacía sentirse útil y optimista. Cuando establecemos rutinas basadas en las cosas que nos importan de verdad, llegan la lucidez y las ideas.

Carrie comprobó que escribir su autobiografía la devolvía a una época en que tenía una rutina muy clara. «Cuando tenía unos 10 años», dice, «daba clases de violín y de piano. Tenía que practicar todas las semanas y hacer los deberes que me ponían. En ocasiones me costaba mucho, pero en mi casa se mostraban inflexibles. Para mis padres, la música era igual de importante que lo que me mandaban en el colegio y no se podía negociar. Después de hacer los deberes y de tocar teníamos tiempo libre para jugar, pero no antes». Ahora, Carrie aprecia los beneficios de esta disciplina. «Tuvo como resultado muchos años de música», dice, «y un tesón que me ayudó en mi carrera profesional como programadora informática. La idea de adquirir nuevas destrezas con cada pieza musical me enseñó a tener paciencia. No lo he sabido hasta ahora, pero estoy segura de que algunas de mis mejores cualidades son el resultado de la formación musical que recibí desde pequeña».

Carrie recuerda esa época con cariño, no porque fuera fácil, sino porque le reportó satisfacción. «También me sirve para saber», explica, «ahora que estoy jubilada, que tengo tiempo de aprender cosas nuevas. ¿Por qué no estudiar acordeón? Siempre he querido y ahora sé cómo aprender a tocar un instrumento. Lo he hecho antes, con el violín y el piano. Y practicar siempre ha sido para mí, en realidad, una actividad espiritual. Mover despacio la mano de un acorde a otro es meditación. La adquisición de destrezas, el proceso de aprendizaje, es una rutina que se extiende a todas las esferas de mi vida. Practicar un instrumento me da perspectiva y me hace sentir satisfecha, con la sensación de que he conseguido algo. Me enfrento a los días con más calma. Creo que voy a abrir el estuche del acordeón y convertirlo en parte de mi jornada».

Si no estamos seguros de qué rutinas nos resultarán satisfactorias, encontraremos muy útil acudir a nuestra autobiografía. Esta nos dará, con toda probabilidad, alguna pista. No se trata de encontrar enseguida la respuesta perfecta, sino de probar ideas sencillas que pensamos podrán producirnos satisfacción. He tenido alumnos que deciden empezar su día con un paseo de diez kilómetros, meditando o dedicando una hora a ordenar su casa y, de paso, sus pensamientos. Si mantenemos una actitud abierta frente a posibles nuevas rutinas, la recompensa será una sensación de libertad dentro de una existencia ordenada.

Tarea
El alivio de la rutina

Numera del 1 al 5 y a continuación termina las siguientes frases:

1. Me sentaría bien dedicar tiempo a...
2. Me sentaría bien dedicar tiempo a...
3. Me sentaría bien dedicar tiempo a...
4. Me sentaría bien dedicar tiempo a...
5. Me sentaría bien dedicar tiempo a...

Ahora revisa la lista. ¿Qué pistas te da? ¿Qué cosas estás deseando incluir en tu rutina? Elige una actividad, ¿puedes incorporarla a tu rutina diaria?

REGISTRO SEMANAL

1. ¿Cuántos días has escrito tus páginas semanales? ¿Qué tal fue la experiencia?
2. ¿Hiciste la cita con el artista? ¿Qué fue? ¿Descubriste algo en tu autobiografía que te gustaría explorar en una cita con el artista?
3. ¿Has dado los paseos? ¿Notaste alguna cosa cuando los dabas?
4. ¿Cuántos «ajás» has tenido esta semana?
5. ¿Has experimentado sincronicidad esta semana? ¿En qué consistió? ¿Te hizo sentirte más conectado?
6. ¿Qué descubriste en tu autobiografía que te gustaría explorar en mayor profundidad? ¿Cómo te gustaría hacerlo? Como siempre, si tienes un recuerdo especialmente significativo al que necesitas dedicar más tiempo pero no estás aún seguro de qué pasos dar, no te preocupes. ¡Sigue avanzando!

Reavivar una sensación de conexión

Esta semana es probable que tu autobiografía saque a la luz relaciones en las que te centraste con una intensidad especial. Para algunos puede ser una relación cercana con un familiar o un profesor favorito, para otros, amistades estrechas o romances incipientes. Empiezas a verte a ti mismo en relación con los demás. La jubilación también es tiempo de reflexionar acerca de relaciones presentes y pasadas. ¿A quién quieres tener cerca? ¿Cómo son las personas de tu entorno? ¿De quién quieres distanciarte? ¿Quién te gustaría ser? Explorarás la soledad y el aislamiento, problemas propios de la jubilación, así como oportunidades de conectar con los demás mediante el voluntariado. Probarás a pedir, y a ofrecer, apoyo. Al igual que en tus primeros años de vida adulta, tendrás que buscar un equilibrio entre las relaciones que no has elegido tú personalmente (familia inmediata, antiguos compañeros de trabajo) y las que sí.

Elegir las compañías

«La amistad, como he dicho, nace en el momento en que un hombre le dice a otro: "¡Cómo! ¿Tú también? Pensaba que solo yo..."».

C. S. Lewis

En la jubilación, la intensidad de nuestras relaciones laborales decrece, y las que mantenemos es a menudo por elección. Aunque esto puede suponer motivo de alivio en más de un sentido, es posible que estemos deseando perder de vista a ese colega desconsiderado que tanto nos fastidiaba en el día a día, o a superiores cuyo criterio no compartíamos. Por otro lado, es posible que nos encantara nuestro entorno de trabajo y que ahora lo echemos de menos, que extrañemos formar parte de una comunidad a la que teníamos afecto. En muchos casos se produce una combinación de ambas cosas.

Ahora que tenemos más tiempo libre, nos corresponde tomar una serie de decisiones. Es posible que las personas en nuestra vida esperen de nosotros una total disponibilidad, con independencia de lo que decidamos nosotros. Es posible que también queramos reavivar relaciones para las que no teníamos tiempo suficiente cuando trabajábamos. Ha llegado el momento de pensar seriamente con qué tipo de personas queremos relacionarnos durante nuestra jubilación.

Jessica tiene 66 años y su autobiografía correspondiente a la semana tres se centraba en los años comprendidos entre los 11 y los 17. «Fue un periodo muy intenso en cuanto a relaciones íntimas», dice. «Tuve una relación complicada con mi padre, que trabajaba mucho. No salía con muchos chicos, pero sí tuve un grupo de amigas íntimas durante mi adolescencia. Recuerdo la intensidad de los sentimientos. Por supuesto, estaba en plena pubertad y llena de hormonas, pero estaba muy furiosa con mi padre porque me parecía que no tenía tiempo para mí. Lo cierto es que había desarrollado una gran dependencia de mis amigas, nos creíamos invencibles y éramos inseparables. El estrés que me producía la sensación de que mi padre no me prestaba la atención debida era similar al que sentía cuando no estaba con mi grupo de amigas, la sensación de estar perdiéndome algo». Al poco de jubilarse, Jessica atravesó un periodo igualmente doloroso de sensación de estar «perdiéndose algo». Le entró el pánico y se apuntó a un montón de grupos que en realidad no le interesaban y luego el exceso de actividad que se había autoimpuesto la hizo sentirse agobiada e insatisfecha.

«Al trabajar en mi autobiografía me di cuenta de que el pánico que sentía era más histórico que actual», explica. «Me había pasado la vida cultivando relaciones que me resultaban necesarias. Pero al perderlas creo que volvieron a aflorar los viejos miedos...». Jessica comprendió que si dibujaba ella sola la línea de puntos obtenía una visión más transigente de sí misma. «Dejé algunos de los grupos», dice. «Una vez di un paso atrás y vi lo que estaba haciendo tuve muy claro los que de verdad podrían divertirme. Pero mientras estaba tan alterada emocionalmente era incapaz de darme cuenta».

Hay un dicho según el cual «lo histérico es histórico», que quiere decir que cuando las emociones resultan abrumadoras es posible que no se correspondan con una situación actual. Revisar nuestras relaciones pasadas y sus patrones es algo sensato y poderoso a la vez. Nos ayuda a saber qué debemos llevar con nosotros en este nuevo capítulo de nuestras vidas en que tenemos la oportunidad de empezar de nuevo.

Es importante que tengas un grupo de gente que te apoye, sobre todo cuando empieces alguno de tus proyectos creativos. Yo llamo «espejos amigos» a las personas que, cuando te miras en ellas, te devuelven tu imagen mejorada y aumentada; a esas personas es importante conservarlas —o incorporarlas— en tu nueva vida. Las empresas creativas son algo vulnerable y hace falta mucho valor para embarcarse en el delicado proceso que suponen. Aquellas personas que apoyen tus primeros pasos son a las que debes hacer partícipes.

«Un sueño soñado en compañía es una realidad».

John Lennon

«Somos como islas en el mar, separados en la superficie, pero conectados en el fondo».

William James

Tenemos que proteger nuestras ideas creativas. Bert descubrió en su autobiografía un patrón preocupante que consistía en ceder sus ideas, y el poder asociado a ellas, a otras personas, sobre todo a las que se encontraban en una situación de necesidad.

«Vi que lo hacía ya desde la escuela elemental», dice, «cuando dejé que mi compañero de laboratorio, que estaba teniendo dificultades y pasándolo mal, se atribuyera un trabajo mío. Me pareció más fácil dejar que lo hiciera que verlo llorar en clase de ciencias. Pero al mirar atrás no entiendo por qué eso me pareció lo más lógico...». Bert se convertiría con el tiempo en un próspero hombre de negocios, pero persistió en su patrón de ceder ante los demás —en detrimento suyo hasta cierto punto— para evitar conflictos o emociones. «Lo cierto es que me avergüenza este patrón», dice, «pero prefiero verlo que no verlo. Lo repetía una y otra vez. El año pasado llegué al extremo de tomar una decisión de negocios equivocada. Había una mujer rica que afirmaba querer participar en un proyecto nuevo en el que yo estaba trabajando. No tenía las cualidades necesarias, pero decía que quería aprender a ser algo más que inversora. Por desgracia, resultó no tener la voluntad —o quizá la capacidad— necesaria para aprender. Supongo que da igual. Cometí un error trabajando con ella, pero todos cometemos errores. La gran equivocación fue la cantidad de veces que cedí cuando nuestras opiniones divergían porque se disgustaba y me parecía más sencillo decirle que sí que enfrentarme a la situación. Enfrentarme habría significado romper nuestra asociación y eso habría sido mejor. Me decía a mí mismo que estaba "dándole el beneficio de la duda", pero en este caso mis dudas eran muchas. Cedí a sus emociones, y me salió caro».

Ahora que está jubilado, Bert está decidido a aprender de sus errores. «Con todo, aterricé de pie», dice. «Al fin y al cabo, aquí estoy. Pero necesito controlar mi tendencia a proteger emocionalmente a los demás, sobre todo a expensas de mis propias ideas y de mi instinto. Ahora me doy cuenta de que al hacerlo me perjudico a mí mismo». La conclusión de Bert es de lo más interesante. Está en situación de emprender nuevos proyectos y, ahora que se conoce mejor a sí mismo, también está en situación de protegerse a sí mismo cuando los emprenda. «Tengo una idea», dice con ojos brillantes. «Voy a escribir un cuento sobre un niño que ayuda a otro en clase de ciencias. O, ahora que lo pienso, quizá sobre un niño que no ayuda a otro en clase de ciencias. Veamos si puedo reescribir esa historia de manera que me resulte beneficiosa».

Construir un entorno de personas exige trabajo y ha de ser constante. Es normal poner en práctica el método de prueba y error. Al examinar nuestros patrones sacaremos conclusiones y eso nos ayudará a la hora de tomar decisiones sobre nuestra vida actual. Al repasar nuestras vidas, pensamientos y deseos entramos en contacto con la clase de gente —y con qué personas en concreto— que queremos conectar a nuestro nuevo viaje.

✎ TAREA
Autobiografía, semana tres

AÑOS: _____

1. ¿Qué relaciones nuevas e importantes desarrollaste en este periodo? Describe brevemente la dinámica de las más importantes.
2. ¿Dónde vivías?
3. ¿Cuál era tu entorno en esos años? ¿Era satisfactorio, complicado, histriónico, estimulante?
4. Describe un sonido de ese periodo. ¿Había una canción que oyeras todo el tiempo? Prueba a oírla ahora. ¿Qué te sugiere?

5. Describe un sabor de esos años.
6. Describe un olor de esos años.
7. Describe un momento en el que te sintieras solo.
8. Describe un momento en el que te sintieras apoyado.
9. ¿Qué te generaba estrés en esos años?
10. ¿Qué otros recuerdos significativos conservas de entonces?

SOLEDAD Y AISLAMIENTO

La soledad es algo inherente a la condición humana y una sensación que toda persona experimenta, esté en la práctica sola o no. En ocasiones, la soledad más acuciante se da en compañía de aquellos con quienes nos cuesta conectar. En otras ocasiones, los cambios pueden traer consigo una «soledad gozosa». Las citas con el artista nos permiten aprender a estar solos de forma gozosa, y al mismo tiempo a menudo terminan por ayudarnos a crear fuertes conexiones con otras personas.

Cuando Mia se jubiló de su trabajo como editora gráfica, se dio cuenta de que pasaba menos tiempo sola que cuando trabajaba. Su trabajo había sido bastante solitario, pues lo desempeñaba en una oficina pequeña donde la mayoría de los editores trabajaban en proyectos independientes. «Me gustaba esa forma de trabajar», dice Mia. «Me gustaba el silencio». Cuando se jubiló, se reunió con su marido, que ya lo había hecho, en casa. De pronto, no tenía tiempo para ella. «Lo cierto es que de pronto me encontré muy sola», dice. «Sentía como si estuviera perdiendo el tiempo sola». Su marido era ahora su compañero las veinticuatro horas del día. «Cuando le dije que quería salir a hacer fotos, se empeñó en acompañarme. Intenté explicarle que quería hacerlo sola, pero pareció dolido. Quería cambiar la edición gráfica por la fotografía, y para mí aquello era algo que tenía que hacer sola. Pero mi marido no lo entendió, y empezamos a distanciarnos».

Mia dijo que nunca se sintió más sola que cuando no tuvo tiempo para estar sola. «Tenía la sensación de estar hundiéndome en algún lugar oscuro, acostumbrándome a ignorar mis pensamientos, mis sentimientos, mis intuiciones. Terminé por perderme a mí misma», dice. «Fue un desastre».

Cuando Mia empezó a trabajar en las páginas matutinas y en las citas con el artista descubrió un lugar donde volcar sus sentimientos, así como un marco donde experimentar ese tiempo en soledad que tanto necesitaba. «Cuando le expliqué a mi marido que estaba haciendo las páginas matutinas y lo que eran, pareció interesado. Y cuando le hice saber que las citas con el artista tenían que hacerse en soledad pareció comprenderlo. Creo que el hecho de que esas herramientas fueran parte de un curso y vinieran definidas por alguien de fuera ayudó. Estaba haciendo mis deberes. No sentía que lo estuviera abandonando».

Las herramientas proporcionaron a Mia sensación de libertad y alivio. Pero también experimentó una sensación inesperada de conexión. «Cuando empecé a hacer las citas con el artista me sentí más cerca de mi marido», cuenta. «Tenía algo que contar al volver a casa, una experiencia de la que hablar. A veces iba a sitios a los que él nunca habría querido ir, como un museo de colchas. Otras encontraba joyas en la ciudad que sabía que le encantarían, como un restaurante tailandés diminuto donde servían helado de coco y que luego visitábamos juntos. Las citas con el artista se convirtieron en algo normal y a partir de ahí, salir a hacer fotografías también pasó a formar parte de nuestra dinámica. Y, paradójicamente, mi próxima serie de fotografías va a ser de los dos juntos».

He tenido muchos alumnos que se resisten a las citas con el artista porque me dicen que «ya lo hacen

«No era más que una sonrisa alegre, y que no costó esfuerzo alguno, pero igual que la luz del amanecer, enseguida ahuyentó la noche e hizo que vivir el día mereciera la pena».

F. Scott Fitzgerald

«La soledad... es la prueba de que tu impulso innato de conectar con los demás está intacto».

Martha Beck

todo solos». Tal vez viven solos y por tanto pasan mucho tiempo sin compañía. Pero a menudo la sensación de soledad surge, no de una falta de relación o interacción con otras personas, sino de la falta de relación con nosotros mismos. Aunque antes de probarlas resulta difícil de creer, las citas con el artista rompen el aislamiento aunque se hagan en soledad. Lo que cultivan es la relación con nosotros mismos, y si logramos crear ese hábito siempre nos sentiremos acompañados, aunque físicamente estemos solos. Parte de este efecto proviene de planear cada cita con el artista. Eliges una actividad que te atrae y se sale de tu rutina diaria —por eso se llama «cita»— y disfrutas preparándola. Puede que saques una entrada para un concierto, una obra de teatro o la visita de un museo con unos días de antelación. Una cita con el artista es algo muy distinto de tiempo de soledad «a secas». Experimentarás una sensación acentuada de intimidad contigo mismo y volverás a casa conociéndote mejor que cuando saliste. Las citas con el artista van mejorando; cada vez son más fáciles de hacer y más divertidas de preparar. Pero lo que de verdad estás construyendo con ellas es una relación contigo mismo, y esa relación será el núcleo de todas las demás relaciones que tengas. Cuando trabajas para conectar contigo mismo, tu capacidad de conectar con los demás aumenta de manera exponencial.

David se jubiló y comprobó con horror que pasaba casi todo el tiempo solo. Al principio se dedicó a leer libros y a ponerse al día de cosas que tenía pensadas, pero no tardó en cansarse de sus días largos y vacíos. En su autobiografía había desenterrado un recuerdo muy vívido de una magdalena de chocolate que compraba en una panadería en compañía de su mejor amigo cuando estudiaba medicina. Había perdido el contacto con este amigo años antes, pero la autobiografía le recordó lo importante que había sido esa amistad en su vida. «Eran cosas pequeñas», dice. «Mi amigo era muy, pero que muy cuidadoso con los detalles. Siempre tenía los lápices alineados. El escritorio impoluto. Tenía una letra diminuta y precisa. Era una persona muy artística. Y gracias a esas cualidades se convirtió en un gran cirujano. La gente ahora me dice que soy pulcro, y siempre pienso en mi amigo y en cómo me influyó. Todas esas cosas las aprendí de él, y de verdad que me cambió la vida, fue una fuente de inspiración».

David volvió a la panadería que su amigo y él solían frecuentar después de clase. «Entré solo y me inundaron los recuerdos. Pedí la magdalena de chocolate y me senté. Al principio me sentí muy solo. No sabía lo que había sido de mi amigo en realidad. Sabía que había tenido una carrera profesional brillante, pero nos habíamos perdido la pista. Lamentaba de verdad haber estado demasiado ocupado para mantener el contacto con él. Le echaba mucho de menos». David miró a un hombre mayor detrás del mostrador que reponía el género de la vitrina. Le reconoció, era el dueño, el mismo que llevaba la panadería cuando él la frecuentaba treinta años antes.

«Salí, compré una tarjeta y le escribí una nota a mi amigo», dice David. «Algo muy sencillo. Le decía solo que había estado allí tomando una magdalena de chocolate y que sentía de verdad haber perdido el contacto con él. Me sorprendió cuando tuve noticias suyas casi enseguida. Habían pasado más de tres décadas, pero volvimos a conectar prácticamente donde lo habíamos dejado. También él se acababa de jubilar. Qué regalo fue reunirme con alguien con el que en el pasado había tenido tanto en común y comprobar que seguíamos teniendo muchísimas cosas de que hablar, presentes y pasadas. Seguíamos estando muy conectados. Sé que suena absurdo, pero aunque pensaba mucho en mi amigo, creo que no habría hecho por ponerme en contacto con él de no haberme provocado el deseo aquella magdalena de chocolate».

«El amor es el puente entre tú y todas las cosas».

Rumi

Aunque las historias como la de David parecen poco verosímiles, la sincronicidad de este tipo es la regla, no la excepción, cuando se usan estas herramientas. Creo que en las páginas matutinas hablamos con un poder superior y que este nos contesta en las citas con el artista. Si seguimos los consejos que nos da, establecemos conexiones que habríamos juzgado imposibles con nosotros mismos, con nuestro entorno y con otras personas.

La hermana Mary Berenice, monja católica, pasó más de cincuenta años dando clase. Bajo su atenta tutela prosperaron numerosos alumnos. Cuando la madre superiora le dijo que había llegado el momento de jubilarse, interiormente sintió pánico. Enseñar daba sentido a su vida. Si no era profesora, quién era, se preguntaba.

Acostumbrada a animar a sus alumnos a escribir, decidió que también ella saldría beneficiada de recurrir al papel y al lápiz. Hizo memoria de sus comienzos como profesora, de sus alumnos más revoltosos y de los trucos que había empleado para hacerles aprender. A medida que sus métodos didácticos maduraron, sus alumnos empezaron a florecer. Recordó los numerosos premios y menciones de honor que habían recibido. Al volver la vista atrás se sintió orgullosa. Los premios de sus alumnos eran, en cierta medida, suyos.

Al poner por escrito sus métodos de enseñanza, la sensación de soledad empezó a desaparecer. Recuperó la razón de ser y la conexión con los alumnos a los que tanto había apreciado. Podía compartir lo que había aprendido con las monjas más jóvenes que empezaban ahora como profesoras. Después de más de cincuenta años de ejercer la profesión terminó por escribir lo que para ella era una autobiografía: un libro sobre herramientas de aprendizaje que había ido descubriendo mediante el método de ensayo y error y mediante la experiencia. Una monja joven se ofreció a pasarlo al ordenador. Se convirtió en lectura obligatoria para las profesoras novicias.

Cuando la hermana Mary Berenice revisitó su vida en palabras, disminuyó su sensación de aislamiento. Recuperó una conexión concreta con recuerdos de alumnos del pasado y forjó una conexión nueva y práctica con quienes seguían sus pasos.

Repasar nuestras vidas nos da ocasión de honrar las elecciones que hicimos y dónde nos han llevado. Entablar amistad con nosotros mismos nos ayuda a ver nuestros valores con mayor claridad. Expresarnos de la manera que sea —escribiendo un poema, cantando una canción, dibujando lo que nos rodea, enviando una postal— nos permite conectar con un poder superior. En nuestros momentos de creación nunca estamos solos.

✐ Tarea
Soledad

Tómate veinte minutos para escribir sobre una época de tu vida en la que te sintieras más solo. ¿Cuáles eran las circunstancias? ¿Estabas rodeado de gente o aislado? ¿Trabajabas? A continuación, dedica tiempo a escribir sobre una época en que te sintieras conectado con los demás. ¿Con quién conectabas? ¿En qué sentido? ¿Puedes recuperar el contacto con esa persona? ¿Te viene a la cabeza alguien que pueda desempeñar un papel similar en tu vida? Los programa de rehabilitación de doce pasos hablan de «el teléfono que pesa una tonelada» en el sentido de que puede ser muy difícil descolgarlo para llamar a alguien, pero, una vez lo hemos hecho, la carga se aligera de manera considerable. Recuerda que esa persona a la que vas a llamar quizá necesite conectar contigo tanto como tú con ella.

Voluntariado

Al tener más tiempo y más experiencia, las personas jubiladas están en una situación perfecta para ejercer el voluntariado. A la hora de considerar un voluntariado es posible, aunque no necesario, tener en cuenta las destrezas de la vida profesional. Un profesor universitario jubilado puede ayudar a redactar solicitudes de becas en la biblioteca de su barrio, un profesor de música puede estar en el comité organizador de un programa de conciertos. Por otra parte, muchos han experimentado conexión con sus vecinos haciendo voluntariado en áreas en las que no tenían experiencia: el programador informático fregando platos en un comedor social, el doctor en física leyendo cuentos infantiles con inmigrantes que necesitan aprender el idioma. El voluntariado es una experiencia espiritual... y por tanto individual, y muchas personas han comprobado cómo las conexiones que les proporciona enriquecen todos los aspectos de sus vidas.

Nosotros somos creaciones de un poder superior, y al servir a otros nos convertimos en conductos que permiten a ese poder superior entrar en el mundo. Así, ejercer el voluntariado y expresarnos de manera creativa son cosas más parecidas de lo que cabría pensar. Cuando nos convertimos en canal de buenas acciones, nos vemos recompensados con optimismo e ideas. Cuando nos ponemos a disposición de los demás, experimentamos la gracia.

Daryn, banquero de inversiones, se jubiló y encontró gran inspiración trabajando de voluntario en el parque de su barrio. «Nunca me había considerado una persona creativa», dice. «Desempeñé mi trabajo durante cuarenta años y con éxito, pero cuando me jubilé no tenía ideas». Al empezar su autobiografía Daryn desenterró un recuerdo muy querido de cuando trabajaba con su padre en el jardín. «Rastrillábamos, limpiábamos y desbrozábamos y, al terminar, el jardín era algo de lo que podíamos sen-

«Puesto que alegrar la vida a los demás genera alegría, uno debería dedicar mucho tiempo a pensar en la felicidad que puede dar».

Eleanor Roosevelt

tirnos orgullosos», dice. «Recordé la sensación de satisfacción que me producía». Daryn vive ahora en una ciudad lejos de donde creció y no tiene jardín, pero sí muchos parques cerca de su casa. «Un día pensé, ¿por qué no acercarme a preguntar si necesitan ayuda en algo?», dice. «Me gustaría salir y me gustaría echar una mano». Daryn descubrió un parque vecino que buscaba voluntarios. Ahora trabaja en las tareas de mantenimiento —rastrillando, limpiando— dos días a la semana. «He empezado a conocer a la gente que trabaja allí», dice, «y tienen historias muy interesantes. Al hacer esto me siento cerca de mi padre, que murió hace muchos años. Y me encuentro rejuvenecido. Este trabajo me lleva a pensar que puedo probar a hacer otras cosas».

El voluntariado también puede pasar por emplear destrezas que tenemos dominadas. Décadas de experiencia laboral nos han puesto en situación de ayudar a personas que lo necesitan y a dar consejos a quienes empiezan en la profesión. Al hacerlo nos sentimos conectados, por un lado, con nuestro antiguo medio de vida y, por otro, útiles a los demás. Para muchos se trata de una elección muy satisfactoria: personas que se han jubilado antes de lo que tenían pensado o a quienes les apasionaba el trabajo que hacían y quieren conservar sus destrezas. Mantenerse activo y productivo también da salida a nuestra energía creativa que, de otro modo, podríamos encauzar de manera equivocada.

Leigh trabajaba a tiempo completo como interiorista. A todos sus clientes les encantaba su toque artístico. Cuando se jubiló, se centró en su propia casa, la redecoró tres veces y lo habría hecho una cuarta de no ser porque su marido se opuso.

«Me gustaba cómo estaba al principio del todo», dijo.

«A mí me gusta ahora», dijo Leigh.

Cuando Leigh me contó esto me solidaricé con su marido. Debe de ser muy incómodo que le deshagan

«Debemos usar el tiempo de manera creativa y no olvidar que siempre es momento de hacer el bien».

Martin Luther King Jr.

a uno su «nido» una y otra vez. Pero también comprendí a Leigh. Estaba llena de energía creativa que necesitaba «gastar». Y era imprescindible que le diera salida, de lo contrario su marido se encontraría en el extranjero cada vez que volviera a casa.

«¿Por qué no ofreces tus servicios sin cobrar?», le pregunté. Era evidente que necesitaba el trabajo más que el dinero. Tras algunas pesquisas, Leigh dio con una casa de acogida para adolescentes con problemas que necesitaba urgentemente una renovación. El ofrecimiento de Leigh a ayudar dejó al director llorando de gratitud.

Leigh redecoró la casa por completo, empezando por las zonas comunes y sin olvidar un solo rincón de cada uno de los dormitorios. «Nunca había estado en un lugar así», me contó. «Fue toda una lección de humildad. Había adolescentes con trastornos alimenticios, que habían intentado suicidarse. Me entristeció y conmocionó ver el grado de dolor al que tenían que sobrevivir esos jóvenes. Y la casa, aunque era un salvavidas para ellos en el sentido literal del término, estaba muy vieja. Era un lugar seguro, pero no bello».

«Me encanta crear belleza», me explicó Leigh. Y eso fue lo que hizo. Habitación por habitación, fue explicándole sus planes al director y, habitación por habitación, los puso en práctica. Sus muchos contactos se mostraron más que dispuestos a ayudar, donando pintura, cuadros e incluso muebles para la causa. Leigh transformó un edificio decrépito en un oasis terapéutico de paz. «Fue un acto de amor», decía. «Uno de los trabajos de los que más orgullosa me siento. Ver cómo cambiaba las vidas de aquellas chicas fue emocionante y conmovedor. Una de ellas, con problemas de anorexia, me dijo que había empezado a ver la belleza con ojos nuevos al mirarme trabajar y que eso le había hecho pensar que quizá algún día también vería belleza en ella misma, que la belleza no era algo que escape a nuestro control, sino algo que podía crearse. Le dije que tenía toda la razón en eso y que muchas personas veían belleza en un espacio —o en una persona— antes de que el espacio o la persona en cuestión fueran capaces de hacerlo. Le dije que igual que había visto potencial en la casa lo veía en ella. Y luego me fui a mi casa y lloré. Lloré por su dolor y lloré porque tuve la sensación de que había dirigido mis energías al sitio correcto. Fue una sensación de profunda gratitud que no había experimentado jamás en todos mis años de transformar espacios».

Las páginas matutinas a menudo sacan a la luz intereses que echamos de menos o que nos gustaría investigar. En ocasiones un mínimo indicio puede desembocar en un voluntariado de lo más satisfactorio. John había sido editor durante varias décadas y al jubilarse descubrió que echaba de menos su trabajo. Hizo las páginas matutinas, puso en marcha su autobiografía y escribió unos cuantos textos cortos. Pero seguía echando en falta las palabras de otros. Había dedicado su vida profesional a sumergirse en los autores que publicaba. Le gustaba «entrar en sus mentes», tal y como lo explicaba él, y aunque escribir le resultaba divertido, también lo encontraba algo solitario. Investigó las posibilidades de voluntariado en su barrio y le atrajo un programa de alfabetización de adultos. Allí podía compartir libremente su amor por las palabras, pero también volver a conectar con la magia que encierran... y con otras personas. «Me siento más vivo de lo que me he sentido en años», dice ahora, «al ver la emoción en los ojos de personas adultas que aprenden a leer y a escribir. Algo que siempre he dado por sentado es una novedad para muchos y siento que tengo la responsabilidad de compartir mis conocimientos». Para John, parte de su amor por las palabras se debía a que estas le ponían en conexión con otros. Una vez jubilado encontró satisfacción en compartir palabras en lugar de guardárselas para él.

«A no ser que alguien como tú se implique, las cosas no mejorarán. No lo harán».

Dr. Seuss

Dorothy, viuda y lectora voraz, también se sentía sola con sus libros. Decidió ofrecerse voluntaria en el hospital vecino. Al principio llevaba la tienda de regalos, pero descubrió que quería tener más contacto personal. «Sugerí al hospital que pusiera en marcha un programa para leer a los pacientes mayores», explica. «Me resultó divertido, y a los pacientes también. Sus gustos de lectura iban desde los clásicos a libros que yo habría considerado "basura". Para mi sorpresa, comprobé que disfrutaba leyendo algunas de las novelas más escabrosas».

Trabajar de voluntarios para compartir nuestros conocimientos y ser útiles a los demás es un concepto muy antiguo. Lo que quizá nos sorprenda es el grado de satisfacción que obtenemos de él. En la jubilación a menudo creemos que nuestras destrezas ya no son de utilidad para nadie. Esto casi nunca es así. Por regla general, descubriremos que son más necesarias que nunca... solo que en lugares que no se nos habrían ocurrido.

✎ Tarea
Haz voluntariado, solo un poco

¿Dónde puedes trabajar de voluntario, aunque sea poco tiempo, ahora mismo? Puede ser yendo un rato a un comedor social. Puede ser aconsejando a alguien que quiera abrirse camino profesionalmente en tu área de especialización. Puede ser escuchando a los demás. Todos tenemos algo que compartir. ¿Qué estarías dispuesto a «dar gratis, solo por diversión» hoy mismo?

Apoyo

Una de nuestras necesidades principales en tanto seres creativos es el apoyo, en especial al principio de un proyecto. Sobre todo si es la primera vez que ponemos en práctica nuestra creatividad, es de vital importancia que construyamos de manera consciente relaciones que sirvan de apoyo a nuestros proyectos y de salida a nuestra generosidad. Algunas de estas relaciones pueden ser la continuación de lazos creados durante nuestra vida profesional; otras, amistades en las que ahora, que disponemos de más tiempo, queremos profundizar; y otras pueden ser conexiones nuevas basadas en intereses comunes. Es probable que queramos cultivar una combinación de las tres, y del mismo modo que buscaremos intereses nuevos que respondan a nuestras necesidades en este momento de nuestras vidas, es importante que busquemos relaciones que también se ajusten a esas necesidades.

Antes de jubilarnos, muchos disfrutábamos del contacto con colegas y clientes que traía consigo el puesto de trabajo. Ahora tenemos que hacer un esfuerzo especial para encontrar un grupo de personas afines, algo que quizá no hayamos necesitado en décadas. Puede llevar algo de tiempo recuperar nuestra capacidad de hacer amistades, pero cuando lo consigamos, el alivio será inmenso.

«Cuando trabajaba, a menudo odiaba mi trabajo», dice Babette, operadora de una compañía de transportes por carretera. «Cuando me jubilé, descubrí que echaba de menos la camaradería. Aquel fue mi pequeño secreto, hasta que me apunté a una clase de gimnasia para principiantes. La mayoría eran mujeres de mi edad y me sorprendió la ilusión que me hizo comprobarlo. La profesora también era de nuestra generación y pronto quedó claro que lo que ejercitábamos no solo era el cuerpo, también el espíritu. Empecé a hacerme amiga de mis compañeras de gimnasia. Al principio solo hablábamos de lo mucho que nos costaba seguir la clase, entrenar para estar en forma o para mantenerla. Nos ayudábamos las unas a las otras, una le llevaba a otra una esterilla, otra le guardaba las pesas a una tercera. Pronto pasamos a tomar un café rápido después de clase».

«Me gusta escuchar. He aprendido mucho escuchando con atención. La mayoría de la gente no escucha».

Ernest Hemingway

«Era una actividad de lo más sencilla: una clase tres días a la semana», dice Babette, «pero nos unió. Hablábamos de nuestros problemas —con nuestras parejas, nuestros hijos, nuestra salud— y nos desahogábamos. Teníamos mucho en común, pero también trayectorias distintas y nos resultábamos interesantes las unas a las otras. Ahora quedamos a cenar al menos una vez al mes. Estamos muy unidas. Por desgracia, una de las mujeres se enfrenta ahora a una enfermedad, pero hemos hecho una piña para apoyarla. Nos turnamos para llevarle comida sana a su casa y nos ayudamos a no perder la esperanza. Nunca habría imaginado que ir al gimnasio me traería tanta amistad, pero me apunté con la esperanza de encontrar apoyo y dispuesta a darlo, y la recompensa ha sido sentirme más acompañada de lo que me había sentido en mucho tiempo. Todas sabemos que podemos contar las unas con las otras. Es impresionante lo dispuestas que están las mujeres de edad similar a ayudarse mutuamente».

Cuando brindamos apoyo a los demás, nuestra autoestima crece. Cuando vemos lo importante que es nuestro apoyo para los demás, nos resulta natural pedirlo para nosotros.

A Lamar lo obligaron a jubilarse antes de lo esperado de su puesto de marketing. «No tengo más que 64 años», dice. «Pensaba que me quedaban diez años más de trabajar. Pero la empresa quería cambiar las cosas, contratar gente joven y a los miembros veteranos del equipo nos ofrecieron unas condiciones de jubilación que difícilmente podíamos rechazar. Aunque yo habría preferido seguir trabajando, la reestructuración de la compañía no me dejaba mucha elección. Así que aquí estoy, echando de menos mi trabajo».

Aunque oficialmente todo está en su sitio, Lamar no se siente cómodo en su nuevo papel de jubilado. «Tengo dinero. Tengo una casa bonita y una mujer encantadora. Tengo mucha energía. Así que me siento

«Ningún gesto amable es en vano».

Esopo

culpable por quejarme», dice, «pero echo mucho de menos mi equipo de trabajo. En concreto, echo de menos el intercambio de ideas, las sesiones de *brainstorming* y oír en voz alta los pensamientos de otras personas». En otras palabras, Lamar echa de menos el apoyo creativo de sus colegas.

Cuando le pregunté a qué le gustaría dedicar su tiempo y sus energías, Lamar no lo dudó: «No me importaría ser consultor o incluso trabajar por cuenta propia», dice, «pero lo que de verdad me apetece es poner en marcha un blog en el que llevo pensando mucho tiempo. Sería un blog divertido, con animación, frases jugosas sobre marketing y sobre cómo se venden los productos a los consumidores. Tengo mucho que contar». Entonces, ¿cuál es el problema? «Quiero hablar de ello con mis antiguos colegas. Quiero contarles mis ideas. ¿A quién mejor que a ellos?».

Cuando se le pregunta por qué no puede consultar con sus colegas, Lamar parece incómodo. No es el único en pensar que «no se debe molestar» a los antiguos compañeros de trabajo. Pero la verdad es que a ellos les encantaría tener noticias suyas. No, la dinámica no es la misma cuando una empresa reestructura su plantilla a favor de profesionales más jóvenes. Pero eso no quiere decir que los de mayor edad se hayan quedado obsoletos. Cuando Lamar se decidió por fin a ponerse en contacto con un antiguo colega, este se mostró encantado de saber de él y se apresuró a organizar una reunión con unos cuantos miembros del equipo.

«No puedo explicar por qué me costó tanto coger el teléfono», dice Lamar, «y me avergüenza reconocer que así era. Pero una vez lo hice, qué alivio. Seguían siendo mis compañeros, igual que antes. Comimos juntos y les hablé de mi proyecto. Fue igual que en los viejos tiempos: me sugirieron un montón de ideas. Pero esta vez era yo el que tenía que ponerlas en práctica. Salí de la comida sabiendo que empezaría el blog, y que

«El mayor cumplido que me han hecho jamás fue preguntarme qué pensaba y esperar mi respuesta».

Henry David Thoreau

el apoyo con el que no había contado sí lo tendría. También tenían unas cuantas preguntas para mí sobre cosas en las que estaban trabajando... me di cuenta de que también ellos echaban de menos mis aportaciones».

Buscar apoyo puede resultar extremadamente difícil, pero casi siempre se ve recompensado con una explosión de energía y creatividad. Cuando pedimos la ayuda y el apoyo de otra persona, experimentamos la ayuda y el apoyo del universo. Cuando pedimos que nos guíen, encontramos el camino. Las aportaciones que recibimos de amigos y antiguos colegas a menudo abren la puerta a nuestras propias intuiciones y aspiraciones. Nuestros vínculos con los demás pueden intensificarse y proporcionarnos mayor alegría cuando renunciamos a ser la única autoridad. Además permitimos a los demás realizarse convirtiéndolos en mentores de nuestros sueños.

A Ernest le encantaba leer novelas de misterio y cuando se jubiló se sumergió por completo en su biblioteca, leyendo libros que siempre había querido leer y releyendo otros que le habían encantado. «Los primeros meses fueron felicidad pura», dice, «pero luego empecé a tener la sensación de que me estaba enterrando en las palabras de otros. Estaba perdiéndome a mí mismo de vista». Así que Ernest montó un club de lectura para hablar de las novelas de misterio con sus amigos. «Disfruté de nuestras impresiones comunes y de nuestros conocimientos acumulados a lo largo de tanto tiempo», dice a propósito del club de lectura, «y reunirme con otros lectores mitigó mi soledad. Pero no abordaba el problema de fondo. Porque lo cierto es que yo llevaba años con la idea de escribir una novela de misterio».

Es cierto que la necesidad de escribir no se puede satisfacer leyendo. Si bien leer docenas de novelas de misterio sin duda puso a Ernest en contacto con ese arte, él personalmente no lo había abordado, cogiendo papel y pluma y sacando sus ideas a un lugar visible.

«No soy escritor», decía. «En el colegio odiaba cuando teníamos que escribir redacciones creativas. La página en blanco me paralizaba». Animé a Ernest a que escribiera, se considerara o no escritor, pero él insistía en que el «verdadero» escritor de la familia era su nuera, una abogada famosa. «Le contaré mis ideas y que escriba ella los libros», decía.

«Tus libros solo puedes escribirlos tú», le dije a Ernest. Y cuando se lo contó a su nuera, esta estuvo de acuerdo conmigo.

«Estoy segura de que sabes escribir, Ernest», le dijo. «Y, en cualquier caso, yo solo escribo informes legales. ¿Cómo voy a saber más que tú de cómo se escribe una novela de misterio?».

La respuesta de Ernest fue, por supuesto, que puesto que ella cobraba por escribir, debía de ser una escritora muchísimo mejor que él. Los jubilados a veces tienen la impresión de que las actividades que se hacen por placer no son igual de válidas que las que se hacen a cambio de un sueldo, aunque sean exactamente las mismas. Pero a medida que Ernest empezó a plasmar sus viejas convicciones en las páginas matutinas, se dio cuenta de que al hacerlo ya estaba escribiendo, y que cada vez se expresaba con mayor confianza. No pasó mucho tiempo antes de que empezara a sentirse capaz de abordar la trama de la novela a la que llevaba dando vueltas durante más de dos décadas.

«Me di cuenta de que no necesitaba que mi nuera me escribiera el libro», me dijo para mi gran alegría. «Solo quería su apoyo. Yo la veo como una escritora, así que pensé que tendría consejos que darme».

Cuando le hizo esa petición a su nuera, esta puso reparos: «No sé si puedo aconsejarte sobre cómo escribir novelas de misterio», dijo, «pero desde luego me encantaría leer lo que escribas. Y tienes todo mi apoyo».

Ernest se dio cuenta de que el mero gesto de apoyo era todo lo que necesitaba, así que se puso a trabajar con entusiasmo. «Cada día nos mandamos un mensaje», cuenta. «Es muy grato saber que hay otra persona también escribiendo. Y más grato todavía es conectar de una manera tan especial con mi nuera. Dice que también a ella le ayuda. Ah, por cierto, he escrito ya treinta páginas».

Cuando pedimos apoyo, nos abrimos a nuevas relaciones con los demás. Demostramos voluntad de actuar. Al recurrir a los demás construimos un sólido puente entre ellos y nosotros lleno de promesas de nuevas maneras de conectar.

✎ TAREA
La fuerza de los números

Haz una lista con cinco personas que te hayan apoyado en diferentes momentos de tu vida.

1. _____
2. _____
3. _____
4. _____
5. _____

Ahora escoge una y ponte en contacto con ella. ¿Sigue siendo una fuente de apoyo potencial? ¿Puedes apoyarla tú a ella? Si lo haces, ¿crees que recibirás su apoyo a cambio?

REGISTRO SEMANAL

1. ¿Cuántos días has hecho las páginas matutinas? ¿Qué tal resultó la experiencia?
2. ¿Has hecho la cita con el artista? ¿En qué consistió? ¿Descubriste algo en tu autobiografía que te gustaría explorar en una cita con el artista?

3. ¿Adónde fuiste en tus paseos? ¿En qué cosas te fijaste mientras los dabas?

4. ¿Qué «ajás» has tenido esta semana?

5. ¿Has experimentado sincronicidad esta semana? ¿Cómo fue? ¿Te dio sensación de conexión con otra persona, con un recuerdo, con un poder superior?

6. ¿Qué encontraste en tu memoria que te gustaría explorar con mayor profundidad? ¿Cómo te gustaría hacerlo? Como de costumbre, si tienes un recuerdo especialmente significativo que crees que requiere una mayor atención, pero respecto al que no estás muy seguro de qué hacer, no te preocupes. Sigue avanzando.

Reavivar una sensación de determinación

Esta semana tu autobiografía se centrará en impulsos e ideas que tuviste a edad temprana y que seguiste —o ignoraste— a medida que empezaba a formarse tu identidad adulta. Muchas veces, indicios e intereses tempranos contienen las respuestas a la pregunta «¿Qué me haría feliz?». Al desenterrar esos recuerdos, es probable que recuperes la conexión con un impulso muy íntimo que te guiará a la hora de elegir actividades que te hagan tener de nuevo objetivos. Examinarás criterios pasados que te definen y que significan algo para ti. Es posible que te apetezca reflexionar sobre el legado que vas a dejar, y el que te gustaría dejar. Tus sueños de juventud quizá te empujen a apoyar los sueños de otros.

«Nunca es demasiado tarde
para ser lo que podrías
haber sido».

George Eliot

Vocación

«Tienes una vocación», me han dicho. «Eres escritora». Es cierto que siempre he tenido la vocación de escribir. Pero también es cierto que muchas personas que no son capaces de identificar inmediatamente una vocación dan por hecho que no la tienen. Esto se debe a que la vocación que les llama es aún una «voz pequeña y suave» que habla demasiado bajo para que puedan oírla mientras están centrados en objetivos más mundanos. Todos tenemos una o más vocaciones, pero en ocasiones no las identificamos como tales porque el término «vocación» ha asumido unas connotaciones determinadas, como la vocación eclesiástica, por ejemplo. Pero seguir la vocación de uno no tiene por qué ser una misión que requiera devoción exclusiva o abnegación. Hay vocaciones interesantes mucho menos drásticas que podrían definirse simplemente como «interés profundo». Esta semana, en tu autobiografía, buscarás ideas, corazonadas, intereses e inquietudes que en algún momento sentiste... y que seguiste o ignoraste.

Muchas personas han experimentado lo que yo llamo cambios de sentido: están cultivando una forma de arte y entonces la abandonan, a menudo por completo y de manera repentina. Puede ser dejar unas clases de flauta en cuarto curso. También puede ser dejar de cocinar después de tener un primer hijo. Puede haber razones para este «cambio de sentido» («Ya no tenía tiempo de cocinar») o no («No estoy seguro de por qué dejé la flauta. No recuerdo haber tomado una decisión consciente al respecto»). En ocasiones, los cambios de sentido suceden porque nos desanimamos; por ejemplo, una profesora de canto antipática te hace cantar un solo y a continuación te hace saber que has hecho precisamente lo que no tenías que hacer, y no vuelves a cantar. En lugar de culpar a la profesora, decidiste que «no sabías cantar» y cambiaste de afición. Los cambios de sentido también pueden deberse a lo contrario: muestras talento en clases de pintura y el profesor te anima a que te presentes a un campamento de bellas artes para el verano. Dejar a tu familia y vivir dos semanas en una cabaña con desconocidos te angustia, así que se te pasa el plazo de presentación... y dejas de pintar. La pintura no era el problema; el problema era lo mucho que intimidaba la idea de ir a un campamento antes de estar preparado. Pero en lugar de llamar al problema por su nombre, que es algo que puede dar miedo, le das la espalda a la actividad artística.

Estos tipos de ejemplo son tristemente muy comunes, y pueden sofocar no solo impulsos artísticos incipientes, también otros aspectos de nuestra personalidad. Quizá leíamos «en voz demasiado alta» en clase de historia y entonces, avergonzados e incómodos, no nos atrevemos a presentarnos a pruebas para la obra de teatro del colegio. Tal vez nos han dicho que tenemos «demasiada personalidad», que «acaparamos todo el espacio», y entonces vacilamos a la hora de hacer elecciones por miedo a ofender a quienes nos rodean.

Con todo esto quiero decir que en nuestros pasados hay muchas pequeñas encrucijadas en las que nos formamos ideas acerca de nosotros mismos y seguimos —o abandonamos— intereses sin apenas conciencia de cómo o por qué tomamos la decisión. Ahora es el momento de echar la vista atrás, de volver a las oportunidades que sí aprovechamos y las que rechazamos, de tomar en consideración ideas y pasiones que albergamos alguna vez y de redescubrir esos intereses que en algún momento tuvimos el impulso de investigar.

Kendra detectó en su autobiografía un patrón para empezar y, a continuación, abandonar diversas empresas musicales. De niña había recibido lecciones de clarinete, pero no le gustaba el director de la orquesta de su clase de escuela elemental y lo dejó para «centrarse en la gimnasia». En su momento le pareció una elección

«El trabajo que haces mientras pospones otras cosas es quizá el que deberías hacer durante el resto de tu vida».

Jessica Hische

lógica, pero a medida que seguía escribiendo su autobiografía, vio que el patrón se repetía. «Cantaba en el coro de cámara del colegio y competíamos a nivel nacional, era muy emocionante», dice. «Pero en décimo curso tuve que elegir entre el coro y clases de oratoria por cuestiones de horario, y elegí oratoria porque el profesor era más dinámico». De nuevo una elección que en su momento vio muy clara, pero Kendra se dio cuenta de que a menudo había abandonado su interés por la música debido a una persona que asociaba a él y no a una decisión propia de alejarse de esa forma de arte. «Era algo recurrente», recuerda. «En la universidad salí con un guitarrista, e incluso canté en su banda una temporada, pero luego rompimos y no le dejé solo a él, también dejé la música».

Ahora que está jubilada, Kendra ve que a lo largo de su vida hizo varios intentos serios de dedicarse a la música. «Me encanta la música», dice. «Suena muy fácil, y sin embargo antes no habría sido capaz de decirlo. Creía que la música era para otras personas, no para mí». Ahora Kendra intuye que cultivar la música, aunque sea de la manera más simple, le resultará profundamente satisfactorio. «Podría unirme al coro de la iglesia», dice. «Son muy buenos y a menudo me he preguntado cómo sería formar parte de él». También ha aumentado sus listas de reproducción. «He añadido otros estilos de música a mi biblioteca musical, y me hace mucha ilusión. Creía que la música rock era algo que le pertenecía a mi novio universitario y la música clásica, a mi profesora del coro escolar. Es asombrosa la facilidad con la que me autoexcluía de las cosas. Pero eso se acabó». Afirma que redescubrir estilos musicales de los que se había privado en el pasado le reporta satisfacción y diversión. «Es increíble lo mucho que me llena la música», dice. «Me inspira. Quién sabe lo que haré a continuación... pero tener la música de compañera sin duda lo hará todo mejor».

«Si Dios te ha dado talento para hacer algo, ¿por qué en nombre del cielo no deberías hacerlo?».

Stephen King

Ignorar impulsos artísticos decidiendo que son «solo» aficiones pasajeras o algo que «pertenece» a otras personas es un error generalizado. Lo cierto es que todos somos creativos y no hay interés creativo «malo». Muchas veces uno conduce a otro, y jugar con los impulsos que nos vayan llegando nos proporciona dicha y da sentido a nuestra vida... También nos pone en contacto con un *algo* benévolo que es más grande que nosotros.

Eli pasó gran parte de su adolescencia y años universitarios experimentando en la cocina. Soñaba con ser chef y ensayaba recetas nuevas con su familia, compañeros de piso y otras personas de su entorno. «Me abrumó la cantidad de recuerdos que desencadenaban el sabor y el olor de cada época de mi vida», dice. «De niño cocinaba cosas sencillas, algunas con muy poco éxito, debo decir. Entre los 10 y los 15 años el olor a beicon quemado estaba tan presente en mi vida que casi resultaba cómico». Eli recordó preparar comidas que gustaron mucho —o nada— a sus invitados, ir añadiendo sabores más exóticos y, en última instancia, cuando se incorporó al mundo laboral a los 23 años, «abandonar la cocina hasta un punto que casi me da vergüenza reconocer». Convertido en un ocupado productor cinematográfico, seguía disfrutando de la comida, pero ahora siempre cocinada por otra persona, «un chef de verdad en un restaurante», dicho con sus palabras. «Seguía comiendo y bebiendo vino con otra gente, pero nunca cosas que había creado yo. Supongo que, de haberme preguntado, te habría dicho que ya no tenía tiempo, que mi trabajo era más importante».

Puesto que vive en Hollywood, Eli ha comido durante cuarenta años en algunos de los mejores restaurantes del mundo. «Disfruté del arte de muchos, muchos chefs», dice, «pero perdí el mío». Ahora que tiene tiempo de nuevo, le atrae la cocina. «Voy a estar apolillado», asegura, «pero creo y espero poder mejorar». Al escribir sobre posibilidades en su autobiografía, se le ocurrió que podría plantar una huerta de hierbas aromáticas. «Vivo en Los Ángeles», dice, «no tener un huerto de plantas aromáticas es casi un delito. Y ya puestos, hay un montón de frutas y hortalizas que podría plantar, también». Poco a poco, Eli está recuperando su vieja pasión, y le está resultando de lo más satisfactoria. «No es solo que me divierta hacerlo», dice, «ahora comprendo mejor a los chefs. Pienso en lo que hacen e intento aprender. Puede que sea un aficionado, pero al igual que ellos, también estoy intentando crear algo».

Cuando descubrimos sueños abandonados en nuestra autobiografía es fácil concluir que nos están vedados, porque ya hay personas que llevan cultivándolos más tiempo o porque no somos profesionales formados. Sin embargo puede resultar asombroso descubrir, no solo la satisfacción que produce probar de nuevo a hacer algo creativo, también la conexión que sentimos con aquellos que persiguen esas mismas metas, da lo mismo a qué nivel.

Tarea
Autobiografía, semana cuatro

Años: _____

1. Describe tus relaciones más importantes en ese periodo.
2. ¿Dónde vivías?
3. ¿Qué impulsos creativos tuviste? ¿Les hiciste caso?
4. Describe un sonido de aquel periodo. ¿Qué emociones lleva asociadas?
5. Describe un sabor de esos años. ¿Hay algún sabor al que no hayas regresado desde entonces? ¿Podrías recuperarlo? (Recrear una receta, ir a un restaurante al que no acudes normalmente, etcétera).

6. Describe un olor de esos años.
7. ¿Tuviste alguna vocación que después abandonaras?
8. ¿Tenías sueños, preguntas o impulsos referidos a tu vocación en la vida en ese periodo?
9. ¿Qué te hacía sentir feliz en aquellos años?
10. ¿Qué otros recuerdos significativos guardas de esa época?

Legado

En el nuevo capítulo de nuestra vida que es la jubilación, muchos empezamos a pensar en nuestro legado. ¿Qué queremos dejar y a quién? Algunos quieren dejar por escrito una serie de recuerdos destinados a generaciones futuras. Otros una obra —u obras— de arte en forma de canción, pintura o poema. Si bien cada persona tiene el impulso de legar algo distinto, todas son poseedoras de historias interesantes y ricas dignas de ser transmitidas.

Muchos hemos vivido la pérdida de un progenitor al que no hicimos una serie de preguntas que ahora se han quedado sin respuesta para siempre. Al desencadenar recuerdos en la autobiografía, contestamos a muchas preguntas que se plantearán aquellos a quienes dejamos atrás: nuestros hijos y nietos y, en ocasiones, personas unidas a nosotros por lazos de amor y no de sangre. Al evocar nuestros recuerdos, muchos descubriremos un nuevo sentido en nuestras vidas y también una sensación más profunda de conexión no solo con aquellos que nos seguirán, también a aquellos que seguimos. Al recordar los acontecimientos que han conformado nuestro carácter y nuestros valores, estamos legando a quienes dejamos atrás un modelo para su propia transición a la madurez. Al recuperar nuestras vivencias para conectar con nuestras fuentes personales de inspiración, es posible que nos convirtamos en fuente de inspiración para

«No hay legado más valioso que la sinceridad».

William Shakespeare

otros. Al reflexionar sobre las vivencias que nos han hecho ser quienes somos, comprenderemos mejor y de manera más profunda nuestro linaje.

Mi abuela criaba bóxers, y cada vez que veo un perro de esa raza el corazón me da un vuelco de alegría. Me paro a hablar con sus dueños y les digo: «¡En mi familia criábamos bóxers!». El afecto por esa raza es algo intrínseco a mi familia. Cuando recuerdo a mi abuela, recuerdo también los nombres de los perros que adorábamos: Trizie, Clooney, Shawn. Para todos nosotros los recuerdos y las vivencias conforman el tejido multicolor de las vidas que llevamos hoy.

Sobre todo cuando nos enfrentamos por primera vez a las posibilidades que trae consigo la jubilación, puede ser que estemos llenos de ideas y sin saber muy bien por dónde empezar. En estos casos, el mejor consejo es «empezar por el principio». Cuando escribí mi autobiografía, *Floor Sample*, empecé con mis recuerdos de lecturas infantiles, y a partir de ahí todo siguió. Me asombró el grado de detalle que apareció ante mis ojos, como si fuera en tecnicolor. Llevo treinta años escribiendo las páginas matutinas y siempre las he guardado por si algún día las necesitaba para una autobiografía. Pero una vez me puse a escribir, un recuerdo llevaba a otro y no consulté mis páginas matutinas ni una sola vez en busca de claves de mi pasado. Empezar por el principio nos proporciona una estructura natural. Los recuerdos e ideas acudirán. Habrá espacio suficiente para todos ellos.

Al concentrarnos en comunicar a los demás los hechos más relevantes de nuestra vida estamos rindiendo tributo a nuestra propia experiencia. Cuando repasamos experiencias, amores e ideas, nuestro presente cobra un nuevo significado. Nos damos cuenta de que tenemos muchas cosas que contar. El amor que sentía por mi caballo de infancia, Chico, fue lo que me impulsó a llevar a mi entonces muy pequeña hija, Domenica, a montar a caballo. Al igual que yo, disfrutó mucho de esta aventura. Ahora que tiene una hija, Serafina, también la lleva a montar a caballo. Recordar mi amor infantil por Rodgers y Hamilton me impulsó a enseñarle algunas de sus melodías a mi nieta, la hija de Domenica. Poner por escrito la emoción que sentí al hornear mi primera galleta me dio la idea de invitar a Serafina a hacer galletas conmigo. Atesorar nuestro pasado enriquece nuestro presente.

Escribir no es la única manera de dar forma a nuestro legado. Tejer colchas es la manifestación artística que escogió Ellen, y creó pieza tras pieza para honrar el recuerdo de diferentes personas y lugares de su pasado. «Cuando nació mi primer nieto», dice, «le hice una colcha con prendas de vestir que había dejado mi abuela. Me pareció que así rendía homenaje al pasado y al futuro, y me sentí parte de los dos».

Lee, que desde que se ha jubilado se dedica a la fotografía, ve las fotografías como una forma de capturar historias pasadas, presentes y futuras. «Al principio sacaba fotografías de lo que veía», dice. «Documentaba experiencias en las que yo participaba, y me resultaba satisfactorio. Luego cogía las fotografías y las regalaba a las personas con las que había compartido esa experiencia. Con cada foto nos hacíamos un poco inmortales. Es un gesto pequeño, pero que cristaliza nuestra experiencia. A mí una fotografía me da algo concreto a lo que aferrarme y que recordar. Y la magia es que cada uno recuerda el momento y la experiencia de forma ligeramente distinta».

Después de siete años de cultivar esta nueva afición, Lee descubrió que también le atraían las fotografías antiguas. «Me dedicaba a fotografiar el presente para transmitirlo al futuro, pero ¿qué pasaba con las personas que me habían precedido?». Empezó a recopilar fotografías hechas por su padre y su abuelo y a digitalizarlas. «Quería conservarlas, pero también conocer las histo-

«¿Estamos siendo buenos antepasados?».

Jonas Salk

«Hay una manera de saber si has completado tu misión en la vida: si sigues vivo es que no».

Lauren Bacall

rias que había detrás de ellas», explica. «Muchas de las personas que salían me eran desconocidas. Empecé a preguntar a miembros de mi familia para reunir toda la información posible sobre mis parientes y las personas que había habido en sus vidas. El proyecto me acercó a mis parientes vivos y a miembros de mi familia ya fallecidos. Me resultó muy atractivo, y la satisfacción personal y la sensación de estar conectado fueron muy profundas. Sentí que aquella era mi misión». Este proyecto dio a Lee un objetivo en la vida y también un recordatorio duradero que regalar a generaciones presentes y futuras.

✐ Tarea
Legado

Responde a las siguientes preguntas exploratorias:

1. Te gustaría ser recordado como...
2. Me gustaría que me recordaran por...
3. Me inspira el legado de...
4. De niño soñaba con...
5. Ya estoy dejando un legado en forma de...

Ahora repasa la lista. ¿Te da alguna pista sobre proyectos que puedas emprender?

Puntos de referencia

Al jubilarnos nos quedamos sin puntos de referencia: el guardia urbano al que saludamos con la mano; el hombre de la garita de seguridad que nos conocía de nombre, el cajero de la cafetería, en la siempre tan esperada pausa para el café a media mañana. Estábamos habituados a caras amigas y a saludos amistosos. Una vez jubilados, necesitamos generar nuevos puntos de referencia. A muchas personas recién jubiladas les pido que hagan una lista de veinticinco cosas que les gusten. Esta lista, menos sencilla de lo que puede parecer, se convierte en fuente de puntos de referencia nuevos y también viejos. A mí ¿qué me gusta? El arroz con frijoles. Los Beatles. Los perros dálmata. Los modelos antiguos de Mercedes sedán. El terciopelo azul. La nieve recién caída...

Si nos sentimos solos y desanimados, repasar nuestros puntos de referencia puede proporcionarnos una profunda sensación de conexión. Ya sea un plato favorito, una cazadora a la que tenemos cariño, una pieza musical o un halcón que remonta el vuelo, en cada punto de referencia hay algo que potencia nuestra identidad.

Cuando confeccionamos listas con cosas que nos gustan, recordamos quiénes somos. Nuestro verdadero yo sale a relucir: «Soy yo a quien le gusta eso», declaramos. Al recordar lo que amamos estamos evocando nuestros verdaderos valores. Si nos hemos alejado de aquello que amamos, veremos hasta qué punto nos hemos desviado de nuestro rumbo y podremos corregirlo.

Si nos hemos desviado de manera considerable, es posible que debamos alterar nuestras vidas para dar cabida en ellas a nuestras pasiones. Si nos gustan los caballos pero no podemos permitirnos tener uno, existe la alternativa de buscar un picadero y apuntarnos a clases de equitación. Si nos encanta el bosque pero vivimos en un mundo de asfalto, quizá descubramos que cultivar plantas en casa nos pone en contacto con nuestro amor por la naturaleza. Dar pasos pequeños en dirección a lo que nos gusta nos proporcionará sensación de poder. No somos víctimas de la circunstancia. En lugar de ello, somos cocreadores de una vida que es fuente de satisfacción.

«Apreciar lo milagroso en las cosas normales y corrientes es un signo inconfundible de sabiduría».

RALPH WALDO EMERSON

Mary vio en su lista de cosas que amaba que los recuerdos de su abuela ocupaban un lugar importante. A su abuela, jardinera, le encantaban los pensamientos, y al pensar en sus cosas preferidas, a Mary le venían enseguida a la cabeza esas flores. A medida que siguió haciendo la lista vio que aparecían también otros recuerdos asociados a su abuela: cojines primorosamente bordados a punto de cruz, tostadas con mantequilla y mermelada, el olor a un suavizante concreto. Mary siempre había hablado con orgullo de cómo su abuela la había influido. Pero ahora, a medida que su vida se iba pareciendo más a cómo recordaba la vida de su abuela, empezó a ver sus recuerdos bajo otra luz. Su abuela se había quedado viuda cuando Mary era pequeña, y la recordaba viviendo sola en una casa alegre llena de colores, de flores y de olores. Ahora Mary, jubilada y también viuda, se dio cuenta de que deseaba tener un hogar que desprendiera la misma alegría.

«Mi abuela era, sin duda, una artista», dice, «aunque es posible que no se hubiera definido a sí misma así. Pero su entorno siempre tenía un toque creativo. Ahora siento verdadera necesidad de hacer lo mismo con mi vida». Al incorporar sus pasiones a su casa, Mary se siente guiada y reconfortada. «Sé que estoy haciendo lo correcto», dice mientras se dedica a llenar su casa de cosas que le traen belleza, alegría y recuerdos, «porque hacerlo me da serenidad. Y cuando termino —o termino "de momento"— siento que me llegan ideas, consejos incluso, sobre qué hacer a continuación».

Cuando estemos buscando dar un rumbo a nuestra vida una vez jubilados, haremos bien en tomar contacto con las pequeñas cosas que nos importan. Muchas veces, las grandes respuestas que percibimos esquivas están más cerca de lo que creemos, delante de nuestros ojos en forma de pequeñas pistas.

Mioi habla de la ambivalencia que ha sentido muchas veces a lo largo de su vida: «Era como si a cada

«Lo más bello del mundo es, por supuesto, el mundo en sí».

Wallace Stevens

momento viera muchas opciones posibles y no supiera cuál era la adecuada. Sopesaba mis opciones, empleaba la lógica, pero en última instancia me quedaba con la sensación de no saber cuáles eran mis objetivos. Me ha ido bien en la vida, pero siempre he envidiado a aquellas personas que se enfrentaban a ella con más pasión y libertad que yo. No sabía cómo lo hacían». Cuando Mioi empezó a trabajar en su autobiografía se vio a sí misma una y otra vez en encrucijadas que abordaba de manera muy intelectual. «Estudié violín, pero también hice una carrera universitaria de ciencias», dice. «Me parecía más lógico orientar mis estudios a las ciencias, aunque me atraía el violín. Me di cuenta de que había hecho numerosas elecciones de esa clase. Tenía una profesión dedicada a servir a los demás, como investigadora, pero no sé si alguna vez me apasionó. Siempre me ha molestado sentirme así».

Mioi no es la única que se siente insegura sobre el camino que eligió en la vida. Al ser una persona muy intelectual, es posible que en ocasiones diera demasiadas vueltas a sus elecciones, negándose la alegría y la libertad que puede proporcionar seguir un impulso o actuar de manera espontánea. Siempre escuchó a su cabeza en lugar de a su corazón, y terminó por perder de vista sus verdaderos anhelos y deseos.

Mioi terminó su lista de puntos de referencia y lo que descubrió la dejó sorprendida. «A lo largo de mi vida me he hecho muchas preguntas», dice, «pero no estoy segura de que fueran las adecuadas. Me puse unas metas tan inalcanzables que creo que me resigné a no estar nunca satisfecha». En su lista de puntos de referencia sus pasiones iban desde las esperables —violín, música para cuartetos de cámara, ir a conciertos de la sinfónica, libros de tapa dura— a otras de las que casi se había olvidado: el impermeable amarillo y las botas de agua que había tenido de pequeña, los cruasanes de chocolate e ir de acampada.

«Recréate en la belleza de la vida. Contempla las estrellas e imagínate a ti mismo acompañándolas».

Marco Aurelio

«Es increíble lo reveladora que me resultó la lista. Y que conste que me pareció algo tan simple que estuve a punto de no hacerla... Cuánto me alegra que al final no fuera así». Algunos de los recuerdos de Mioi relacionados con su guardarropa infantil propiciaron un auténtico frenesí de citas con el artista. «Aquel impermeable amarillo», recuerda, «me hacía verdaderamente feliz. Tenía el forro color verde y muchas veces deseaba que lloviera para poder ponérmelo. El recuerdo es tan potente que quise profundizar en él, así que pinté una modesta acuarela de una joven japonesa con impermeable amarillo. Me animó mucho». El recuerdo del impermeable también le hizo ver su guardarropa con ojos nuevos. «Mi ropa de trabajo era muy conservadora. Casi no había color en mi armario. La idea de cambiar eso me hizo ilusión y, animada por el recuerdo del impermeable amarillo, empecé a ir de compras en mis citas con el artista. Fui a tiendas que nunca pensé que pisaría y compré cosas que antes nunca habría mirado dos veces. Me sentí un poco como si estuviera haciendo una locura, pero decidí que, puesto que era una cita con el artista, ¿por qué no ser un poco intrépida?».

Hoy, en el guardarropa de Mioi siguen presentes las prendas negras y grises a las que está acostumbrada, pero casi siempre añade a su atuendo un accesorio de un color brillante. «Mis gafas rojas de leer me hacen sonreír cada vez que las veo», dice. «Y como ya no tengo que ir a una oficina, ¿qué me impide usar el bolso Kelly en color verde?». Y sí, Mioi espera con ilusión a que llueva para poder ponerse el impermeable amarillo *vintage* que encontró en una cita con el artista especial.

Aunque la ampliación del guardarropa de Mioi pueda parecer superficial, no lo es en absoluto. Al extender su paleta de color en todos los sentidos, está poniéndose en contacto con su creatividad, con su yo juvenil, anterior, y también con un futuro más vibrante. No es de sorprender que la música esté cada vez más presente en su día a día a medida que introduce color en su vida en dosis pequeñas pero significativas. El paso lógico siguiente fue unirse a la orquesta de su barrio y ofrecer sus excelentes dotes de escritora como redactora voluntaria para solicitudes de becas para la orquesta sinfónica. Para Mioi, el sencillo primer paso de nombrar las cosas que le gustaban fue fundamental para preparar el camino a una vida con objetivos. «No es algo que me salga espontáneamente, pero he visto que si soy menos exigente conmigo misma, entonces me vuelvo más atrevida, dejo de buscar la perfección. Cuando echo la vista atrás, me doy cuenta de que no me permitía divertirme demasiado», reconoce. «Ahora, en cambio, me estoy divirtiendo y resulta estimulante. Creo que la gente que se divierte tiene buenas ideas».

Los puntos de referencia son personales y la lista de cada uno es distinta. No sientas que debes incluir cosas elevadas, lo que necesitas son cosas que digan quién eres. Ábrete a los recuerdos y a la diversión, y date el lujo de experimentar cuando recuperes la conexión con cosas que en otro tiempo disfrutaste y que puedes volver a disfrutar ahora.

Tarea
Puntos de referencia

Haz una lista con veinticinco cosas que te gustan. A continuación, selecciona una a la que puedas tener acceso hoy. Una fría tarde de invierno se vuelve cálida si la pasamos junto a una chimenea. Un tarde dedicada a escribir se vuelve placentera cuando de fondo suena la música que nos gusta. A la hora de nombrar las cosas que nos gustan puede ser de ayuda enumerar puntos de referencia para cada uno de los sentidos:

GUSTO: pimiento verde, pastel de ruibarbo, arroz con leche, mermelada de albaricoque, cacao.

TACTO: terciopelo, ante, una almohada de pluma, una colcha de algodón suave, el pelo sedoso de nuestro perro.

OLFATO: crema de verduras casera, pan recién horneado, barritas de incienso, salvia, ramas de pino.

OÍDO: el álbum *Rubber Soul*, de los Beatles, el *Mesías*, de Haendel, el *Ave María*, de Schubert, los grandes éxitos de Dolly Parton, el sonido de las olas rompiendo en una playa, truenos lejanos, chicharras.

VISTA: un halcón volando, la cima nevada de una montaña, leña ardiendo en una chimenea, fotografías de nuestros hijos, fotografías de nuestros nietos, un ramo de flores frescas.

Los puntos de referencia son personales. Nos recuerdan nuestra verdadera identidad. Nos ponen en contacto con lo que nos hace felices.

ENSEÑAR

Pocas cosas nos hacen sentirnos más útiles que las experiencias de enseñar y aprender. Yo enseño de forma habitual, cerca de casa, en Unity Santa Fe o en la Sol Acting Academy de Albuquerque; o más lejos, desplazándome cada año de costa a costa de Estados Unidos; y visitando también con frecuencia nuevos países cuando me invitan a dar talleres de creatividad. A menudo enseño en Londres, a través de la muy activa ONG Alternatives, donde el humor abunda y mis alumnos siempre están dispuestos a bromear y a reír. Hace poco enseñé en Tel Aviv, donde un intérprete en una cabina traducía lo que yo enseñaba a mis alumnos que no hablaban inglés. Enseño a grupos grandes y pequeños, desde una docena a varios cientos. Curso tras curso veo a mis alumnos asomarse primero, a continuación sumergirse y por último salir del trabajo realizado renovados e inspirados. La frase que más veces oigo es: «Tu libro me cambió la vida», pero yo me apresuro a corregirles: «No, la vida te la has cambiado tú. Pero me alegra que mis herramientas te ayudaran». Ver a los alumnos experimentar momentos «ajá» en clase me hace feliz. Y ver a amigos cercanos trabajar con las herramientas durante un largo periodo de tiempo y ser testigo de su florecer creativo me resulta fuente continua de alegría y asombro. Enseñar ha dado sentido a mi vida, y la interacción con aquellos a quien enseño es un regalo que valoro como un tesoro.

A medida que envejecemos, nos consideremos o no profesores, tenemos la oportunidad de ser expertos, y aprovecharla puede dar sentido a nuestra vida. Somos mayores y cuando los más jóvenes buscan nuestra ayuda, podemos tomar esta petición como un regalo. Uno de los frutos de envejecer es la sabiduría. Sabemos cómo manejar situaciones que en otro tiempo nos desconcertaban. Tenemos discernimiento. Compartir los conocimientos que nos ha llevado toda la vida adquirir es una de las alegrías de hacerse mayor. Enseñar a otros puede proporcionar gran satisfacción. Cuando nos convertimos en consejeros, recibimos gratitud a modo de recompensa.

Selena es una profesora de poesía jubilada. Como profesora titular, dedicó su vida profesional a leer y enseñar poemas y a desarrollar una comprensión profunda de esa forma artística que solo el tiempo hace posible. Ya no da clase, pero sigue sabiendo cuáles son los poemas capaces de estimular la imaginación de los estudiantes. Los profesores en activo a menudo recurren a ella para que les recomiende obras, autores y recursos pedagógicos, también para que acuda a sus aulas como profesora invitada. Compartir su banco de conocimientos le hace sentirse útil y los profesores más jóvenes le agradecen su generosidad. Cuando compartimos los

«Amor es conocer a alguien que te dice algo nuevo de ti mismo».

André Breton

frutos de nuestra experiencia —sabiduría, atajos, «trucos del oficio»— con aquellos a los que aconsejamos, damos sentido a nuestra vida.

Thomas es reparador de electrodomésticos. Ha ejercido su oficio durante cuarenta y cinco años. Ahora aconseja a un joven que va a sustituirle y le enseña numerosos atajos para diagnosticar los problemas de las máquinas que funcionan mal.

«Thomas es generoso conmigo. Me ayuda a mejorar. En lugar de sentirse amenazado por mí, me ve como una oportunidad de demostrar su pericia», dice el joven al que Thomas está enseñando.

Adam hace lo mismo. Es experto en la arquitectura de su vecindario y trabaja como guía turístico. Pero también transmite de manera voluntaria sus conocimientos a guías más jóvenes.

«Lo importante es el conocimiento», dice Adam. «Intento no acapararlo. Trasmitiendo lo que sé, me aseguro de que mis conocimientos no se pierden. Es como revalorizar todo lo que he aprendido».

La enseñanza en una calle de dos direcciones. No solo ayudamos a los demás, también a nosotros mismos. Al compartir lo que valoramos, nos ratificamos a nosotros mismos. Enseñar nos mantiene jóvenes de espíritu. Para aquellos a los que enseñamos somos una fuente de conocimientos valiosos. Para nosotros, ellos son fuente de inspiración. Hay un elemento espiritual en el acto de compartir sabiduría acumulada durante toda una vida y que, paradójicamente, a menudo es la sabiduría más sencilla de todas.

«Cuando era joven», dice Cecily, novelista, «intentaba escribir desde el ego. Necesité un proceso largo y arduo para dejar mi ego a un lado. Es lo que intento enseñar a Beth, una escritora joven que está trabajando en su primera novela».

El alivio de Beth al oír las palabras de Cecily es palpable. «Creo que me he complicado las cosas en

«Si he logrado ver más lejos, es porque me he encaramado a hombros de gigantes».

Isaac Newton

exceso tratando de parecer "inteligente", pero estoy aprendiendo a dejar de pensar de esa manera. Es mucho más agradable trabajar desde el corazón y no desde la cabeza; nunca supuse que escribir pudiera ser algo tan natural», se maravilla Beth.

«Naturalidad es lo que buscamos», dice Cecily. «Esa naturalidad llega cuando nos relajamos y permitimos a lo que queremos escribir escribirse a través de nosotros. Hacerlo solo requiere cierto grado de concentración». Cecily comenta que cuando trabaja con Beth su propia escritura también fluye mejor. «Quizá tiene que ver con "practicar" lo que enseñas», dice, «pero siento que se trata de algo más espiritual. Le estoy enseñando a Beth algo muy íntimo de mi proceso y compartirlo con ella parece reavivarlo en mí».

Ser mayor y más sabio tiene muchas ventajas. Pero también es muy enriquecedor hacer amistad con personas más jóvenes y estar abierto a aprender de ellas. Esas personas más jóvenes que nosotros están en su mejor momento. Están receptivas a nuevas ideas. Tienen energía para hacer cosas. Su entusiasmo nos inspira, nos recuerda una parte real y muy viva dentro de nosotros.

Ezra es una amiga mía que tiene veinticinco años menos que yo. Soy su mentora en su faceta de cineasta, ella lo es cada vez que necesito usar la tecnología en mi trabajo. Puesto que ha crecido con estas nuevas tecnologías, Ezra es un hacha, se llama a sí misma «reina de los gadgets». «Te va a encantar el iPad», me dice mientras me enseña cómo mandarle un mensaje a mi hija. Para mi alegría, al instante me llega una fotografía hecha en el momento de mi nieta.

Mis mentores no son solo personas jóvenes, también mayores. Tres de mis mejores amigas han cumplido ya los 80 años. Llevamos treinta siendo amigas. Son veinte años mayores que yo, una diferencia de edad que se acentúa con el paso del tiempo. A mi amiga Julianna le

«El encuentro de dos personalidades es como el contacto entre dos sustancias químicas: si se produce una reacción, ambas se transforman».

CARL JUNG

pusieron hace poco una prótesis de rodilla. La cirugía me preocupaba por los peligros que supone una anestesia general para una paciente de edad avanzada. Mi amiga Elberta va por su tercer marcapasos. Me asegura que ese aparato le hace la vida llevadera. Mi amiga Jessica no lleva marcapasos ni la han operado de gravedad. Se queja de que le falta energía, aunque yo la veo en plena forma.

Las tres viven cada día conscientes de que su muerte es algo inminente. «Voy a morir pronto», dice Julianna; aun así se ha operado de la rodilla para aprovechar al máximo el tiempo de vida que le queda.

«Tengo que pensar en la vida, no en la muerte», afirma Elberta, que dirige un criadero de caballos y un imperio de asfaltos y pavimentos.

Jessica también se centra en la vida: va al teatro, a conciertos y a inauguraciones.

«Eres una niña», me dice Elberta. Y a ojos de una persona de 80 años es verdad que soy joven.

Tanto Julianna como Jessica son actrices, que siguen presentándose a pruebas. Elberta sigue al frente de su importante negocio. Todos mis amigos cercanos cultivan de forma consistente su creatividad con independencia de la edad que tengan. A medida que doy pasos día a día en nombre de mi propia creatividad, agradezco las lecciones que he aprendido de cada una de mis amigas.

✎ TAREA
Ser mentor

Desarrolla por escrito los recuerdos que tengas de un mentor que te influyera. ¿Quién era esta persona? ¿Qué aprendiste de ella? ¿En qué te cambió lo que aprendiste de ella? Ahora examina tu vida actual. ¿A quién podrías transmitir algunas de esas enseñanzas?

A continuación, tómate unos minutos para dar las gracias a un amigo mayor que tú y a otro más joven. Puede ser una carta manuscrita, un correo electrónico, un mensaje, una llamada. Al conectar con personas que nos han precedido y que nos suceden nos convertimos en parte de un todo más grande. Al ponernos en contacto con aquellos que nos incluyen les recordamos —nos recordamos— su importancia en nuestras vidas.

Registro semanal

1. ¿Cuántos días has hecho las páginas matutinas?
2. ¿Has hecho la cita con el artista? ¿En qué consistió? ¿Descubriste algo en tu autobiografía que te gustaría explorar en tu cita con el artista?
3. ¿Diste paseos? ¿En qué te fijaste durante los mismos?
4. ¿Qué «ajás» has tenido esta semana?
5. ¿Has experimentado sincronicidad esta semana? ¿Cómo fue? ¿Tienes alguna idea nueva sobre qué aportación te gustaría hacer a tu círculo —íntimo y no tan íntimo— de relaciones?
6. ¿Qué descubriste en tu autobiografía que te gustaría explorar más a fondo? ¿Cómo te gustaría hacerlo? ¿Hubo alguna cosa que surgiera de manera recurrente y que sospechas pueda dar un sentido a tu vida? ¿Cómo podrías examinarla en profundidad?

Reavivar una sensación de sinceridad

Llegado a este punto es probable que recuerdes un momento en que la estructura de tu vida anterior (vivir en casa de tus padres, ir al colegio) desapareció y de pronto te viste en la necesidad de crearte una nueva. Con la jubilación ocurre lo mismo. Los escritos y las herramientas de esta semana te ayudarán a vivir con mayor sinceridad y a resistir el impulso de complacer a los demás o de hacer lo que se espera de ti. Quizá en tu vida profesional y familiar has tenido que adaptarte para encajar en tu trabajo o ser un buen padre, pero ahora que ya no trabajas y tus hijos no viven contigo, tienes la oportunidad de recuperar lo que de verdad piensas. Si eres sincero, ¿qué dirías que te entristece? ¿Y te enfada? Sincerarte en tus páginas matutinas y en los ejercicios y, en última instancia (con el discernimiento necesario), en tu vida, resulta liberador y esclarecedor. A medida que te conoces la luz se vuelve más intensa y la imagen que das al mundo, y a ti mismo, será más completa, auténtica y única.

La verdad es...

Una de las cosas más poderosas que podemos hacer es conocer, y defender, nuestras opiniones. Es fácil, en el trabajo y en la vida diaria, adoptar la costumbre, quizá sutil, de censurarnos hasta cierto punto. Queremos ser personas agradables, buenas, colaboradoras. Queremos ser buenos compañeros de trabajo, buenos amigos, buenos familiares. Todo esto está muy bien... a no ser —o hasta— que actuamos de esta manera a expensas de quien de verdad somos.

«Nuestras vidas no mejoran por casualidad, mejoran cuando las cambiamos».

Jim Rohn

«Pues claro que soy una persona sincera», puedes estar pensando, y es posible que sea cierto. Aquí no estamos hablando de falsedad en un sentido ético y a gran escala. Estamos examinando de cerca las pequeñas maneras en que hemos ignorado a nuestra vocecilla interior, cuando renunciamos a nuestra opinión sincera de una situación a favor de un consenso porque nos resultaba menos complicado.

Digamos, por ejemplo, que estás en una reunión de trabajo donde se toma una decisión constituyendo primero «un comité». A medida que avanza la reunión, puedes tener la sensación de que el grupo está perdiendo de vista lo esencial. Puede que te des cuenta de que una vía de actuación posible está siendo dejada de lado. Pero también tienes la impresión de que si expresas tus opiniones habrá problemas. Tu aportación no será bien recibida, abrirás la «caja de los truenos», así que decides no complicarte la vida, tomar el camino fácil..., mantener la boca cerrada.

El problema de esta elección es que poco a poco, con el tiempo, los momentos en que no decimos lo que pensamos empiezan a mermar nuestra autoestima. «Soy una persona de opiniones claras» se convierte de manera gradual, concesión tras concesión, en «Soy una persona conciliadora».

A menudo, si reflexionamos en lo que *de verdad* pensamos y sentimos *de verdad*, nos asustamos... y es posible que intimidemos a los otros también.

«No sabía que pensaras así», nos reprocha un hermano o una pareja, horrorizados, cuando te niegas en redondo a esperar en el coche a que se cambien de ropa y sabiendo que llegáis tarde a misa. «Si siempre me esperas», dicen con los ojos de par en par, sin aliento, cuando arrancas el coche y tienen que echar a correr.

«Sí», admites. «Siempre te espero... pero no me gusta. No quiero llegar tarde».

Uno de los principales obstáculos a hablar con total sinceridad es el miedo a ofender a aquellos con los que interactuamos y a que nos rechacen. A medida que empezamos poco a poco a reconocer y expresar nuestros verdaderos sentimientos, valores y opiniones, el resultado inesperado es que los demás, a pesar de su sorpresa inicial por el cambio, se sienten en última instancia más seguros en nuestra compañía que antes. Al reconocer nuestra actitud respecto a algo, la damos a conocer a los demás. Y, paradójicamente, empezamos a desarrollar relaciones más seguras y sinceras.

Cuando empezó a escribir su autobiografía, Delia descubrió que a los 20 años se consideraba una persona de opiniones fuertes. «Cuando terminé Derecho», recuerda, «estaba deseando salir al mundo y demostrar quién era yo. Estaba impaciente por ponerme a prueba a mí misma». Delia descubrió muchos paralelismos entre aquellos años y la jubilación: en ambas situaciones se sentía ávida de empezar algo nuevo. «Todo lo que había dado estructura a mi vida se desmoronaba. Entonces sentí —y ahora lo siento también— esa aterradora libertad de poder decidir lo que voy a hacer el resto de mi vida. La diferencia es que en el pasado me creía invencible. Era arrogante, instruida, lista e ingenua. Ahora soy experimentada y, por desgracia, más cautelosa, más miedosa». Después de décadas trabajando en

«Todo lo que es verdadero, todo lo honesto, todo lo justo, todo lo puro, todo lo amable, todo lo que es de buen nombre; si hay virtud alguna, si alguna alabanza, en esto ejercitaos».

Filipenses 4:8

propiedad intelectual, Delia está interesada —aunque también le asusta— en empezar a escribir. «Quiero probar a escribir teatro», dice. «Siempre he querido. Pero se me da muy bien hacerme preguntas antes de empezar. Al parecer soy capaz de convencerme a mí misma de no hacer lo que sea. Sí, en mi profesión he visto muchas cosas graves que les han pasado a autores con su obra. He llevado casos muy duros. Pero me gustaría dejar de verme con ojos de abogado. ¿De qué me sirve convencerme de no hacer alguna cosa?».

Delia tiene razón, y no es la única, cuando piensa que hacerse tantas preguntas es un mecanismo para retrasar la acción.

«Así que antes eras una persona obstinada, estabas deseando asumir riesgos, atreverte a hacer cosas, pero ¿ya no?», le pregunto, enfrentándola así a la imagen que tiene de sí misma mientras me queda clarísimo que sigue siendo una persona de opiniones fuertes.

«Pues claro que era obstinada. Lo que pasa es que ahora sé demasiado. Cuando abrí mi despacho tuve la suerte del principiante».

¿Suerte del principiante o instinto? Cuando le insisto a Delia, preguntándole sobre qué le gustaría escribir, tiene, tal y como sospechaba, un montón de ideas.

«Tengo mil ideas que me rondan», dice, «pero es que me gustaría saber cuáles con las más viables antes de empezar».

Las más viables, le digo, son las más sinceras —y más sinceramente emocionantes— para ella. Le sugiero que busque pistas en su autobiografía. ¿Hay temas recurrentes? ¿Qué le gusta leer? ¿Qué le gustaba leer en el pasado? ¿Cuáles son sus obras de teatro favoritas? ¿Sobre qué cosas piensa?

Cuando hizo memoria, Delia vio que en sus libros, películas y relatos preferidos —por no hablar de que había dedicado su vida profesional a defender la justicia y a enmendar la injusticia— la traición y la justicia eran

«La sinceridad es el primer capítulo en el libro de la sabiduría».

Thomas Jefferson

un tema recurrente. Al echar la vista atrás se dio cuenta de que toda su vida había estado dedicada de manera consistente a luchar por lo que consideraba justo.

«Soy una luchadora», dice, «y me importa la justicia. Creo que cuando terminé mis estudios tenía la sensación de que me merecía el mundo. Luché por crear un despacho de éxito y con el tiempo lo conseguí. Luché por mis clientes. Luché por su trabajo. Y ahora sigo teniendo esa energía. Quiero escribir obras de teatro sobre personas —sí, personas obstinadas— que son lo bastante fuertes para defender lo que creen. Me doy cuenta de que yo he sido —y aún lo soy— esa clase de persona».

Al ir al encuentro de las cosas que le habían importado de verdad, Delia redescubrió verdades profundas sobre sí misma que necesitaba expresar. La última vez que la vi me alegró saber que había empezado a escribir una obra de teatro sobre un abogado jubilado.

Es igualmente importante expresar nuestras verdades en nuestro arte y en nuestra vida, y ambas cosas pueden darnos miedo. Las páginas matutinas son un lugar seguro para dar rienda suelta a nuestros pensamientos e investigarlos. Es esencial que las leamos solo nosotros, que sean «confidenciales» y que nos sintamos libres de escribir lo que queramos, sea lo que sea. En las páginas matutinas no puede haber censura ninguna. Por eso funcionan tan bien y por eso algunas personas deciden romperlas, quemarlas o reciclarlas casi de inmediato. Las páginas matutinas nos acogen con los brazos abiertos. «¿Qué piensas de verdad?», nos preguntan. «¿Qué quieres? ¿Qué te irrita? ¿Qué te asusta?». Escribiendo con libertad aprendemos qué y por qué. Escribiendo con libertad podemos descubrir que estamos furiosos con nuestro vecino porque hace ruido por las noches. Y luego, al seguir escribiendo, podemos comprender que queremos abordar el asunto de manera adecuada.

«Necesitaba aprender a plantarle cara a mi hermano», cuenta Bill. «Tenemos una propiedad conjunta y yo siempre me he ocupado de casi todo el mantenimiento. No me importa el hecho en sí, pero estoy cansado de que dé por hecho que vaya a ocuparme —y también costear— de todas las reparaciones necesarias. Lo que me molesta no es el trabajo ni el dinero, sino la naturaleza crónica de la situación. Siempre me he mostrado complaciente al respecto, así que me doy cuenta de que parte de la culpa es mía. Pero quiero cambiar las cosas. Me molesta simular que no me importa cuando sí me importa».

La autobiografía sacó a la luz una antigua dinámica entre Bill y su hermano. Este, tres años menor, siempre había tenido a Bill de modelo. Tras la muerte de su padre cuando eran pequeños, Bill había asumido un papel protector, paternal incluso con su hermano. «Estas cosas las sabía», dice, «pero necesité ponerlas por escrito para darme cuenta de que la manera de ayudar a mi hermano era dejar de ocuparme de él». Para Bill, su momento de lucidez exigía ser sincero. «Voy a hablar de ello con él», me dice. «Y la cuestión es que, ahora que veo nuestra relación dentro del contexto de nuestras vidas, voy a ser mucho más amable con él de lo que habría sido normalmente. No es cuestión de que me moleste lo de la casa, la cosa es mucho más complicada. Quiero que esté bien, quiero protegerle, quiero que se valga por sí mismo».

La revelación que tuvo Bill de que la verdad es más compleja, y por tanto más amable, que la emoción no analizada, es muy poderosa. Cuando comprendemos la verdad sobre nosotros mismos también podemos comprender cuál es la mejor manera de comunicarla a los demás. Como decía a menudo mi amiga Jane: «Ser justos con nosotros mismos es ser justos con los demás». De nosotros depende buscar con atención y sinceridad lo que es «justo».

Las páginas matutinas nos obligan a ser sinceros. Nos animan a admitir cómo nos sentimos en realidad. Antes de las páginas matutinas es posible que nos limitáramos a decir: «Estoy bien» sin pararnos a pensar en lo que de verdad significa «bien». «Estoy bien» puede significar «estoy resignado». Puede significar «estoy desesperanzado». O, por el contrario puede equivaler a «me siento optimista, complacido, resuelto». Las páginas matutinas nos animan a ser específicos. Si nos encontramos a nosotros mismos diciendo que estamos «bien», debemos indagar un poco más. Si somos sinceros en las páginas, descubriremos que albergamos una gran variedad de sentimientos, algunos de los cuales enmascaran otros. La ansiedad y la excitación suelen ir de la mano. La preocupación y el miedo, también. Cuando nos esforzamos en ser precisos a la hora de poner nombre a nuestros sentimientos, a menudo experimentamos alivio. El gesto de poner nombre a las cosas nos conduce de forma precisa hacia la acción adecuada que estamos buscando.

A menudo me refiero a las páginas matutinas como «trampolín» a la sinceridad. Ponemos las verdades desnudas en el papel. Contestamos la a menudo difícil pregunta de ¿cómo me siento respecto a eso? Dicen que la verdad nos hará libres, y contar la verdad, en las páginas y luego en persona, por difícil que resulte, es un paso hacia a libertad.

Mimi salía a cenar cada viernes con un grupo de amigos de su clase de teatro. Desde el punto de vista intelectual le parecía que esas cenas eran algo beneficioso, que le daban oportunidad de establecer vínculos con sus compañeros, pero a menudo volvía a casa sintiéndose deprimida. Le sugerí que desarrollara esa experiencia en las páginas matutinas y al hacerlo descubrió que muchas de las personas de su clase eran pretenciosas. No disfrutaba de su compañía y dudaba de que ellas disfrutaran de la suya. Sin embargo había una mujer que Mimi encontraba de lo más fascinante. La acorraló un día antes de clase y le preguntó si le apetecía cenar con ella en vez de con el grupo. «¡Sería estupendo!», exclamó la mujer, y a continuación confesó: «Cuando estoy en un grupo grande siempre tengo la sensación de que no hablamos de nada que merezca la pena».

Mimi opinaba lo mismo. Salirse de las cenas de grupo le parecía un gesto algo grosero, pero también auténtico. Y en última instancia su sinceridad dio como resultado una amistad nueva y profunda.

A menudo la verdad nos sorprende. Creemos que nos sentimos de una manera —y «oficialmente así es»— pero extraoficialmente es posible que sintamos algo muy distinto. Oficialmente puede no importarnos fregar siempre los platos. ¿Qué más da? Nos gusta que no haya platos sucios en el fregadero, no nos importa recoger, no lleva mucho tiempo... Pero ¿qué sentimos realmente cuando nuestro marido deja siempre los platos sucios en el fregadero dando por hecho —es más, sabiendo— que al rato estarán limpios por arte de magia? Oficialmente no es para tanto. Extraoficialmente es posible que estemos molestas, resentidas incluso. Podemos sentir que se aprovechan de nosotros y ese sentimiento puede estar envenenando poco a poco nuestra relación. La diferencia entre la postura oficial y la extraoficial puede ser abismal. Hacerle frente con sinceridad nos empodera.

✏ TAREA
Sinceridad

Reencontrarnos con nuestros verdaderos sentimientos es uno de los grandes beneficios de las páginas matutinas. A menudo comprobamos que hay facetas de nuestra vida en las que nuestro sentimiento oficial es muy distinto del verdadero.

Sé sincero:

1. En lo que se refiere a _____, oficialmente me siento _____, pero en realidad me siento _____.
2. En lo que se refiere a _____, oficialmente me siento _____, pero en realidad me siento _____.
3. En lo que se refiere a _____, oficialmente me siento _____, pero en realidad me siento _____.
4. En lo que se refiere a _____, oficialmente me siento _____, pero en realidad me siento _____.
5. En lo que se refiere a _____, oficialmente me siento _____, pero en realidad me siento _____.

✎ Tarea
Autobiografía, semana cinco

Años: _____

1. Describe las relaciones más importantes de ese periodo.
2. ¿Dónde vivías? ¿Viviste en más de un sitio?
3. ¿Cuál era tu principal motivación por entonces?
4. Describe un sonido que te recuerde a esos años. ¿Sigue siendo así?
5. Describe un sabor de ese periodo. ¿Es un sabor que no has vuelto a probar desde entonces? ¿Podrías hacerlo? (Recordar una receta, ir a un restaurante al que no acudes normalmente, etcétera).
6. Describe una convicción que tuvieras en esos años.
7. ¿Qué aspectos de tu personalidad eran más pronunciados en esos años?
8. ¿En qué cosas no te costaba trabajo expresarte? ¿En cuáles te costaba expresarte con sinceridad?
9. ¿Qué es lo que más frustración te provocaba en esa época?

10. ¿Qué otros recuerdos de esa época te parece importantes?

La sequía de la duda

Uno de los estados más terribles en que podemos encontrarnos es dudar de nosotros mismos. Aunque este tipo de duda suele tener su raíces en traumas pasados o en inseguridades, su poder en el presente puede ser concluyente y desestabilizador al mismo tiempo. La falta de seguridad en nosotros mismos puede asaltarnos de pronto en una oleada de terror —«¡No sé hacer eso!». «¡Debería olvidarme de intentar hacer algo creativo!»— o puede llegar furtivamente disfrazada de razonamientos sutiles y en apariencia legítimos: «Igual deberías olvidarte de lo de pintar. La verdadera pintora de la familia era la tía Joan» o «¿De verdad vas a ir de rojo? ¿No te dijo alguien una vez que te hacía muy pálida?».

La duda puede ser un enemigo temible, porque cuando dudamos de nosotros mismos nos tenemos como único contrincante. La duda de las propias capacidades es a menudo un adversario muy astuto, conoce nuestro talón de Aquiles mejor que nosotros. Es muy importante que aprendamos a desmantelar su voz y que comprendamos que solo porque nuestra duda interior dude de nosotros, no quiere decir que tenga razón.

«Ante la duda, no hagas nada», dice un viejo refrán, y resulta de lo más peligroso para las empresas creativas. De hecho lo aconsejable es precisamente lo contrario. O, para ser más precisos, «da igual que dudes; inténtalo de todas maneras». Las dudas pueden proceder de nuestro interior o las pueden expresar —por nuestro bien, por supuesto— las personas que nos son más cercanas y queridas, ya sea en el pasado o en el momento actual. Sea como sea, dejarnos lastrar por la duda nos paraliza, nos frustra y nos confunde.

«La mayor equivocación que puedes cometer en la vida es tener siempre miedo a equivocarte».

Elbert Hubbard

«Para todos hay un desencadenante», dice mi amigo Conrad, «y para cada uno es distinto». Para una persona, la idea de hablar en público puede desencadenar un torrente de inseguridades, de sufrimiento incluso, y el convencimiento absoluto de que deben evitar la situación a toda costa. Para otras, hablar en público es coser y cantar, pero la idea de enseñarle el borrador de un proyecto o trabajo a un pariente con mucho sentido crítico le pone a la defensiva, nervioso y proclive a adelantarse (y a contestar) a todas las preguntas decisivas en una conversación teórica que se desarrolla en su cabeza. Da igual el desencadenante, la duda de nuestras capacidades nos puede empujar a sentimientos y actuaciones desesperados. Cuando nos dejamos vencer por miedos relativos a nuestras limitaciones en lugar de probar aquello que nos resulta atractivo, corremos el riesgo de caer en un agujero profundo y oscuro.

Para los recién jubilados que están considerando dedicarse a algo creativo o están empezando a hacerlo, la duda es un obstáculo real. Cuando se estaba activo profesionalmente es probable que hubiera poco tiempo para dudar. El trabajo en sí era, con toda probabilidad, un área en que teníamos experiencia y años de práctica que nos habían dado confianza en nuestras capacidades. De pronto, enfrentados a una nueva actividad y a largos periodos de tiempo sin pautar, podemos caer presas de la duda. Esta puede manifestarse como un rechazo generalizado a toda una categoría de ideas o como una vocecilla diminuta que pone en duda nuestras habilidades.

Uno de los principales beneficios de las páginas matutinas es que siempre nos empujan a actuar. La inacción es caldo de cultivo de las dudas. Cuando hay acción, la duda tiene muchas menos probabilidades de desviarnos de nuestro camino.

A Peter siempre le interesó dibujar viñetas cómicas, pero su padre opinaba que sus garabatos eran una «pérdida de tiempo». Peter creció en un rancho y su padre,

«Convéncete de que puedes y ya habrás recorrido la mitad del camino».

Theodore Roosevelt

un rudo vaquero, opinaba que no había nada más «inútil que pasarse las horas sentado con lápiz y papel cuando hay caballos para trabajar y tierras que cuidar». Pero a Peter le encantaba dibujar. Con el tiempo, sin embargo, la voz de su padre se coló en sus pensamientos y empezó a esconder sus dibujos.

Un día llamaron del colegio de Peter solicitando una cita con uno de sus progenitores. Su padre arremetió contra él: «¿Qué has hecho?». «Nada», pensó Peter. «¡Pues haz memoria! ¿Qué has hecho hoy para que nos llamen a casa? ¡Has tenido que hacer algo!». Peter se devanó los sesos, angustiándose más y más mientras trataba de imaginar por qué se habría metido en un lío. Escarbó en los más ocultos rincones de su cabeza. ¿Es que alguien le tenía manía y había mentido para hacerle daño? ¿Quién? ¿Por qué? ¿Qué podían haber dicho? ¿Había entregado todos los deberes? Sí, creía que sí. Mientras su padre llamaba al colegio, Peter temblaba, a punto de llorar. Miró cómo su padre escuchaba, con expresión algo desconcertada, a lo que le decían. Cuando colgó, le dijo que quien llamaba era su profesor de dibujo. Había seleccionado a Peter para que dibujara una viñeta para el cartel de la próxima feria estatal. Peter no había hecho nada malo. Había hecho algo bien.

Estaba tan nervioso por cómo había dudado de sí mismo y tan desanimado por el desprecio de su padre por sus dibujos que se guardó la alegría por la noticia muy dentro y simuló que el encargo no le interesaba demasiado. Su padre se puso a hacer otra cosa, el momento pasó, y Peter tuvo que recuperar la compostura después de una tarde de muchos nervios. Al día siguiente en el colegio Peter dibujó y redibujó la viñeta, borrando hasta rasgar el papel. Su viñeta fue muy bien recibida y disfrutada, pero Peter no logró quitarse de encima la sensación de descontento.

«Me sigue danto tanto miedo la desaprobación de mi padre, aunque haya fallecido ya», decía Peter, «que antes de hacer cualquier cosa le doy vueltas y más vueltas. No sé si es por aquel incidente o por un millón de otros más pequeños, y quizá da igual. Pero diría que mi inseguridad, sea cual sea su origen, es la faceta más abrumadora de mi personalidad».

«Ignora la primera duda que te asalte», dice mi amiga Julianna, y añade que «la primera duda provoca una cadena de nuevas dudas». Se trata de un consejo creativo, y espiritual, de lo más sólido. Cada nueva cosa que emprendemos traerá consigo alguna clase de duda. Y aquellos que hacen cosas grandes, o pequeñas, son los que persisten a pesar de las dudas.

He escrito cuarenta libros y sin embargo sigo teniendo dudas cuando empiezo uno nuevo. Rezo por ser útil, alegre. Rezo por ser de ayuda. Rezo por encontrar mi camino. Al embarcarnos en un proyecto creativo, ya se trate de algo grande o modesto —un cómic, un garabato en la esquina de un sobre— estamos ejercitando una parte muy real y en ocasiones muy vulnerable de nosotros mismos. «Yo lo veo así», dice tu lado artístico, sea cual sea. «Creo esto». En resumidas cuentas, el acto de crear —y me refiero a crear cualquier cosa, la que sea— es lo opuesto a dudar de uno mismo.

Peter empezó a hacer las páginas matutinas y, como es meticuloso por naturaleza, las hizo a conciencia. «Al principio dudaba de tener nada que decir», me contaba. «Una vez más, dudaba de mí mismo. Luego empecé a preocuparme por las páginas... encontraba motivos de preocupación, uno detrás de otro. Me preocupaban mis hijos, mis mascotas, mi casa, mi mujer, mi hermano, lo que le decía al vecino, lo que no le decía al fontanero... pero a medida que iba poniendo cosas por escrito me las sacaba de la cabeza. Entonces llegó un punto en que casi no sabía qué hacer con mi tiempo al ya no tener tantas preocupaciones y dudas nublándome el entendimiento». El observador externo ve a Peter como una persona llena de confianza; durante años fue un

«La duda es un dolor tan solitario que no sabe que la fe es su hermana gemela».

Khalil Gibran

nombre importante en el sector de la publicidad. «Pero», reconoce, «mi trabajo de alguna manera era una cosa aparte. Era casi como tener un "yo profesional" que actuaba con gran seguridad en sí mismo. Pero secretamente dudaba, observaba cada movimiento mío como un halcón... o como mi difunto padre».

Peter vio cómo su vida de jubilado mejoraba desde que empezaba el día con las páginas matutinas. «Me suscribí a *The New Yorker*», dice con una sonrisa. «Suena a poca cosa, pero para mí las viñetas suponen un gran placer del que por fin me permito disfrutar». Peter me habla de sus planes de ir a la papelería a comprar una libreta que pueda llevar siempre encima. «Creo que voy a empezar a hacer bocetos de las cosas que veo», me cuenta. «Parece una tontería, pero tengo la sensación, con las páginas matutinas, de que ahora mis días los hago yo y no al revés».

A veces nuestras inseguridades tienen su origen en situaciones más recientes, o actuales, que nos plantean una dificultad. Tengo un amigo que se siente amenazado por su antiguo socio. La posibilidad de una batalla legal está ahí y, cosa lógica, la idea tiene a mi amigo muy alterado. Yo, que lo veo desde fuera, tengo claro que le están acosando, y no creo que llegue a haber acciones legales. Pero está preocupado y alterado, lleno de dudas sobre su futuro. «¿Y si esta persona me lleva a la ruina? Me he pasado la vida trabajando para poder retirarme ¿y ahora me encuentro en esta situación?». Me solidarizo mucho con las preocupaciones de mi amigo, pero si nos atenemos a «los hechos», los dos sabemos que no ha hecho nada mal. La ruina financiera o de otra clase no parece algo probable, y lo mismo le ha asegurado su abogado. Pero aun así, está lleno de inseguridades. Se han desencadenado sus temores.

Es importante recordar, cuando lo estamos pasando mal, que no estamos solos. Todo el mundo duda de sí mismo en un momento u otro. Cuando nos encontramos en esa situación, el futuro se antoja horrible. Tenemos la sensación de estar en medio de una sequía, arrastrándonos por el suelo en busca de agua, sin un atisbo de esperanza en el horizonte. Si claudicamos ante el escepticismo, es posible que empecemos a convencernos a nosotros mismos de que no hay esperanza. Pero claudicar ante el escepticismo es claudicar ante el intelecto, no ante nuestro corazón, y eso es limitante, porque el intelecto tiende a centrarse en los datos y en la lógica y, si es nuestro único referente, puede bloquearnos. Rechazamos la información, más modesta y pequeña que nos brindan nuestras herramientas espirituales: el atisbo de una idea en las páginas matutinas, la inspiración que obtenemos en una cita con el artista, la euforia que produce conectar con alguien a raíz de un recuerdo en nuestra autobiografía, el optimismo creciente que nos dan nuestros paseos.

Si cedemos al escepticismo, decimos: «No puedo hacer eso» y nos volvemos negativos y asustadizos. La negatividad y el miedo conspiran para generar inseguridad, la cual, a su vez, trae consigo esa sequía que nos priva del sustento necesario para la creatividad. Las sequías pueden parecer un tormento que no tiene fin. Aquí es donde nuestra tenacidad entra en escena. Debemos ser lo bastante valientes —y lo bastante tenaces— para usar nuestras herramientas espirituales a pesar del escepticismo. Durante una sequía creativa, las citas con el artista parecen especialmente fútiles y tontas. «No tengo nada que decir», nos lamentamos, «¿y por eso me voy de excursión?».

Pero la palabra clave es «sentir». Las citas con el artista no son algo fútil. Tampoco tonto. Lo que son es valientes y llenas de un poder que se manifestará a medida que perseveremos. Durante una sequía lo que hace falta es valor: la humildad de seguir adelante a pesar de nuestras reservas. El valor de escribir las páginas cada mañana.

Cuando estamos en plena sequía de dudas, nos resulta difícil creer que un día se terminará. Pero las sequías se acaban, y a menudo el antídoto a nuestros periodos de inseguridad está en nosotros mismos. Con un poco de voluntad para buscar, encontrar ese lado bueno que sospechamos está en alguna parte resulta más fácil.

✐ Tarea
Desmantelar la duda

Es importante concederse a uno mismo el derecho a lamerse las heridas, creativas y de otro tipo. A menudo las personas admiten tener heridas, pero consideran que no deberían detenerse en ellas. Las heridas no se pueden superar si no se admiten por completo.

Cuando dudamos de nosotros mismos suele ser por un episodio del presente pero con raíces en el pasado. Quizá descubramos que las emociones que experimentamos nos resultan en cierto modo familiares, nos recuerdan a un viejo dolor. Reconocer las heridas del pasado nos ayuda a evitar las trampas que la inseguridad puede crear.

Termina las siguientes frases:
1. De niño me sentía desanimado cuando...
2. Me sentía perdido cuando...
3. Ojalá no hubiera...
4. Alguien que me perjudicó desde el punto de vista creativo fue...
5. Me pregunto si...

Artistas en la sombra

Uso la expresión «artista en la sombra» para referirme a aquellas personas que dedican su tiempo y energía a trabajar en las inmediaciones de una manifestación artística pero sin participar directamente en ella. A los artistas en la sombra a menudo les interesa esa manifestación artística, pero se sienten más seguros permaneciendo al margen. En lugar de intentar vivir su sueño, se quedan a las puertas. Los artistas en la sombra son algo muy extendido y pueden tener «carreras profesionales en la sombra» de éxito, trabajando para hacer posible la manifestación artística que les interesa. Una vez jubilados, pueden descubrir que su pasión por ese arte en el que han colaborado en la sombra es en realidad un deseo personal enterrado largo tiempo atrás.

¿Qué es exactamente una carrera profesional en la sombra? Trabajar cerca del sueño, pero no dentro de él. Aspirantes a novelistas que se conforman con ser agentes literarios o redactores publicitarios. Aspirantes a artistas que se conforman con abrir una galería de arte o cultivar un arte comercial. Sus sueños les rondan pero no los hacen realidad. Es típico de los artistas en la sombra fustigarse con pensamientos del tipo: «Si hubiera tenido más valor». El concepto de «más valor» puede ser un espejismo permanentemente inalcanzable. Lo que las personas necesitan es valor *suficiente* para dar el primer paso, al que seguirá otro, y otro, y otro. Antes de que pase mucho tiempo, los artistas en la sombra comprobarán que están recuperando el tiempo perdido con facilidad, porque los años que han pasado mirando el arte desde la barrera les han hecho muy conscientes de lo que es necesario para hacer realidad sus sueños. Gracias a estos conocimientos pueden tomar atajos y comprobar que dichos atajos dan resultado. Si una vez estuvieron convencidos de que les faltaba «eso» que hace sobresalir a uno entre los demás, descubren que en realidad sí lo tienen.

Gene tiene un máster en Bellas Artes. «Estudié pintura con una gente extraordinaria», dice. «Me tomaba mi arte y mi formación muy en serio. Pero cuan-

«En cuanto confíes en ti mismo, sabrás cómo vivir».

Johann Wolfgang von Goethe

do me enteré del dinero que podía ganar representando a fotógrafos, decidí dedicarme a eso. Mis conocimientos artísticos me sirvieron para ayudar a los fotógrafos a triunfar y, a mi manera, también yo triunfé. Pero no era feliz. Me limitaba a comprar cosas, no a hacerlas. Lo único que hacía eran negocios, supongo». Jubilado, Gene repasa su «brillante trayectoria» y se encuentra frustrado y deseando pintar.

«Creo que una parte de mí se preguntó si acabaría haciendo esto», dice, «cogiendo el caballete y los pinceles otra vez, después de tanto tiempo. Siempre me preguntaba si me arrepentiría algún día de mi decisión de dar la espalda a lo que había dedicado tanta energía». No sabía con seguridad qué hacer, pero sentía el impulso de probar, y en sus páginas matutinas aparecía una y otra vez la expresión: «Ahora o nunca».

Gene decidió apostar por el ahora. Se encontraba apolillado: habían pasado treinta y cinco años desde que terminó su máster. «Sigue intentándolo», se decía a medida que su pincel salía de un cuadro tras otro. «Si algo soy, es disciplinado», explica. «Soy trabajador. Me gusta estar activo. Probablemente sea mi mayor virtud... y es una suerte».

Gene se considera disciplinado y sin duda lo es, pero lo que impulsa la creatividad, más que la disciplina, es el entusiasmo. Basta un mínimo estímulo y nuestra creatividad responde a nuestra llamada, como si nos hubiera estado esperando. Y yo diría que así es, porque todos tenemos un manantial de creatividad fluyendo bajo tierra esperando a ser liberado.

Gene se exigía mucho a sí mismo, de acuerdo con su formación clásica. Siguió pintando y, poco a poco, fue teniendo una obra. «Para cuando pinté el cuadro número veintidós sentí que empezaba a estar de nuevo en forma», me cuenta. ¡Y qué lección he aprendido! La magia no existe, el éxito no llega de un día para otro, pero a medida que trabajamos un día después de otro, mejoramos. El arte requiere práctica, y cuando practicamos mejoramos.

«Me sentía muy feliz cada vez que pensaba que había conseguido lo que buscaba con un cuadro», cuenta Gene. Se puso en contacto con un amigo galerista, que le hizo una lista de lugares en los que presentar su obra.

Gene se puso a visitar galerías y las doce primeras visitas resultaron desalentadoras. Le dijeron que su obra era anticuada. Le dijeron que no había lugar para otro artista más. Le dijeron que no aceptaban obra no solicitada. «Lo sentimos», le repitieron una y otra vez.

Pero Gene perseveró, y para cuando visitó la galería número treinta y tres, la suerte le sonrió. «Eres justo lo que buscábamos», le dijeron. «Óleos clásicos». Con el incentivo de una galería para exponer su obra, Gene se puso a trabajar frenéticamente. Pintó treinta y dos cuadros más. El galerista premió sus esfuerzos con una exposición individual. No es difícil imaginar la alegría de Gene cuando vendió dos cuadros la tarde de la inauguración. «Un pintor figurativo», le dijo uno de los compradores. «¿Dónde has estado todo este tiempo?».

Muchas personas que se jubilan de carreras en la sombra albergan un sueño y se dicen «ahora o nunca». Al igual que Gene, pueden decidir persistir en su empeño por muchas dudas que tengan. «Un día y después el otro», dice Gene. «Es lo que tenemos y es lo único que necesitamos. Completar el trabajo de un día y repetirlo al siguiente». Cuando un artista en la sombra da un paso hacia la luz, el potencial de conocimientos y satisfacción es de lo más prometedor.

Es normal que los artistas en la sombra se muestren críticos con el trabajo de aquellos que cultivan la modalidad creativa de la que desean formar parte. Un escritor con bloqueo creativo puede sentir deseos de reescribir cada película que ve. Una cantante puede tener opiniones de lo más contundentes sobre cada estrella del pop. He comprobado una y otra vez, en mí misma

«Por encima de todo, esto: sé sincero contigo mismo».

William Shakespeare

y en mis alumnos, que cuando nos atrevemos a probar, dejamos de ser tan críticos. Ahora somos artistas, haciendo lo mismo que los otros artistas: creando.

No creo que el arte tenga que hacerse famoso, o venderse, ni siquiera ha de compartirse con otros para que sea «real» o para convertirnos en «artistas de verdad». Son numerosas las historias sobre artistas cuya obra les sobrevivió y que no vendieron un cuadro estando vivos. Van Gogh no fue conocido hasta después de su muerte. Edgar Allan Poe murió pobre y sin haber tenido éxito como escritor. Si estos, y muchos otros, artistas hubieran decidido que solo es un artista «de verdad» aquel que es conocido o popular, habría mucho menos arte en el mundo. Los artistas en la sombra cuya vida profesional ha transcurrido cerca de personas a las que la gente llamaría «artistas de verdad» (y a menudo ayudándolas) necesitan recordar especialmente este hecho: si hacemos arte, somos artistas.

En ocasiones las ambiciones artísticas terminan en la sombra como resultado de una decepción temprana. Dan siempre había querido escribir relatos y soñaba con vivir en una cabaña a orillas de un lago ganándose un sustento con la pluma. Pero en su primer año de universidad tuvo un profesor de escritura creativa al que le encantaba hablar de lo difícil que era llegar a ser escritor. Sus palabras le llegaron a Dan al corazón y, en el segundo año, decidió pasarse a medicina y terminó haciéndose psiquiatra.

«He escrito», dice ahora, «pero solo textos sobre psiquiatría. Un trabajo de escritor más estable, supongo, pero que no tiene nada que ver con mis sueños. Era todo muy árido y clínico». No tardó en encontrarse a sus anchas con las páginas matutinas, donde podía dar rienda suelta a sus pensamientos. Se dio cuenta de que quería escribir más todavía, de que se sentía más cómodo escribiendo que no escribiendo. Cuando un amigo suyo se autopublicó un libro de relatos, Dan vio la luz.

«Sé lo que fuiste creado para ser, y harás cosas grandes».

Santa Catalina de Siena

«Si él podía hacerlo, yo también», se descubrió pensando. Y, animado por su mujer, decidió probar.

Al principio, cuando se sentaba a escribir, acababa creando excusas en lugar de personajes: es demasiado tarde, soy demasiado mayor, me quitará demasiado tiempo, ¿y si no es bueno?... Pero con la ayuda de las páginas matutinas terminó sabiendo lo que tenía que hacer —lo que realmente *quería*— y se dio cuenta de que estaba procrastinando. Así que una tarde soleada empezó su primer relato. No tardó en establecer una rutina: páginas matutinas y tareas del hogar por las mañanas, llamadas y correos electrónicos a la hora de comer, trabajar en sus relatos por la tarde. Las páginas fueron creciendo. Los personajes seguían hablando. Las historias no dejaban de surgir.

Cuando terminó el primer cuento se sintió eufórico. Cuando terminó el segundo se llenó de determinación: «Estoy seguro de que puedo escribir un libro entero», se decía a medida que la cuarta, la quinta y la sexta historia fluían de su pluma. Ya no se contentaba con vivir la escritura desde la barrera, así que decidió autopublicarse, como había hecho su amigo. Cuando se puso en contacto con este para que le aconsejara, este le asesoró y le animó.

Los artistas a menudo admiran a otros artistas. Los artistas consagrados a menudo disfrutan siendo mentores de lo que están empezando. Cuando por fin ponen su creatividad en práctica, los artistas en la sombra a menudo descubren que sus sueños estaban más cerca de lo que creían.

Tarea
Vidas imaginarias

Nombra cinco vidas imaginarias. ¿Qué sería divertido ser o hacer? Cuando termines, elige una y piensa si hay un primer paso que puedas dar para acercarte a ella. Por ejemplo, si tu vida imaginaria es ser diseñadora de moda, puede que te resulte divertido ir a una tienda de telas. Que el paso sea pequeño y que la lista incluya placeres, ¡no deberes!

LOS ENLOQUECEDORES QUE NOS RODEAN

En *El camino del artista* presenté el concepto de enloquecedores. Son esas personas que obstaculizan la creatividad de aquellos a los que se supone que quieren. Si tienes un enloquecedor en tu vida, es posible que lo sepas. Todos comparten unas cualidades determinadas:

Los **enloquecedores incumplen** tratos e ignoran el calendario.
Los **enloquecedores esperan** que el mundo esté a merced de sus caprichos.
Los **enloquecedores restan** importancia a tus ideas.
Los **enloquecedores te quitan** tiempo y dinero.
Los **enloquecedores calculan** muy bien con quién se relacionan.
Los **enloquecedores son** expertos en echar la culpa a los demás.
A los **enloquecedores les encanta** el teatro... pero no necesariamente sobre un escenario.
Los **enloquecedores odian** las agendas, excepto la suya.
A los **enloquecedores les encanta** el caos.
Los **enloquecedores niegan** ser enloquecedores.

> «Todo aquello que nos irrita de los demás puede ayudarnos a conocernos mejor a nosotros mismos».
>
> CARL JUNG

Pueden estar por todas partes. Pueden ser tu antiguo jefe, tu hermana, tu cuñado, tu vecino, tu compañero de golf. Es posible que os unan lazos de sangre, de matrimonio o de amistad. Puede que hayas trabajado con uno. Puede que hayas compartido casa con uno. Es posible que no los veas nunca pero que te vuelvan loco por internet o por teléfono. Pueden haber muerto, pero seguir vivitos y coleando en tu cabeza, cuestionando cada pensamiento que tengas. O puedes descubrir —*oh, cielos*— que el enloquecedor eres tú.

Los enloquecedores obstaculizan sueños y planes. Crean melodrama y confusión. A menudo se conducen con un aire de superioridad. Llevan a sus desventuradas víctimas a dudar de sí mismas. Han hecho naufragar los proyectos más cuidadosamente planeados. En especial cuando se trata de dinero, los enloquecedores siembran el caos. Siempre hay algo que requiere financiación inmediata. Los enloquecedores exigen que los demás se sumen a sus proyectos. Son contrarios al sentido común. Reclutan a misteriosas personas para sus despropósitos. La pobre víctima se siente aislada y abandonada. El enloquecedor le exige: «Di que estás de acuerdo conmigo» y el otro cede con demasiada frecuencia, convencido por el enloquecedor, aunque eso implique desoír lo que le dicta el instinto. Tener un enloquecedor en tu vida es agotador. El día a día se convierte en un campo de batalla con continuas escaramuzas. El sarcasmo y el desprecio son armas que el enloquecedor emplea a discreción. «Eso es una tontería», puede decir el enloquecedor cuando se le expone un plan sensato. El enloquecedor menosprecia el crecimiento continuo y modesto y a menudo prefiere fantasear con «algo gordo», una idea fantasma que demostrará que llevaba razón desde el principio.

A los enloquecedores les favorece la falta de estructura y personas recién jubiladas con enloquecedores en sus vidas a menudo se sorprenden al comprobar el grado de toxicidad que hay en la relación. Hasta ahora su trabajo y su rutina les habían servido de escudo, pero ahora que el enloquecedor tiene paso franco, a menudo va directo a la yugular de la personalidad de su desventurada víctima.

Pocas cosas distraen más que tener conflictos continuos en una relación íntima, y sin embargo, cuando

«Los demás pueden estar para ayudarnos, para enseñarnos, para guiarnos por el camino. Pero la lección a aprender siempre debe ser nuestra».

Melody Beattie

logramos tomar un poco de distancia y ver dónde están nuestro poder y nuestra responsabilidad, podemos actuar con valor y criterio y reconstruir nuestra vida —con o sin esa persona en ella— de una manera que nos sirva de apoyo.

He recibido muchas cartas y tenido muchos alumnos que me preguntan cómo se puede derrotar, destruir o escapar de los enloquecedores. He visto a muchos enloquecedores irse, ablandarse o incluso enmendarse mediante las herramientas de la creatividad, ya sea usándolas ellos mismos o porque una persona cercana las usa y con ello cambia la dinámica de la relación que tenía con ella.

Es poco probable que logres cambiar a un enloquecedor. Pero sí puedes llegar a comprender por qué tu conexión con esa persona es tan fuerte, y, poco a poco, crecer, serenarte y curar esa dependencia. Puedes distanciarte física, emocional o espiritualmente. Puedes alejarte: refugiarte en tu propio poder y en tu derecho a tomar tus propias decisiones. Al cambiar, cambias también la situación. Las relaciones intensas funcionan igual que una escultura móvil, si tocas una pieza, el resto se mueve también. Así que aunque la situación te parezca difícil y te sientas impotente, lo cierto es que tienes el potencial de alterarla.

Una de las claves para entender tu relación con un enloquecedor es ser consciente de lo que sacas tú de ella. Un enloquecedor quita muchísima energía, pero la realidad sin adornos es la siguiente: la mayoría de las veces usamos nuestra relación con los enloquecedores como excusa para no emprender acciones creativas o positivas.

«No cambian las cosas; cambiamos nosotros».

Henry David Thoreau

Simon, diseñador, se casó con una persona muy controladora que trabajaba en finanzas y que no tardó en tachar el arte de Simon de «frivolidad», sin otro valor que el dinero que pudiera generar. Puesto que los ingresos de Simon eran muy irregulares y los de su esposa eran fijos, Simon se sentía cada vez más «menos que», y su mujer estaba encantada de darle la razón. Simon había querido desde siempre ser diseñador de vestuario, salir de la zona de confort de la moda masculina para el mercado de masas al mundo mucho más técnico y exigente del teatro. Pero cuando mencionó la idea, su mujer le soltó una larga lista de preguntas lógicas... y muy tóxicas. ¿Cómo lo vas a hacer? No eres diseñador de vestuario. Tendrías que aprender. ¿Cómo vas a ganar dinero así? A Simon empezó a resultarle cada vez más fácil ignorar la idea en lugar de hablar de ella. Cuando veía a Simon, tan creativo y con tanto talento, cada vez más pasivo, se me rompía el corazón. Que se hubiera casado con una enloquecedora resultaba, a primera vista, una elección desconcertante. ¿Qué podían tener en común? Pero escarbando un poco me di cuenta de que Simon tenía miedo a arriesgarse. Aunque albergaba grandes sueños y anhelos, le asustaba dar el paso necesario para hacerlos realidad. Y aunque su mujer era una enloquecedora y su matrimonio le hacía sentirse «pequeño», también le proporcionaba la excusa perfecta. Si quería seguir bloqueado, qué mejor que vivir con una persona que le echaría por tierra cualquier idea antes de que pudiera hacerlo él mismo.

Simon necesitaba trabajar mucho primero para ver, y, con el tiempo, escapar de la situación en la que se encontraba. Se obstinó en seguir casado y, cuando por fin se jubiló, a los 60 años, y dejó de trabajar como diseñador por cuenta propia, empezó a obsesionarse pensando en la vida que no había vivido. Su mujer había seguido siendo la misma, se dio cuenta, y él también. Había aprendido a encontrar un equilibro en la relación: aunque era tóxica, si no hacía ruido todo iría bien. Se había hecho experto en caminar de puntillas pero no había aprendido a respetarse a sí mismo.

Cuando se puso a escribir su autobiografía, a Simon le resultó doloroso encontrarse con una versión más joven de sí mismo que diseñaba un elaborado vestuario que nunca se había atrevido a hacer. Hoy está convencido de que sacó la fuerza necesaria para divorciarse al ejercicio de esclarecer su pasado escribiendo todos los días las páginas matutinas. Ahora mismo, con 70 años, ha hecho el diseño de vestuario de dos obras del teatro municipal. Le brillan los ojos igual que al joven que dejó atrás. «Me divorcié con treinta años de retraso», dice. «Sé que suena deprimente, pero ahora mismo estoy lleno de esperanza. Necesité mucho valor para alzar mi voz y defender mi territorio. Mi mujer puso el grito en el cielo y el proceso legal fue horrible y desmoralizador... por no hablar del dineral que costó. Pero salí de mi matrimonio. La verdad es que, por duro que fuera el divorcio, no estar divorciado era peor».

Dejar a un enloquecedor no siempre requiere una batalla legal ni tiene que ser tan dramático. Tengo estudiantes que, trabajando con las herramientas, se han vuelto más autónomos, y cuando esto sucede, el poder que tienen los enloquecedores sobre ellos disminuye de forma natural. «Mi suegra me dio menos miedo cuando empecé a ser dueña de mi vida». Del mismo modo, los enloquecedores que trabajan con las herramientas pueden mirar en su interior y causar menos problemas a las personas que los rodean. He tenido alumnos que han puesto fin a su relación con un enloquecedor y he visto relaciones volverse saludables. He visto familiares que vuelven a tratarse después de años de distanciamiento. Y he visto amistades enfriarse porque así tenía que ser. He visto separaciones legales, definitivas, que salvaron a las personas atrapadas en una relación. No hay dos enloquecedores iguales —aunque en cierta medida todos se parecen— y cada forma de escapar de uno es única, aunque todas requieren pasos pequeños, valerosos y sinceros hacia el respeto a uno mismo.

Por doloroso y temible que resulte vivir con un enloquecedor, a menudo resulta más doloroso enfrentarnos a lo que tratamos de evitar. Los enloquecedores se aprovechan de la duda, y nuestra inseguridad es lo que nos lleva a buscarlos, de hecho. Cada arremetida contra nuestra autoestima dispara nuevas dudas. «Igual tienen razón. Igual es que soy tonto», pensamos. Las críticas venenosas surten efecto. Vivir con un enloquecedor puede parecer algo temerario. Es como vivir al borde del precipicio. Pero en realidad nos impide emprender acciones verdaderamente arriesgadas y atrevidas. Es importante no olvidar que, a pesar de todo, siempre hay esperanza. Las páginas matutinas son un potente antídoto contra el veneno del enloquecedor. Crean un escudo protector hecho de coherencia. Previenen la confusión y ponen de manifiesto las contradicciones. Son un refugio donde desahogarnos y hacer planes. Su claridad contrarresta los enrevesados planes del enloquecedor.

Una manera de averiguar si el enloquecedor somos *nosotros* es si la mayoría —o todas— nuestras relaciones íntimas son inestables. Lynn descubrió en su autobiografía que llevaba toda la vida peleándose con las personas que le eran más cercanas. «Empezaba con mi madre y seguía a partir de ahí», dice. «Creo que pensaba que discutir era una demostración de fuerza. Pero la verdad es que llevo toda la vida muerta de miedo». Lynn buscaba de manera consistente el enfrentamiento con quienes la rodeaban. Bibliotecaria recién jubilada, recuerda conflictos de infancia con sus amigos y familia, y relaciones similares hasta el momento presente. «Creo que mis colegas se alegraron de mi jubilación», dice. «A mi fiesta de despedida vinieron muy pocos. Dijeron que era una momento de mucho trabajo, y era cierto, pero me fijé en que las personas con quien más solía discutir no vinieron. Dudo que fuera una coincidencia». Lynn empezó a escribir las páginas matutinas cuando se jubiló y comprobó sorprendida que bajo su ira había mucho dolor.

«Estaba siempre quejándome», dice. «Escribí sobre todas esas personas horribles que no me habían tratado bien, incluyendo a colegas, familiares y a mi marido. Pero cuando leí sobre los enloquecedores me quedé de piedra. Según su definición, yo era una enloquecedora». Lynn se dio cuenta de que tenía la costumbre de hacer las cosas en el último momento y de exigir a sus compañeros de trabajo que lo dejaran todo para ayudarla. «Me ponía melodramática con ellos», cuenta. «Pensaba que lo que estuviera yo haciendo siempre era lo más importante. Que cada vez que tuviera una emergencia —por lo general resultado de mi costumbre de aplazar las cosas— era la víctima. Consideraba que estaban obligados a ayudarme». Que Lynn se diera cuenta de lo tóxico de su dinámica fue un gran paso, que ha requerido muchas páginas matutinas. Detrás de la ira suele haber miedo, miedo a no ser lo bastante buenos, a no conseguir lo que necesitamos, o a que otra persona tenga lo que nosotros queremos o deseamos. Y plantarle cara al miedo no es fácil.

«Estoy usando las páginas matutinas para lamentarme», dice. «A mi marido le hice lo mismo, dejaba documentos por toda la casa y luego me quejaba porque no los encontraba. Me ayudaba a buscarlos, pero siempre con una expresión dolida, de estar sufriendo. Y también se impacientaba. Es como si siempre empujara a las personas que me rodean a discutir. Lo cierto es que me da miedo no gustar. Creo que en algún momento decidí echarlas de mi lado, para que no pudieran hacerme daño. Pero luego resulta que sigo sin gustarles. Y yo tampoco me gusto demasiado a mí misma».

Darse cuenta de que ha sido una enloquecedora es el primer paso para Lynn, y seguir descifrando sus patrones de conducta la hace más fuerte. Hay margen para cambiar, le digo, y también para resarcir a los demás. La última vez que supe de ella estaba probando a dar pasos muy pequeños, empezando por ordenar sus pertenencias en casa. «Solo con eso ya ayudo a mi marido», dice. También la ayudará a ella.

A muchos recién jubilados les sorprende encontrarse de pronto con que tienen problemas con su pareja: los patrones que antes daban por hecho ya no sirven cuando pasan tanto tiempo en casa. Antes de la jubilación, es posible que los problemas en su vida procedieran del trabajo; ahora en cambio los tienen en casa.

Si hay un enloquecedor en nuestra vida —o nosotros mismos somos uno— es probable que convirtamos esta circunstancia casi en un refugio. Pocas distracciones son tan poderosas como tener a alguien de nuestro círculo íntimo expresando dudas y poniendo obstáculos en nuestro camino. Pero una vez empezamos a actuar por nuestro bien, el poder del enloquecedor —o nuestro impulso de volver locos a los demás— disminuye. Hacen falta mucha sinceridad y mucho valor para romper este círculo vicioso pero, página a página, conversación a conversación, nos podemos ir liberando del poder que sobre nosotros ejerce el enloquecedor. A medida que ponemos por escrito nuestras percepciones dejamos de ser víctimas de la visión *desquiciada* que tiene el enloquecedor de la realidad.

✐ Tarea
Los enloquecedores que nos rodean

1. ¿Has conocido a algún enloquecedor?
2. ¿Tienes ahora mismo relación con alguno?
3. ¿Qué acción creativa sospechas estar bloqueando con esta relación?
4. ¿Sospechas que puedes ser un enloquecedor?
5. Los enloquecedores son expertos en usar la energía de manera incorrecta. Una de las mejores defensas son las acciones afirmativas. ¿Qué acción afirmativa podrías emprender ahora que te beneficie?
6. Ponla en práctica.

✎ Tarea

Ira

Termina las siguientes frases:

1. Lo reconozco, me enfada que...
2. Lo reconozco, me enfada que...
3. Lo reconozco, me enfada que...
4. Lo reconozco, me enfada que...
5. Lo reconozco, me enfada que...

Ahora, de esa lista, elige lo que más te enfade. Escribe con franqueza y en profundidad sobre ello durante veinte minutos. Cuando termines, comprueba si tienes las cosas más claras.

📝 Registro semanal

1. ¿Cuántos días has escrito las páginas matutinas? ¿Qué te pareció la experiencia?
2. ¿Has hecho alguna cita con el artista? ¿Qué tal fue? ¿Has descubierto algo en tu autobiografía que te gustaría explorar en una cita con el artista?
3. ¿Has dado los paseos? ¿Te fijaste en alguna cosa durante ellos?
4. ¿Cuántos «ajás» has tenido esta semana?
5. ¿Has experimentado sincronicidad esta semana? ¿En qué consistió? ¿Te hizo sentirte más conectado?
6. ¿Qué descubriste en tu autobiografía que te gustaría explorar con mayor profundidad? ¿Cómo te gustaría hacerlo? Como siempre, si tienes un recuerdo especialmente significativo al que necesitas dedicar más tiempo pero no estás aún seguro de qué pasos dar, no te preocupes. ¡Sigue avanzando!

Reavivar una sensación de humildad

A estas alturas es posible que estés desenterrando vivencias de tiempos en que la humildad aún era una lección que tenías que aprender. En la parte de la autobiografía correspondiente a esos años, muchas personas escriben cómo lo «tenían todo pensado»: empezar una carrera profesional, recibir uno o dos ascensos, tener un apartamento, un grupo de amigos y quizá incluso una pareja.

Recordar ese momento de tu vida te dará ocasión de diferenciar entre las decisiones tomadas por tu ego y las auténticas. ¿Es posible que tu ego siga de alguna manera entorpeciendo tu camino?

Cuando aprendas a dejar el ego de lado verás que tus sueños se vuelven más ambiciosos... y los pasos para hacerlos realidad, más humildes. En contra de lo que cabría esperar, cuando actuamos con humildad crecemos como personas. Cuando dejamos de intentar ser perfectos, empezamos a avanzar. Cuando estamos dispuestos a pedir ayuda, hacemos progresos y, paradójicamente, inspiramos a los demás con nuestra fortaleza. A medida que nuestro yo auténtico emerge de las páginas, nos sentimos más cómodos con nosotros mismos. Una vez que ya no tenemos que fingir, descubrimos que no nos importa ser principiantes. En lugar de grandiosidad elegimos la humildad. Estamos dispuestos a probar sin tener garantía de éxito. Estamos dispuestos a asumir riesgos porque probar cosas buenas es beneficioso para el alma. Nos aventuramos por sendas desconocidas. Florecemos de muchas maneras, grandes y pequeñas.

Humildad

Cuando me preguntan cuál es el principal obstáculo para la creatividad, siempre contesto: «la falta de humildad». Los sueños se quedan en simples sueños cuando insistimos en hacerlos realidad de manera instantánea y perfecta. Nos comparamos con maestros y nos decimos que nunca conseguiremos cumplir nuestros sueños. Pero los maestros empezaron como principiantes y su disposición a arriesgarse a parecer ridículos es una forma de valor que muchas veces permanece invisible. Digamos que soñamos con ser directores de cine. En lugar de apuntarnos a un curso de principiantes, nos dedicamos a ver las obras maestras que tanto admiramos y a decirnos «Yo nunca podría hacer *eso*». Y tenemos razón, no podríamos nunca hacer «eso» pero, con la humildad como punto de partida, podríamos producir una obra original de calidad.

Así que imaginemos que nos hemos matriculado en un curso de realización de cine para principiantes. Si el profesor sabe lo que se trae entre manos, nos hará estudiar primero las óperas primas de aquellos a quienes pretendemos emular. George Lucas dirigió *Star Wars*, pero mucho antes de rodar su obra maestra hizo una serie de películas que podrían calificarse de «irregulares». Puede que no podamos rodar *Star Wars*, pero sí podemos hacer nuestras películas de principiantes, esos primeros pasos que a menudo nos hacen llegar lejos.

Cuando tenía treinta y muchos años y era una veterana en Hollywood, decidí que quería hacer películas, no solo venderlas. Me matriculé en un curso llamado Vista y sonido. Tenía diez años más que mis compañeros de clase. Me parecían muy jóvenes y llenos de entusiasmo y energía. Pensé que sin duda algún día harían grandes películas. Yo hice una serie de cortos a partir de experiencias personales. Cuál fue mi sorpresa cuando el profesor los elogió en clase, diciendo que eran excelentes ejemplos narrativos. Se trataba de experiencias que habían sido difíciles para mí, y ahora tenía que recuperarlas en nombre del arte.

Es muy probable que en tu autobiografía hayas detectado ya intereses, patrones, fuentes de disfrute. Los descubrimientos afloran a la superficie a medida que escribes... y mientras conduces, cocinas, paseas, te duchas. Estás en un proceso muy potente. Estás haciendo preguntas y obteniendo respuestas. En ocasiones las respuestas son las esperadas. Pero a menudo nos sorprenden. A estas alturas de tu autobiografía es posible que estés revisando una época en la que empezabas a estructurar más tu vida. Estabas consolidando tu independencia y construías una identidad que puede ser muy parecida a la que tienes hoy. Albergabas sueños de futuro y estabas trabajando para hacerlos realidad. Tenías cierto grado de estabilidad e intentabas mejorar aquellas partes de tu vida con las que aún no estabas satisfecho. Es posible que te sintieras seguro —experto incluso— en determinados campos. En otros aún te sentías ingenuo. De forma similar, ahora también has hecho grandes progresos. Has recuperado la conexión contigo mismo de muchas y distintas maneras y estás considerando áreas o campos que te gustaría cultivar. Quizá tengas demasiadas ideas o planes como para que te dé tiempo a ponerlos todos en práctica. Pero paso a paso, irás avanzando. La satisfacción es posible, y tienes tiempo.

La expresión «demasiado tarde» no tiene cabida cuando se habla de emprender un proyecto creativo. La creatividad es parte de nuestro ADN espiritual, no es algo que disminuya ni desaparezca. No, es un fuego que hay que reavivar y un lugar donde encontraremos felicidad, un manantial que nos llena de determinación. Si el antídoto al miedo es la acción, la manera de actuar —y, con ello, derrotar, superar o evitar el miedo— es

«Lo mejor que puedes hacer es hacer algo bien; lo segundo, hacer algo mal; lo peor: no hacer nada».

Theodore Roosevelt

procurar que la acción sea lo bastante pequeña y humilde para que podamos acometerla.

Muchos jubilados, una vez concluida su vida laboral, quieren dejar una impronta personal en el mundo. Muchos abrigan el sueño de crear arte. Puede haber un baterista de rock frustrado, una novela esperando a ser escrita, un deseo de pintar o de ser actor nunca hecho realidad. Debemos ser pacientes con nosotros mismos mientras reunimos el coraje necesario para poner nombre a nuestros sueños.

En las primeras etapas del proceso nos asaetarán los temibles «¿y si?». «¿Y si nunca llegas a destacar en esa disciplina artística?», nos preguntará el miedo. Pero a menudo la excelencia llega de la mano de la humildad, no de la grandilocuencia. «¿Y si tu arte es irrelevante? ¿Y si después de todo el trabajo te das cuenta de que tu arte no aporta nada?». Pero estas preguntas no son más que grandilocuencia disfrazada de lógica y la grandilocuencia nunca hace las preguntas correctas. Crear arte fomenta la autoestima y cuando creamos algo —lo que sea— estamos haciendo algo por nosotros mismos. Y, por cierto, no hay arte irrelevante.

Cuando mi padre se acercaba al final de su vida decidió construir una casa. La diseñó, la planeó y empezó a construirla. Era una casa roja a orillas de un lago, un edificio alto y estrecho a la altura de las copas de los árboles, casi como una casa en un árbol desde la que se verían los pájaros. «A la altura de los nidos» podría decirse. Dibujó, pensó y construyó. Le hacía ilusión la casa y la observaba mientras empezaba a tomar forma. Ver su creación hacerse realidad le generaba orgullo y la sensación de estar haciendo algo importante. Cada día se levantaba con ganas de trabajar. Cada paso del proceso le daba nuevas energías.

Mi padre no vivió para ver la casa terminada. No llegó a subir la larga escalera para vivir entre los árboles, en compañía de los pájaros. Pero esa casa le hizo

«El valor consiste en resistirse al miedo, en dominarlo, no en no sentirlo».

MARK TWAIN

feliz y hoy se alza, terminada, a orillas de un lago en Libertyville, Illinois. Cuando pienso que alguien está observando pájaros por una de sus ventanas, sonrío. Creo que mi padre también.

Es posible que mi padre se preguntara si viviría para disfrutar de las vistas y las acogedoras habitaciones de la casa. Si así era, nunca lo mencionó. Si así era, sospecho que el impulso de hacer realidad su sueño fue más fuerte que las dudas que pudiera haber tenido respecto al futuro. Nuestra creatividad no disminuye con la edad. Nuestra creatividad vive al menos tanto como nosotros. Yo diría que mucho más.

Para emprender un proyecto sin saber cómo o dónde terminará hace falta humildad. Sin embargo, empezarlo merece la pena. Crear es satisfactorio. Concedernos vivir ese proceso es satisfactorio.

Nuestro ego se niega a admitirlo, pero el que teme el fracaso es precisamente él. Nuestro artista interior no piensa así. Nuestro artista actúa con humildad de manera natural; pasos pequeños que conducen a otros más grandes a medida que tenemos historias que contar, placeres que compartir, ideas que poner a prueba pero nunca en términos de «éxito» o de «fracaso». Nuestro ego no se da cuenta de que el fracaso puede ser una etapa necesaria en el camino del éxito. Al fin y al cabo, ¿qué es el fracaso sino una invitación a empezar otra vez? Se ha dicho que el éxito puede resumirse en dos sencillas reglas: 1. Empieza algo. 2. Sigue trabajando en ello.

Creo que desear crecer es inherente a la naturaleza humana. Creo que crecer es siempre emocionante. Lo cierto es que cuanto más humildes sean nuestros pasos, mayores y más valerosas serán nuestras acciones. Dedicar tiempo, esfuerzo y atención a descubrir nuestros verdaderos intereses nos hará avanzar en dirección a nuestros verdaderos sueños.

«Quiero hacer algo grande y noble, pero mi deber es acometer tareas humildes como si fueran grandes

«Es fácil perdonar a un niño que teme a la oscuridad; la verdadera tragedia de la vida ocurre cuando los hombres tienen miedo a la luz».

PLATÓN

y nobles», dijo Helen Keller. Cuando estamos dispuestos a dar un pequeño paso adelante estamos abriendo la puerta a algo mucho mayor. Muchas veces nos bloqueamos porque el sueño que tenemos en mente nos parece inalcanzable. La humildad nos recuerda que siempre hay una manera de avanzar, de que cada logro importante pasa por muchos pasos pequeños y ordinarios.

✎ TAREA
Practicar la humildad

Nombra un sueño que te parezca inalcanzable. Ahora permítete nombrar —y dar— un pequeño paso hacia su consecución. Puede ser un paso diminuto; cuanto más pequeño mejor. A un pequeño paso siempre le sigue otro.

✎ TAREA
Autobiografía, semana seis

AÑOS: _____

1. Describe las relaciones más importantes que tuviste en esos años.
2. ¿Dónde vivías? ¿Viviste en más de un sitio?
3. ¿Cuál era el papel de tu ego en esos años?
4. Describe un sonido que te devuelva a esos años.
5. Describe un sabor de esos años.
6. Describe un temor que tuvieras entonces.
7. ¿Qué sueños albergabas en esa época?
8. ¿Cuál era el principal obstáculo al que te enfrentabas en esos años? ¿Sigue siéndolo ahora?
9. ¿Qué tuviste que aprender? ¿Qué tenías la sensación de saber ya?
10. ¿Qué otros recuerdos significativos conservas de esa etapa de tu vida?

Cuando el ego se defiende

El ego no quiere que seamos humildes principiantes. El ego quiere que seamos expertos. Esta exigencia a menudo nos paraliza y nos impide cultivar intereses nuevos. Para adentrarnos en territorios inexplorados debemos desmantelar primero la necesidad de perfección del ego. Debemos estar dispuestos a ser humildes. La humildad nos garantiza el don de ser principiantes. La humildad nos garantiza el valor para dar el primer pasito, al que seguirá otro.

Nuestro ego nos exige que seamos perfectos, nos regaña cuando sugerimos que también hay mérito en intentarlo. El ego tiene miras muy estrechas. Insiste en que seamos impecables, que consigamos la perfección total sin dar importancia a los medios por los que se alcanzan las metas y se hacen realidad los sueños.

Durante la jubilación, muchos descubrimos que teníamos una identidad ligada al trabajo. Pero a menudo, si profundizamos un poco, nos damos cuenta de que el ego estaba presente en esta identidad. Sí, nos enorgullecíamos de nuestro trabajo, y era normal que celebráramos nuestros éxitos. Pero si el ego estaba demasiado presente, y se alimentaba exclusivamente de nuestros éxitos, entonces puede que nos espere una sorpresa desagradable. Al jubilarnos nos sentiremos perdidos. Nuestra identidad se tambalea. Nuestro ego está hecho añicos. «¿Quién soy yo sin mi trabajo?», nos preguntamos.

Edward tuvo una carrera muy distinguida como cirujano ortopédico. Cuando se jubiló se encontró despojado de su identidad profesional. Cogió lápiz y papel —aunque, eso sí, me dijo que el ejercicio le parecía estúpido— e hizo una lista con diez cosas que le habían interesado en algún momento de su vida. Uno de los primeros puestos lo ocupaba esta sencilla palabra: peces.

«Desarrolla lo de los peces», le animé. Así que, sintiéndose idiota, Edward fue de expedición a una tienda de peces de su barrio. Estuvo admirando un acuario

«Puedo aceptar el fracaso. Todo el mundo fracasa en alguna cosa. Pero lo que no concibo es no intentarlo».

Michael Jordan

lleno de tímidos cola de espada y otro con agresivos peces ángel. Pasó casi una hora entera delante de un acuario lleno de diminutos tetra neón.

«¿Puedo ayudarle, señor?», preguntó un empleado. «¿Va a montar un acuario?». Aquella pregunta le provocó a Edward un cosquilleo en el estómago. Se dio cuenta de que *podía* montar un acuario.

«Sí», contestó, «pero no tengo experiencia. No sé qué va con qué».

«Puedo ayudarle», se ofreció el dependiente. «Igual le interesaría comprar un manual para principiantes».

«Sí», estuvo de acuerdo Edward. «Me parece una buena manera de empezar». Así que se compró un modesto manual y se lo llevó a casa sintiéndose muy contento. El libro estaba lleno de consejos para montar un primer acuario. Edward lo leyó con avidez. «Y ahora ¿qué?», se preguntó. Entonces lo supo. «¡Ir a visitar Sea World!». Estaba a una hora escasa en coche en dirección sur. «Podría llevarme a mis nietos», pensó. «No, esta excursión es para mí solo». Cuando llegó a Sea World vio que tenía mucho donde elegir. ¿Qué iba a ver? ¿Los delfines? ¿Las rayas? ¿Las orcas? Eligió los delfines. Su cuidador explicó: «Sabemos que son muy inteligentes; lo que no sabemos es cuánto». Cuando Edward se inclinó sobre el acuario, un delfín se acercó al borde y pareció observarlo con animada curiosidad. A Edward casi le pareció oír sus pensamientos. «Sabemos que son muy inteligentes; lo que no sabemos es cuánto».

Mientras conducía de vuelta a casa Edward empezó a planear su acuario. Sería modesto, pero sabía que lo disfrutaría mucho. Tuvo que reconocer que aquellas dos modestas, incluso infantiles, excursiones para investigar sus intereses le habían resultado placenteras. Ya empezaba a notar cómo su personalidad se expandía.

Cuando me informó de ello tenía un brillo travieso en sus ojos: «Igual el ejercicio no es tan tonto después de todo».

Igual no. Y tal vez las ideas que descartamos por considerarlas «tontas», de tan simples —algo que «simplemente» nos va a hacer pasar un buen rato—, sean en realidad la clave de nuestro crecimiento y nuestra felicidad. Solo necesitamos ser lo bastante humildes para preguntarnos a nosotros mismos qué nos puede hacer disfrutar y escuchar con atención la respuesta.

Tracy, antes directora creativa en una agencia de publicidad, había sido muy aficionada a la cerámica, actividad que había abandonado por completo. «Antes tenía un torno y un horno en el sótano de mi casa», cuenta, «pero hace años que los vendí. A veces me acuerdo de ellos, de cuánto los usaba». Cuando se jubiló, quiso recuperar la cerámica. Pensó que igual encontraba algún curso para principiantes. Pero cuando preguntó en el centro cultural de su barrio, supo que no ofrecían ese curso porque les faltaba un profesor que lo diera. «Pero si es muy fácil», se sorprendió pensando, y entonces se dio cuenta de que dar un curso de iniciación a la cerámica podría ayudarla a ella y a otros.

«Fui unos días antes a jugar con la arcilla», dice. «Estaba un poco desentrenada, pero sabía lo suficiente para iniciar a otros y recuperar yo también la destreza». Descubrió que le gustaba enseñar, algo que no había hecho nunca. «En mi trabajo era la jefa, pero enseñar es un tipo de liderazgo muy distinto. Hacía mucho tiempo que no pensaba en los demás o en lo que podía ofrecerles. No sabía si disfrutaría enseñando. Si lo haría bien o mal». Pero a Tracy le resultó maravilloso pensar en el trabajo de otros. Al dejar su ego a un lado, encontró que disfrutaba siendo de utilidad a otros. Y enseñar cerámica a otros intensificó los recuerdos de lo que le había llevado a cultivarla en el pasado. «Cuando miro a mis alumnos me acuerdo de lo que es hacer cerámica por primera vez», dice. «Reaviva mi pasión por ella».

«Ser superior al prójimo no tiene nada de noble ni de superior; la verdadera nobleza consiste en ser superior a cómo uno era antes».

Ernest Hemingway

Tracy no es la única que ha descubierto el placer que proporciona un ego domesticado. Enseñar desplaza el ego a un lado de forma natural. Tracy estaba acostumbrada a dar órdenes, a enseñar a otros a poner en práctica sus ideas. Ahora tiene que dar respuesta a las ideas de sus alumnos y su papel es ayudarles a ponerlas en práctica con éxito. «Me sorprende la cantidad de ideas que tengo que ofrecer», dice. «Y también tengo ideas sobre nuevos proyectos que podría emprender. Mis alumnos me inspiran». Muchos de nosotros descubrimos que cuando dejamos el ego a un lado, nuestra creatividad florece. Si nos tomamos a nosotros mismos un poco menos en serio, podemos crear con mayor libertad.

«La comparación es la asesina de la felicidad».

Theodore Roosevelt

✎ Tarea
Desmantelar el ego

Para muchos de nosotros, el camino más rápido a una identidad más auténtica y sólida es coger lápiz y papel. Enumera diez cosas que te interesen y te hagan feliz. Algunas pueden sorprenderte. Algunas pueden producirte satisfacción solo de pensar en ellas. Estos diez intereses apuntan a la dirección de tu verdadero yo. Una vez enumerados, puedes empezar a dar pasos hacia tus sueños enterrados. A menudo esos intereses tendrán que ver con la parte más infantil de nuestra personalidad. Puede haber otros más o menos intelectuales, puede haber ideas que despertarían la admiración de nuestro ego. Deja tu ego a un lado mientras completas esta tarea.

PERFECCIONISMO

El perfeccionismo es el enemigo, no el amigo, de la creatividad. Cuando intentamos hacer algo «bien», y con «bien» quiero decir «perfectamente», creamos un bucle nocivo. Nos centramos solo en arreglar lo que consideramos que está mal, y no vemos lo que está bien. El perfeccionista redibuja la línea de la mandíbula hasta hacer un agujero en el papel. El perfeccionista edita un pasaje musical una y otra vez y pierde de vista la obra a la que pertenece. Para el perfeccionista nada está nunca lo bastante bien. Cuando nos obsesionamos con la idea de que algo debe ser perfecto, nos privamos de la felicidad que da crear.

El perfeccionismo es una exigencia malévola del ego. Nos niega el placer del proceso. El ego nos dice que debemos tener éxito instantáneo... y nuestro perfeccionista interior se lo cree. El perfeccionismo nos dice que para avanzar primero, hemos de ser perfectos. Y sin embargo el perfeccionismo es a menudo lo que nos impide avanzar. El perfeccionismo es lo contrario de la humildad, que nos permite avanzar despacio pero a paso firme, cometiendo equivocaciones y aprendiendo de ellas. El perfeccionismo nos dice: hazlo «bien» o no lo hagas.

Durante nuestra vida laboral nuestro perfeccionismo a menudo se ve recompensado. Lo defendíamos llamándolo «atención a los detalles» y «alto nivel de exigencia». Pero el perfeccionismo no es ninguna de esas dos cosas. Ahora que estamos jubilados, el perfeccionismo es un obstáculo a la creación, no un facilitador. En lugar de crear con libertad, nos bloqueamos. En lugar de avanzar con facilidad en nuevas direcciones, nos paralizamos.

Arthur se jubiló después de una larga y exitosa carrera profesional como editor. Era un perfeccionista y, como editor, ese rasgo de su personalidad le había resultado en muchos sentidos beneficioso. Su edición era meticulosa, y muchos autores confiaban en él. Una vez jubilado, tenía la intención de dedicarse a escribir. Pero cuando se ponía delante de una hoja en blanco se bloqueaba. Había tantas maneras de empezar, y él quería escoger la «mejor». Pero ¿cuál era la mejor? Cuantas

«Usa los talentos que tengas: el bosque sería un lugar muy silencioso si solo se oyeran los trinos de los pájaros que mejor cantan».

Henry van Dyke

más vueltas le daba, más se obsesionaba, pensando sin fin pero sin escribir una sola palabra. Sabía sobre lo que quería escribir, pero ¿cuál era la mejor manera de hacerlo?

«Quiero que pruebes a hacer mis páginas matutinas», le dije. «Si tu editor interior protesta —y lo hará—, tú limítate a decirle: "Gracias por darme tu opinión", y sigue escribiendo». Escéptico pero desesperado, Arthur se puso a hacer las páginas matutinas. Quería que fueran perfectas. «Aquí el talento y la perfección no son el objetivo», le dije. «El objetivo es simplemente llenar tres páginas». Cuando llevaba tres semanas escribiendo, Arthur empezó a sentirse libre. Se dio cuenta de que estaba intentando editar sus páginas matutinas y empezó a ver aquello casi como algo cómico.

«Ahora ponte a escribir tu libro», le urgí. Me hizo caso y, para su sorpresa, la obra fluyó con naturalidad. «Dile a tu editor interno que ya le dejarás meter mano al segundo borrador», le dije. «Igual que cuando tú editabas la obra de otros». Arthur hizo lo que le dije.

«Me di cuenta de que había estado intentando editar una idea que no tenía aún madurada», dice ahora. «Era como estar leyendo por encima del hombro de un escritor, cuestionándole mientras intentaba redactar un primer borrador. ¡Eso tenía que ser horroroso! Y sin embargo me lo estaba haciendo a mí mismo. No es de extrañar que no consiguiera escribir nada. Pensar en eso me ayudó a domesticar al perfeccionista que hay en mí... al menos lo bastante para que me permitiera escribir».

Para poder recuperarnos en sentido creativo, tenemos que olvidarnos del perfeccionismo. No recuperaremos nuestra creatividad «a la perfección», pero sí lo bastante, siempre que nos concedamos un margen de error. No hay páginas matutinas mal hechas. Nosotros somos su único destinatario. Cuando hagamos las citas con el artista, es posible que algunas nos dejen con sensación de plenitud, y otras no. Lo importante es que no

«Y ahora que no tienes que ser perfecto, hazlo bien».

JOHN STEINBECK

nos fustiguemos por las que no cumplan nuestras expectativas. Se trata de estar dispuesto a probar. Saber que estamos dispuestos a probar puede ser la única recompensa que recibamos, y también el estímulo necesario para seguir intentándolo. No menosprecies la emoción de probar.

Cuando estoy trabajando en un libro consciente de que está destinado a que otros lo lean, mi perfeccionismo puede asomar la cabeza. Pero a medida que sigo escribiendo, sin editar, se produce un fenómeno interesante. Cuando releo lo escrito, a menudo compruebo que hay muy pocas diferencias de peso entre lo que mi perfeccionista interior consideraba «buena escritura» y «mala escritura». Lo cierto es que mi perfeccionista no es ninguna autoridad en lo que hago.

Es esencial aprender a esquivar a nuestro perfeccionista interior. Hace poco escribí un libro en el que durante el primer borrador me sentí tan acosada por el perfeccionista que llevo dentro que estuve a punto de abandonar. Cuando se publicó el libro, intenté leerlo con mentalidad abierta. Leí de corrido y con atención y me pregunté cuántos libros más mi perfeccionista me habría convencido de no escribir. El perfeccionista interior es un matón. Quiere que dudemos de nosotros mismos. Pero un «no» a tiempo en ocasiones ahuyenta a los matones.

Con los años he aprendido que el perfeccionista también exagerará cualquier crítica. Las reseñas favorables de mis libros le entran por un oído y le salen por el otro. Las desfavorables se magnifican y repiten. Todos tenemos un perfeccionista interior cuyo principal deseo es expulsarnos del juego. Todos tenemos la capacidad de aprender a ignorarlo y ponernos a trabajar.

No te confundas: el perfeccionismo es un enemigo formidable; y sin embargo hacemos bien en tratar de derrotarle. Una de las maneras más efectivas de desmantelar el perfeccionismo es reclutar la ayuda de un espejo amigo. Cuando mi amiga Sonia Choquette es-

«El que mira al viento, no siembra, y el que mira a las nubes, no cosecha».

Eclesiastés, 11:4

taba escribiendo su primer libro, aturdida por el perfeccionismo, yo fui su espejo amigo: leía fragmentos de lo que escribía y la animaba a seguir. Mi editor desde hace diecisiete años, Joel Fontinos, era y sigue siendo mi espejo amigo cada vez que escribo un libro.

El perfeccionismo es un mecanismo de bloqueo extendido y trágico para muchos jubilados. «Soy mayor», pueden pensar, «así que si hago algo, más me vale hacerlo bien a la primera. No tengo tiempo de andar probando». La creatividad es un proceso lento en el que se dan dos pasos adelante y uno atrás. Si usamos nuestras herramientas, comprobaremos que crecemos. Pero el crecimiento es esporádico. Ahora hacen falta paciencia y tenacidad. Debemos ser tolerantes con nosotros mismos y tener expectativas razonables, no sea que el perfeccionista que llevamos dentro quiera expulsarnos del juego. Si avanzamos hacia delante con humildad seremos fuertes..., más fuertes que el perfeccionista.

✐ TAREA
Elige un espejo amigo

Una persona que nos devuelve una imagen creativa, capaz y generosa de nosotros mismos es uno de los mejores aliados para luchar contra el perfeccionismo. ¿Quién en tu vida es un espejo amigo? ¿Qué persona de tu vida te diría que es más importante intentarlo que ser perfecto? ¿Hay más de una? Recluta a un espejo amigo para que te ayude en tu empresa creativa.

PEDIR AYUDA

«Debes hacer aquello que no te crees capaz de hacer».

ELEANOR ROOSEVELT

Muchos de nosotros hemos sido muy buenos profesionales. Llegamos a ser socios del bufete en el que trabajamos; directores generales de una corporación; obtuvimos la plaza en propiedad en la universidad. Al jubilarnos, estos marchamos de aprobación pueden convertirse en una trampa. Nos impiden aventurarnos en territorio nuevo porque nos dicen que somos demasiado buenos para pedir ayuda, aunque la necesitemos. Así pues, los honores que adquirimos durante nuestra vida profesional se convierten en obstáculos para seguir alcanzando metas. Por esta razón, la herramienta espiritual que recomiendo es deliberadamente sencilla. Las herramientas a primera vista simples nos espolean en nuevas direcciones y nos sugieren que necesitamos ayuda, así como los pasos que podemos dar para buscarla.

Casi todos los creadores bloqueados comparten una preocupación. Juegan a preguntarse: «¿Y si...?». «¿Y si hago algo creativo y no es bien recibido?». Fíjate en que esta manera de pensar solo permite fantasías negativas. No dice: «¿Y si hago algo creativo y es bien recibido?».

«Parezco tonto», teme el artista principiante. Avergonzados antes de empezar siquiera, los creadores bloqueados no se dan cuenta de que el sueño del que están intentando huir seguirá persiguiéndolos.

Muchos albergamos sueños de juventud que después enterramos y nos convencemos de haber dejado atrás. Pero uno no deja atrás sus sueños, y cuando escribimos las páginas matutinas a menudo descubrimos que vuelven corriendo a nosotros. La buena noticia es que a menudo lo hacen acompañados de la capacidad de convertirlos en realidad.

En ocasiones nuestros sueños parecen tan inalcanzables que los descartamos antes de empezar. Pero si estamos dispuestos a buscar mentores que nos apoyen y sabemos reconocerlos cuando se cruzan en nuestro camino, avanzaremos. Basta reunir el valor suficiente para pedir ayuda.

Cuando más pasión sentimos por nuestros sueños, mayor es la presión por cumplirlos. Mi amigo Damien,

«El destino no es cuestión de suerte; es cuestión de elegir».

William Jennings Bryan

arquitecto retirado, sueña desde hace tiempo con ser realizador de cine, pero le parece algo inalcanzable, una quimera casi. Como tiene la idea en un pedestal, le ha costado siempre mucho trabajo dar pasos para ponerla en práctica, y en lugar de ello la ha dejado estar, prístina, intacta y teórica. Damien no se siente cómodo pidiendo lo que de verdad necesita, que es ayuda... solo se siente cómodo *pensando* en su sueño. Pero el arte no sucede en teoría. El arte solo sucede en la práctica. Son muchos los que, como Damien, están tan sumidos en sesudas preocupaciones que casi no se dan cuenta de que llevan tiempo parados, sin avanzar.

«No sé cómo podría llegar a hacer una película», me dijo Damien cuando le conocí. «No he estudiado cine; no conozco a nadie en el mundillo. ¿No necesitaría actores conocidos? ¿Y mudarme a Hollywood?». Damien se había desalentado a sí mismo con una larga e innecesaria lista de «necesitos» que se había inventado basándose en su autoproclamada ignorancia. Le escuché con atención y a continuación le animé a trabajar con las herramientas básicas: escribir páginas matutinas, dar paseos y concertar citas con el artista. Se mostró escéptico: ¿qué tenían que ver aquellas herramientas con sus objetivos?, pero en última instancia accedió, y empezó a escribir sus páginas matutinas. Y al cabo de dos meses escasos se encontró en una cena sentado al lado de un realizador de cine.

«En otras circunstancias habría ignorado algo así, pero había empezado a entrenarme a mí mismo, a detectar sincronicidad. Me daba pánico, pero sabía que tenía que hablar con el tipo. Así que abrí la boca y le pedí que me hablara de su trabajo. Era un tipo humilde, muy cordial, y habló de su profesión como si no fuera nada complicado. Antes de que me diera cuenta de ello le conté que era un arquitecto jubilado que soñaba con hacer cine. Simplemente me salió. Después de decirlo no podía creérmelo, pero su respuesta fue aún más increíble».

«Voy a dar un curso de realización en la universidad municipal», le contó el director de cine a Damien durante el postre.

«Me encantaría hacerlo», contestó Damien, «pero estoy seguro de que la clase estará llena de jóvenes».

«Es muy probable», dijo el director. «Pero a mí me encantaría que hubiera alguien de mi edad».

A la mañana siguiente Damien comprobó gracias a sus páginas matutinas que estaba deseando apuntarse al curso. Llamó por teléfono a la secretaría y se enteró de que el director de cine ya le había inscrito. Le telefoneó para darle las gracias, pero este le atajó.

«Ya te dije que me vendría bien tener a alguien de mi edad».

El primer día de clase Damien comprobó que, en efecto, era varias décadas mayor que los otros alumnos. Al día siguiente se quejó de ello en las páginas matutinas, pero al hacerlo se dio cuenta de que su veteranía podría terminar siendo una ventaja. A medida que el curso avanzó, esto resultó ser cierto. Cada vez que tenía un pensamiento negativo sobre sí mismo, las páginas matutinas contraatacaban con uno positivo. Al término del curso, había rodado un corto de quince minutos. Y el realizador de cine le puso un sobresaliente bajo.

«Lo de bajo es por darte un estímulo para seguir avanzando», le dijo el director. «Pero entre tú y yo, creo que has nacido para esto».

«Así que he dejado de ser un escéptico», me dijo Damien. «Cuánto me alegro de haber pedido ayuda aquella noche. Es increíble lo mucho que ha cambiado mi vida gracias a que lo hice. Ahora soy un optimista, no un pesimista».

Todos tenemos cosas sobre las que nos gustaría aprender más. Y con un poco de esfuerzo, todos podemos encontrar a alguien que nos ayude a aprender. Aunque es posible que queramos declararnos autosuficientes, la verdad oculta es esta: raras veces nos sentimos

«Hay una grieta en todo. Solo así entra la luz».

Leonard Cohen

más conectados con un poder superior que cuando pedimos ayuda. Debemos rechazar la idea de que es mejor ir de creador solitario que pedir ayuda, y a continuación debemos pedir esa ayuda.

🖋 TAREA
Pedir ayuda

Demasiado a menudo, como profesionales con experiencia que somos, creemos que no deberíamos sentir la necesidad de pedir ayuda. «Debería ser capaz de hacerlo solo», objetamos. «He hecho cosas más difíciles, ¿o no?». Lo cierto es que hay muchas cosas que podemos hacer solos... y muchas que se hacen mejor y más fácilmente cuando aceptamos la ayuda de otros.

Nombra un campo en el que te vendría bien recibir ayuda y consejo. ¿A quién conoces que tenga la información que buscas que esté dispuesto a compartirla? Escoge un pequeño paso —una pregunta, un dato que te gustaría averiguar— y ponte en contacto con esa persona. A menudo nuestros compañeros de generación están más que dispuestos a transmitir sus conocimientos. Incluso es posible que tengan una o dos preguntas que hacernos, con lo que nos permitirán ayudarlos a ellos también.

📝 REGISTRO SEMANAL

1. ¿Cuántos días has escrito tus páginas semanales? ¿Qué tal fue la experiencia?
2. ¿Hiciste la cita con el artista? ¿Qué fue? ¿Descubriste algo en tu autobiografía que te gustaría explorar en una cita con el artista?
3. ¿Has dado paseos? ¿Notaste alguna cosa cuando los dabas?

4. ¿Cuántos «ajás» has tenido esta semana?
5. ¿Has experimentado sincronicidad esta semana? ¿En qué consistió? ¿Te hizo sentir humilde, guiado en cierto modo por un poder superior?
6. ¿Qué descubriste en tu autobiografía que te gustaría explorar con mayor profundidad? ¿Cómo te gustaría hacerlo? Como siempre, si tienes un recuerdo especialmente significativo al que necesitas dedicar más tiempo pero no estás aún seguro de qué pasos dar, no te preocupes. ¡Sigue avanzando!

Reavivar una sensación de resiliencia

Esta semana indagaremos en las convicciones relativas a un poder superior y exploraremos caminos sencillos hacia el alineamiento espiritual. No te preocupes: no hace falta que creas en un Dios convencional para sentirte acompañado por un algo benévolo y más grande que tú. Ese algo benévolo puede llegarte en forma de guía, de inspiración, de sincronicidad. Puede aparecer como una racha de suerte o un encuentro «casual». En tu autobiografía es posible que llegues a un periodo que estuvo lleno de preguntas de tipo espiritual sobre tu lugar en el mundo. ¿Cuántas de ellas te sigues haciendo? ¿Cuáles fueron tus respuestas entonces y cuáles son ahora? Si nos cuidamos a nosotros mismos, avanzamos pero no demasiado deprisa, nos exigimos a nosotros mismos pero sin sobrecargarnos, entonces seremos resilientes.

El método científico: experimentar y registrar los resultados

«Lo importante es no dejar de hacerse preguntas. La curiosidad tiene su propia razón de ser».

Albert Einstein

A estas alturas de su autobiografía, muchas personas recuerdan acomodarse a determinadas situaciones e identificar patrones que perdurarán en sus vidas. Quizá se casaron o tuvieron hijos; quizá tomaron decisiones basadas en dónde vivían sus padres u otros miembros de su familia, bien para estar más cerca o más lejos de ellos. Algunos de estos planos y patrones han podido resultar vitalicios. Otros quizá hayan cambiado, sutil o drásticamente, a estas alturas. En este momento de nuestra autobiografía casi todos veremos que teníamos la sensación de tener experiencia suficiente para decidir qué hacer con nuestras vidas y empezar a construirlas de una manera que reflejara esas constataciones. Ahora, al echar la vista atrás media vida después, podemos ver esas decisiones con perspectiva. Es posible que algunas fueran un completo acierto y que incluso hicieran posible algunos de los momentos de éxito y felicidad más importantes de nuestras vidas. Otras pueden haber resultado experiencias de aprendizaje, en las que, en última instancia, tuvimos que cambiar de rumbo.

Maggie repasa en su autobiografía el periodo de su vida entre los 30 y los 35 años. «Para entonces había vivido en muchos sitios distintos», dice. «Después de la universidad me había puesto a trabajar en lo que sería un empleo de muchos años, pero mientras trabajaba en esta compañía grande también había cambiado de residencia, pues me transfirieron a varias ciudades. Yo crecí en un pueblo de Texas. Durante la primera parte de mi carrera profesional viví en San Francisco y terminé en Nueva York, con unas cuantas escalas entre medias». Sus numerosos traslados dieron ocasión a Maggie de probar estilos de vida diferentes: urbano y rural, de costa oeste y de costa este. «Al final decidí que quería vivir en Nueva York», cuenta, «y me compré un apartamento allí hace casi treinta años. Sigo viviendo en él. Es un ejemplo de decisión tomada muy conscientemente. Recuerdo cuando me mudé. Lo caro que era todo, lo poco que tenía, pero era propietaria de algo, y eso para mí era fundamental. Nunca me he arrepentido de comprarme este apartamento, y sé que es porque antes de tomar esta decisión probé a vivir en muchos otros sitios y de muchas otras maneras».

Maggie está orgullosa de la elección que hizo y de cómo le sigue brindando satisfacción y felicidad a día de hoy, por no hablar de la buena inversión que hizo en términos económicos. «Cuando compré el apartamento apenas podía permitírmelo. El vecindario era seguro, pero no estaba de moda. Ahora tengo una propiedad inmobiliaria revalorizada y he amortizado ampliamente mi inversión». Maggie da las gracias a su yo pasado por esta decisión y reflexiona sobre ella. «A veces lo atribuía a la simple suerte, pero ahora me doy cuenta de que no fue nada simple ni tuvo que ver con la suerte. A los 20 años yo estaba dispuesta a experimentar, a vivir en casi cualquier sitio. Gracias a esta actitud tan abierta descubrí lo que me gustaba, supe que sería feliz en un apartamento en Nueva York. Pero lo descubrí mediante el método de prueba y error. Sí, cuando llegué a mi apartamento supe que era mi hogar, pero fue porque antes de eso había vivido en muchos sitios que no lo eran».

La disposición de Maggie a experimentar y a sopesar los resultados de sus decisiones le resultan hoy de gran utilidad.

«Ahora que estoy jubilada, tengo la agenda libre por primera vez en décadas», dice pensativa. «Parte de mí está muy centrada en "no fastidiarla". Pero cuando repaso mi pasado, lo cierto es que me sirve de inspiración. Cuando estaba empezando, no me empeñaba en "hacerlo bien" a la primera. Estaba dispuesta a probarlo todo. Nunca he sido religiosa, pero cuando echo la vista atrás me impresionan mi fe y mi capacidad de

«Los sueños son respuestas a las preguntas de mañana».

Edgar Cayce

escuchar, y de seguir, mis instintos. Mi compañía me trasladaba mucho, pero yo era resiliente. Me haría una vida allí, descubriría si me gustaba. En algunos lugares me sentí a gusto, en otros no tanto, pero siempre seguía intentando hacer que mi vida profesional funcionara, y lo conseguí». Maggie puede aprender de sí misma cuando era joven a la hora de probar distintos caminos que puedan satisfacerla ahora. «Nada más jubilarme, me estresaba pensando en qué iba a hacer. Ahora me doy cuenta de que puedo tomármelo con tranquilidad y hacer las cosas poco a poco. Recordarme cuando era joven me está ayudando a ser paciente con mi yo actual».

Hoy, Maggie encuentra por todas partes ideas que pueden interesarle. «No dejo de pensar que quiero ser más activa», me dice. «De momento es lo único que sé. Pero tengo un parque cerca de casa, así que eso es un principio. También estoy pensando en apuntarme a clases de spinning. Y me interesa el kárate. En uno de los últimos paseos que di, vi que han abierto un gimnasio nuevo a unas manzanas de casa. Mmm. ¿Cuánto tiempo tardaría en llegar a ser cinturón negro? Creo que voy a probar todas esas cosas, como habría hecho de joven. A ver qué es lo que me atrae». Maggie está esperanzada, empieza a confiar en su capacidad de encontrar su camino. He visto a muchos alumnos descubrir esto mismo: la capacidad de cambiar sus vidas, de encontrar sus verdaderas pasiones, de adaptarse al estrés y a la adversidad y, en última instancia, de prosperar en la nueva vida que se han hecho a medida.

Para los escépticos, el método científico de «experimentar y registrar los resultados» a menudo brinda fe y optimismo.

A Catherine le atraían las artes visuales. Se moría de ganas de dibujar, pero se decía a sí misma: «De tener talento, a estas alturas lo sabría». Sin embargo sus páginas matutinas insistían: «Prueba a dibujar». Decidió probar, aunque se sentía un poco tonta. No sabía si le

«Sabio no es el que da las respuestas correctas, sino el que hace las preguntas correctas».

CLAUDE LÉVI-STRAUSS

resultaría divertido, pero solo había una manera de averiguarlo. Se compró un cuaderno de dibujo, una sencilla libreta de 11 por 27 cm. de hojas blancas. Un día, en la sala de espera del oftalmólogo, empezó a hacer bocetos de lo que veía. Dibujar le resultó placentero, y también la ayudó a pasar el tiempo. El oftalmólogo la hizo esperar otros treinta minutos. En otras circunstancias Catherine se habría irritado, pero con el cuaderno como compañía la espera se le hizo corta. «Qué divertido», pensó. «De momento me gusta». Al salir del oculista fue a una tienda de juguetes con la intención de comprarle un regalo de cumpleaños a su nieto. La tienda estaba llena y de nuevo tuvo que esperar a que la atendieran. Sacó el cuaderno y dibujó un oso de peluche. Cuando le llegó su turno, eligió ese mismo oso de regalo. Había hecho dos dibujos y estaba ávida de más. Aquella noche hizo un boceto de su gato dormido en el sofá del salón. A la mañana siguiente, sus páginas matutinas anunciaban: «¿Te das cuenta? ¿No te alegras de haber probado?». Cuando salió a dar su paseo, llena del optimismo que le proporcionaba el hecho de dibujar, fue a una tienda de material de bellas artes. Compró un juego de cuarenta y seis lápices de colores. «Dibujar me hace feliz», escribió al día siguiente en sus páginas matutinas. «Cómo me alegro de haberlo descubierto».

Alan acogió las herramientas con poco entusiasmo. Debido a su formación científica, veneraba la objetividad por encima de todo. Pero lo de las herramientas le sonaba a cuento chino.

«Tú pruébalas», le insistí, «y lleva un registro de los resultados. En otras palabras, experimenta y mantén una mente abierta, lo mismo que hacías cuando trabajabas como científico».

Este argumento le pareció razonable y, aunque poco convencido, Alan empezó a escribir las páginas matutinas. A las seis semanas tuvo que reconocer que las herramientas estaban dando resultado.

«Me di cuenta de que no tenía la mente abierta. Era como el científico que se niega a poner en práctica determinado experimento, no sea que demuestre la falsedad de su hipótesis predilecta. No sé si estoy preparado —aún— para llamarla Dios, pero desde luego hay un algo superior que me habla a través de las páginas matutinas».

Hace ya diez años que Alan empezó a trabajar con las herramientas.

«¿Las sigues usando?», le pregunté hace poco.

«Sí, cada vez que me atasco», me contestó. No pude evitar reírme. Para evitar «atascos», tendría que usar las herramientas de manera consistente, «supongo que sí», me dijo riendo. «Desde luego, a estas alturas sé que cada vez que las uso, mi vida mejora para bien». Alan ha tenido que reconocer que los resultados hablan por sí mismos... y que ver es creer.

✐ Tarea
El método científico

A estas alturas has probado ya muchas de las herramientas. ¿Qué resultados has notado hasta el momento? ¿Qué herramienta o tarea has evitado, o a cuál te has resistido más? A menudo nos resistimos a aquello que nos resultará más satisfactorio.

Hazla y deja constancia de los resultados.

✐ Tarea
Autobiografía, semana siete

Años: _____

1. Describe las relaciones más importantes de ese periodo de tu vida.
2. ¿Dónde vivías? ¿Viviste en más de un sitio?

3. ¿Qué te hacía estar de buen humor en esos años?
4. Describe un sonido que te recuerde a esos años.
5. Describe un sabor de esos años.
6. Describe una ocasión en que fuiste resiliente en esos años.
7. ¿Qué concepto de Dios tenías en ese periodo, si es que lo tenías?
8. ¿Tuviste experiencias o tomaste decisiones esos años que sigan siendo parte de tu vida hoy?
9. ¿Qué relación tenías con el ejercicio físico en ese periodo? ¿Y ahora?
10. ¿Qué otros recuerdos significativos conservas de esa época?

Nuestra concepción única de Dios

Antes de gritar: «¡Cómo que Dios! ¿Estoy leyendo un libro religioso?», déjame que te explique a qué me refiero cuando hablo de Dios. Sí, puede ser un Dios religioso, si tienes una relación con uno que te haga feliz. Pero puede ser una sensación más general de guía o «instinto» espiritual. Me gusta pensar en Dios como «la dirección correcta». Pienso en Dios como una fuerza benévola, un guía y un protector. En mis páginas matutinas rezo cada día para que me «guíe y proteja». Y al final de cada día, reflexiono y veo que así ha sido.

Me educaron en la fe católica; estuve con las Hermanas de la Merced, las hermanas de la Caridad, las carmelitas y, por fin, los jesuitas, cuando entré en Georgetown. Las monjas me enseñaron, me orientaron, me regañaron. A esta educación a veces la llamo «carril rápido al agnosticismo». Pero cuando dejé de beber en 1978 me dijeron que para permanecer sobria necesitaría un poder superior en el que pudiera creer.

Por entonces esa idea me producía bastante rechazo. No concebía hablar de Dios, y mucho menos creer en él. Había tenido dosis suficiente de religión y a lo largo de mi vida no había visto demasiadas pruebas de que hubiera un poder superior presente. Ignoré el consejo de mis amigos sobrios hasta que empecé a comprender que, en materia espiritual, no estaba tan sola. ¿Creía en un dios religioso y todopoderoso? Lo había hecho en el pasado, pero ahora no estaba segura de ser capaz. Pero ¿creía que había *algo*, una fuerza del bien, como si dijéramos, algo benévola, omnipresente? Tal vez. Desde luego había tenido momentos suficientes en que me había sentido inspirada, guiada, afortunada en mi vida como para examinar la idea un poco más. Cuando una amiga me dijo que el dios en el que creía eran las manchas de sol en el alféizar de su ventana, empecé a comprender que quizá yo también podía dar nombre a un «dios» con el que me sintiera cómoda. Luego encontré un verso de Dylan Thomas que resumía mi necesidad a la perfección: «La fuerza que por el verde tallo impulsa la flor». Sí, en eso podía creer. Sí, había una fuerza vital superior y quería establecer una relación con ella.

En aquel momento de mi vida tuve que aprender a escribir estando sobria después de una temporada haciendo lo contrario. Un mentor que tenía entonces me dijo que debía «dejar que el poder superior escribiera a través de mí». Al principio esto me sonó descabellado, pero cuando imaginé la fuerza que impulsa a través del verde tallo la flor, me resultó más fácil imaginar esta misma fuerza fluyendo a través de mí e «impulsando la flor» de mi escritura. Para ponerlo a prueba empecé a desarrollar el conjunto de herramientas que terminaría no solo enseñando, también usando para vivir. Con la práctica aprendí que mi creatividad florecía cuando dejaba mi ego a un lado y me daba permiso a mí misma para escribir como «si estuviera apuntando algo» en lugar de «inventando algo». Mi escritura fluía mejor. Las ideas surgían de forma natural y continuada. Esta-

«No sé nada con certeza, pero ver las estrellas me hace soñar».

Vincent van Gogh

ba escribiendo por primera vez como en colaboración con un ser superior, con lo mejor de mí misma. Aprendí a preguntarme con qué clase de Dios me *gustaría* colaborar y enseguida pensé: «divertido, alegre, lleno de ideas». Después de todo, aquello que creó no solo una flor sino miles de flores, de copos de nieve y de huellas todas distintas las unas de las otras tenía que ser un colaborador excelente.

He trabajado con ateos y con personas que profesan una religión concreta. He trabajado con personas que son «espirituales, pero no religiosas» y con personas que hasta el momento no se habían parado demasiado a pensar ni en religión ni en espiritualidad. A todos mis estudiantes, las páginas matutinas les sirven para conectar con algo, quizá con una sensación de que algo les guía, quizá con una mejor comprensión de sí mismos. En muchas ocasiones con las dos cosas. Algunos intentan resistirse, aduciendo que no tienen tiempo, que no le ven sentido. A estos les digo que el fin de las páginas matutinas es la conexión. Cuando las escribimos conectamos con un poder superior o, si queremos verlo así, con Dios. Es importante entender que las páginas matutinas son un tiempo sagrado de comunión con el universo.

«Julia, por favor, no te pongas mística», se quejan algunos. Estos, los más reacios, son probablemente los que más se beneficien de las páginas. No les pido que crean en nada; solo que prueben. Casi sin excepción hablan de percepción intensificada, de mayor sensación de intuición y de un aumento de la sincronicidad. Aunque pueden ser reacios a hablar de Dios, terminan aludiendo a algo que les ayuda a cambiar la manera en que viven.

Muchos jubilados, cuando tienen que definir, o redefinir, un camino espiritual que seguir se encuentran con que su idea de Dios es infantil. A menudo llevan desde la infancia sin replantearse su concepto de Dios.

«Y quienes bailaban fueron tachados de locos por quienes no oían la música».

Friedrich Nietzsche

A estas personas les digo que ha llegado el momento de renovarse espiritualmente. ¿En qué clase de Dios les gustaría creer? A menudo han creído toda su vida en un Dios hostil. Les digo entonces que prueben a creer en uno amable. ¿Y si concibieran un Dios que fuera amable con ellos y con sus objetivos? ¿Y si se tratara de un Dios colaborador?

«Pero, Julia, eso suena a fantasía».

«Tú pruébalo», insisto. «Prueba a creer que Dios está de tu parte».

Ethan se había criado en una familia religiosa pero, cuando recordó su infancia en su autobiografía, se dio cuenta de que el ambiente piadoso de su hogar le había llenado de miedos. «Creía que Dios me vigilaba constantemente», me cuenta. «Me preocupaba hacer algo mal». Cuando se jubiló, decidió que le apetecía probar a componer canciones, pero temía que sus ideas fueran anticuadas e inviables. «Jamás habría relacionado mi miedo a crear con mi concepto de Dios», me dice. «La música que me gustaba era pop, no espiritual. No me apetecía escribir himnos, así que pensé que a Dios no le parecería bien. Es posible que sea eso lo que me tuviera paralizado».

«Sé fiel en las pequeñas cosas, porque en ellas reside tu fortaleza».

Madre Teresa de Calcuta

Sí, es posible y también algo muy común. Crear arte es un acto íntimo, y cuando lo hacemos si tenemos la sensación de que alguien, o algo, nos «vigila constantemente» es posible que nos autocensuremos antes siquiera de empezar. Cuando Ethan rediseñó su noción de Dios, imaginándolo más como una fuente positiva que la divinidad negativa y temible que tanto respeto le inspiraba, empezó a hacerle ilusión intentar componer canciones. Se sentaba todos los días al piano, escuchaba melodías en su cabeza y las ponía por escrito.

«Es posible que mis ideas sean buenas», escribió un día en sus páginas matutinas. «Es posible que sí vengan de una instancia superior, esté dentro o fuera de mí. Es posible que dé igual de dónde vengan». Al confiar en una fuente de inspiración divina, fuera cual fuera, Ethan descubrió que componía con mayor libertad.

Escribir las páginas matutinas es como una plegaria. Le decimos al universo —o a Dios, o a un poder superior, o a la fuerza, o al Tao, que cada quién lo llame como quiera— exactamente lo que nos gusta, lo que nos disgusta, lo que queremos que esté más presente en nuestra vida y lo que queremos que esté menos presente. Establecemos contacto con una herramienta interior que nos guía atentamente y bien. A muchos nos produciría rechazo la idea de decir una plegaria. Pero escribiendo las páginas es posible que nos encontremos haciendo algo parecido a rezar. Da igual el nombre que le demos a esta fuerza. Lo que importa es que le prestemos atención. Y si esto lo hacemos todos los días, los resultados son sorprendentes. «Por favor, guíame», rezamos, y esa orientación llegará. Puede llegar en forma de corazonada o de intuición. Puede ser una conversación con un desconocido. Lo importante es que esa orientación llega, y si estamos receptivos, la oiremos.

Al principio esta idea de que algo nos va a guiar puede parecernos fantasiosa. Pero a medida que practicamos ser receptivos, se convierte en una parte necesaria de nuestras vidas. «¿Qué debería hacer con la negatividad de mi pareja?», podemos preguntarnos. La respuesta puede ser: «Limítate a quererla. No trates de cambiarla». Todas las plegarias se atienden y todas se contestan, aunque en ocasiones las respuestas son sutiles. Puede que nos veamos guiados en una dirección inesperada. «Llama a X», puede que sea la respuesta y, como nos parece extraña, repetimos la plegaria. «Llama a X», nuestra intuición insiste. Decimos la plegaria una vez más. «Llama a X», oímos, hasta que, por fin obedecemos y llamamos a X, quien, de forma inesperada, nos abre una puerta. A través de las páginas matutinas nos acostumbramos a sintonizar nuestros receptores.

Es como si hubiéramos construido una radio espiritual capaz de captar mensajes de lo que podríamos llamar «la fuente de energía». De nuevo, da igual el nombre que le pongas. Lo que importa es que así le des la oportunidad de cambiarte.

Veronica luchaba contra la depresión y contra una serie de fuentes de estrés en su vida. Le sugerí que pidiera orientación para aquellas cosas en las que se encontrara perdida, pero me dijo que la sola idea le hacía sentirse muy incómoda. «Soy atea», me dijo. Le aseguré que daba igual. No tenía que alterar sus creencias ni llamar «guía» a lo que oyera si no se sentía cómoda con esa clase de lenguaje. Bastaba con que formulara una pregunta en sus páginas matutinas y estuviera atenta a la respuesta.

«Bueno, lo estoy pasando mal», me dijo, «así que lo probaré».

Cuando Veronica prestaba atención después de formular una pregunta en sus páginas matutinas, a menudo le llegaban consejos desde algún lugar más allá/fuera de sí misma. «¿Qué debería hacer respecto a mi cuñado?», preguntó en referencia a una relación que le preocupaba. «Sé generosa con él», fue la respuesta. «¿Cómo puedo dejar de ser tan derrochadora?». «Lleva un registro de lo que ganas y lo que gastas», fue el consejo que recibió. Daba igual cuál fuera la pregunta, las páginas siempre tenían la respuesta, o apuntaban a una. «Prueba a salir a caminar», le aconsejaron las páginas cuando se quejó de sobrepeso. «Prueba a salir a caminar», le aconsejaron de nuevo cuando se quejó de que todas las ideas que se le ocurrían eran sosas. Las páginas continuaron. «Cuando seas más activa tendrás las ideas más claras. Tienes muchas ideas; solo necesitas acceder a ellas».

Así que Veronica obedeció a sus páginas y se acostumbró a salir a caminar. Pronto empezó a sentirse más alerta, más vibrante, más viva. Su depresión desapareció cuando se nutrió de «una fuente interior insospechada», tal y como la llamaba ella. «Sea lo que sea», dice ahora, «la agradezco».

Este cambio drástico de perspectiva no le pasó desapercibido a Veronica. Aunque ella no usaría estas palabras, está experimentando un verdadero despertar espiritual, un importante cambio psíquico de lo negativo a lo positivo.

A menudo investigamos nuestro concepto de Dios con espíritu escéptico. No pasa nada. Lo importante es que lo investiguemos. En nuestras vidas laicas, profesionales, el jefe era el poder superior... o lo éramos nosotros. Las páginas nos exigen ceder el control. Hacemos preguntas y las respuestas parecen llegar de ninguna parte; o de alguna, pero no de nosotros. Con el tiempo aprendemos a confiar en este nuevo discernimiento. Percibimos una mano superior a la nuestra que nos guía mientras escribimos. Cuando buscamos orientación, a menudo nos encontramos con que procede de muchos sitios distintos. En otras ocasiones es una conciencia interior y silenciosa. En otras, una coincidencia, las palabras de un desconocido que oímos por casualidad. Poco a poco, nos damos cuenta de que siempre nos conduce, nos guía algo. Basta con que pidamos ayuda y permanezcamos atentos a su llegada.

✏ Tarea
El concepto de Dios

Es posible que el Dios de nuestra infancia fuera muy distinto del Dios en el que creemos —o queramos creer— ahora. Sin pensarlo demasiado, enumera diez rasgos del Dios de tu infancia.

El Dios de mi infancia era:

1. hombre
2. crítico

3. católico
4. controlador
5. etcétera.

A continuación, enumera diez rasgos de un Dios de la creatividad diseñado por ti mismo.
Me encantaría que mi Dios fuera:

1. creativo
2. alegre
3. que me guiara
4. accesible
5. etcétera.

✎ Tarea
Pedid y se os dará

Ahora que has diseñado tu propio Dios de la creatividad, prueba a pedirle ayuda. Hay a quienes les gusta formular una petición por la noche y estar atentos a la respuesta por la mañana. Hay quienes salen a pasear con una pregunta en mente. Quizá te guste escribir tu pregunta en las páginas matutinas y esperar la respuesta. Tal vez prefieras probar los tres métodos. Lo importante es que pruebes a tener la mente abierta. Las respuestas que «oirás» pueden sorprenderte e iluminarte.

INVERTIR EN EJERCICIO FÍSICO

Demasiadas veces nos decimos a nosotros mismos que es «demasiado tarde» para empezar a hacer ejercicio. Nos resignamos a no tener un cuerpo en forma. Pero los médicos dicen que nunca es tarde para empezar a ejercitarlo. Muchos centros ofrecen clases de pilates y de yoga para todas las edades. Casi todos podemos caminar, y caminar también ayuda a estar en forma. Tengo un cachorro al que le encanta pasear. Cuando me pongo las deportivas, empieza a hacer cabriolas de la emoción. Cuando cojo su correa se extasía. Es una perra joven y el ejercicio la hace feliz. Alterno caminar con correr. Un día mientras corría, vimos un cuervo volar bajo carretera adelante. «Venga», parecía decir, «puedes ir más deprisa». Pero yo no quería ir más deprisa. Quería fijarme un ritmo suave que no me costara seguir. Así que caminamos diez pasos y luego corrimos veinte. Luego caminamos diez pasos más y corrimos otros veinte. La ruta es un camino de tierra que discurre entre pinos. Mi perra ya conoce el camino. Cuando hay una curva a la izquierda ella tuerce... y yo también. Basta con un ritmo suave. Me digo a mí misma que soy una principiante del *fitness*.

La otra noche en una tienda de comida saludable compré fresas y una revista para corredores. La revista fue toda una inspiración, ofrecía consejos sobre cómo mejorar gradualmente el ritmo y la forma física. La leí con avidez. Aunque, principiante, decidí que podía considerarme ya una corredora. Pensé en llamar a mi amigo Dick y contarle que había empezado a entrenar un poco. Dick tiene 72 años y desde los 50 ha corrido seis maratones. A menudo corre nueve o diez kilómetros «solo para quitarse el gusanillo». En otro tiempo fui bastante corredora. Luego, por razones que no puedo explicar, dejé de correr. Quizá fue porque vivía en Manhattan. Sea como fuera, ahora estaba preparada para volver. Santa Fe es una ciudad para corredores. Corren por los caminos de tierra, suben colinas, algunos incluso se atreven con la montaña que conduce al valle de esquí. Los miro, admirada e inspirada.

El ejercicio físico «despierta nuestras vibraciones», como diría mi amiga Sonia Choquette. Nos despeja la mente y nos conecta con una fuente de apoyo espiritual. Salir, respirar aire puro y permitir que suba nuestro

«La forma física no es solo una de las claves de un cuerpo sano; es la base de una actividad intelectual dinámica y creativa».

John F. Kennedy

ritmo cardiaco nos da un optimismo y una satisfacción que nos acompañan el resto del día. Algunos, como Dick, son atletas de toda la vida. Otros, como yo, lo hemos sido por temporadas.

Antes de jubilarse, Earleen había sido profesora de música en una universidad. «He estado años sin hacer ejercicio», dice. «Alguna vez, durante la veintena y la cuarentena, me apunté a un gimnasio, pero ahora, que he cumplido los 60, soy prácticamente una principiante». Hace poco el médico le dijo a Earleen que tenía el colesterol un poco alto, «casi lo bastante para requerir medicación».

«Eso me asustó», me explicó Earleen. «Hasta ahora siempre he tenido una salud bastante buena, pero la idea de que estoy en un momento en que quizá necesite medicación me puso alerta. Ya no era una cuestión de perder diez kilos por vanidad. Se trataba de mi salud, y me di cuenta de que solo tengo un cuerpo. Sé que puedo hacer algunos cambios en la dieta, pero lo que de verdad necesito es ejercicio físico». Consciente de que tenía que empezar de cero, Earleen decidió visitar los gimnasios de su zona y ver qué tenían que ofrecer. La recibieron con los brazos abiertos y abundante información.

«Nunca he aguantado mucho tiempo en el gimnasio, y lo dije de entrada», cuenta. «Todos me animaron mucho. Resulta que nunca me había quedado el tiempo suficiente para comprobar que la gente que hace mucho ejercicio tiende a ser optimista. Es divertido. Fueron de lo más cordial».

Tras sopesar las opciones, Earleen decidió apuntarse al gimnasio más agradable de la ciudad. «La cuota mensual era un poco más cara», dice, «pero en cuanto puse un pie dentro supe que querría volver. Olía a eucalipto, tenía piscina y clases de muchas cosas, los vestuarios eran preciosos y tengo que admitir que el baño turco y la sauna me tentaron». Earleen hizo una

«Si lográramos garantizar a cada individuo el derecho al alimento y al ejercicio físico en cantidades adecuadas, ni insuficientes ni excesivas, tendríamos el camino más directo a la buena salud».

Hipócrates

cosa muy sabia: eligió un gimnasio al que le *apetecía* ir. Cuando elegimos una actividad que nos atrae —ya sea una clase, paseos por el campo o un gimnasio con toda clase de servicios—, estaremos más inclinados a volver y a incorporar ese hábito a nuestras costumbres.

«Llevo un mes yendo», me cuenta Earleen. «Voy a dos clases semanales y luego intento caminar, ya sea en la pista cubierta o al aire libre, si hace buen tiempo, unas cuantas veces a la semana. Trataré de ir subiendo el ritmo, pero de momento estoy haciendo más ejercicio que nunca en mi vida y me siento otra persona. La clase de aquagym me cuesta, pero la disfruto, y me digo que cuando termine puedo ir un rato al baño turco. A veces creo que la recompensa del baño turco es lo que me permite aguantar toda la clase. Pero creo que no pasa nada».

Desde luego que no pasa nada. Añadir una nota de disfrute, de confort y, sí, por qué no, de lujo, a los hábitos saludables nos ayuda a no abandonarlos y a tomar decisiones productivas —y proactivas— para sentirnos mejor. Tal y como escribe la doctora Michelle May en su libro *Eat What You Love, Love What You Eat* [Come lo que te gusta, disfruta de lo que comes], los beneficios del ejercicio físico son enormes, e incorporarlos a nuestra vida es una de «las mejores recetas que podemos hacernos a nosotros mismos». Los múltiples y probados beneficios para la salud van de lo físico a lo emocional: bajan el estrés, el colesterol y la presión sanguínea, aumentan el optimismo, la energía y la esperanza de vida. Tal y como lo explica May, «si fuera posible poner todo eso en una pastilla, todos querrían la receta». Hacer ejercicio aumenta la resiliencia de cuerpo, mente y espíritu.

Ahora que he recuperado la rutina, disfruto de ver cómo hago progresos. A medida que aumenta mi resistencia, bajo de peso. Mi perra Lily sigue siendo una compañera excelente y entusiasta, siempre dispuesta y deseando salir a caminar/correr. Quedar con un ami-

«Un paseo a primera hora de la mañana es una bendición para el resto del día».

Henry David Thoreau

go para correr o para echar una partida de tenis nos puede ayudar a mantener el hábito de hacer ejercicio. Cuando elijamos el tipo de ejercicio que queremos hacer es importante empezar muy poco a poco. Cinco minutos al día es una mejoría infinita respecto a cero; diez minutos es un aumento del cien por cien respecto a cinco. Aquellos que no han hecho nunca ejercicio pronto aprenderán que «solo un poco» es mucho más que nada.

✎ Tarea
Hacer ejercicio, solo hoy

La clave de perseverar es ir poco a poco, día a día. En lugar de fijarnos metas inalcanzables, nos conviene comprometernos con acciones pequeñas, factibles. ¿Cuánto ejercicio te sientes capaz de hacer hoy? Hazlo.

REGALOS DE LA NATURALEZA

«Vive al sol. Nada en el mar. Bebe el aire puro».

RALPH WALDO EMERSON

Establecer una conexión con la naturaleza puede ser un atajo a un contacto más consciente con tu poder superior particular. A mí una noche estrellada con la luna saliendo de detrás de las montañas me hace exclamar: «¡Te quiero!». La naturaleza parece responderme con la exclamación: «¡Y yo a ti!». Rosas silvestres al borde de un camino, girasoles y malvarrosa que florecen junto a una cerca, violetas diminutas como guirnaldas en el tronco de un árbol... Cada detalle de la creación inspira la mía propia. El cachorro que dormita al sol, el caballo que pasta en el prado, un gatito que juega con un ovillo... todo me llena de asombro. En la calle de una ciudad, el cocker spaniel que tira de su correa, el shar pei con su mueca de payaso y el pit bull que trota junto a su amo me hechizan con las maravillas de la tierra. La espuma rosa de un cerezo, el verde reluciente de un sauce y el maravilloso dorado de un álamo que se vuelve encarnado me recuerdan cada día que mis esfuerzos por conectar con el mundo tienen una generosa recompensa.

El mundo es maravilloso y debemos disfrutar de sus múltiples bellezas.

Brendalyn, mi amiga ministra de la Iglesia, pasó hace poco ocho días sola en la naturaleza sin alimentos, solo agua, en busca de visiones divinas. «No pasé nada de miedo», cuenta alegre. «Al revés, sentí muy intensamente la presencia divina».

No tenemos que pasar ocho días solos en la naturaleza para conectar con sus maravillas, aunque la reflexión de Brendalyn después de su audaz empresa es iluminadora: «El tiempo que pasé en contacto con la naturaleza avivó mi espiritualidad», dice. Cuando nos esforzamos por conectar con el mundo natural, conectamos inevitablemente con la fuerza que ayudó a crearla, con independencia de cómo queramos llamarla.

Helen había tenido una carrera profesional dilatada y provechosa como contable. Asesoraba a importantes personas del mundo de los negocios. Cuando se jubiló, descubrió que echaba de menos los días estresantes dedicados a solucionar problemas. Para llenar sus horas, empezó a caminar a diario. «¡Madre mía!», exclamó para sí cuando vio una garza azul. «Qué preciosidad», murmuró al ver un mirlo de alas rojas. Caminó un kilómetro y medio, un recorrido que a menudo había hecho sin fijarse. Pero ahora, al hacerlo paseando, apreció la belleza en el paisaje. Un mes después de empezar sus paseos diarios se compró unos prismáticos de mucha potencia y se dedicó a observar lo que la rodeaba. Descubrió el nido de la garza azul y vio unos ánades reales entre unos arbustos. Luego, en sus páginas matutinas, catalogaba la belleza que había visto en el mundo natural. «Esa belleza siempre me ha rodeado», me dijo cuando la llamé por teléfono para preguntarle qué

«Mira bien en la naturaleza y lo entenderás todo mejor».

Albert Einstein

tal llevaba la jubilación. «Ahora tengo tiempo de fijarme en ella».

Cuanto más caminaba Helen, más tiempo ansiaba pasar en la naturaleza. Empezó a embarcarse en pequeñas aventuras: una excursión al valle de esquí antes de las nieves, cuando los álamos parecen arder con los colores del otoño; un viaje en coche a un cañón cercano para disfrutar de las aster en flor; seguir el curso de Río Grande. Estas expediciones la llenaban de felicidad.

«Ayer vi un halcón», me contó maravillada. «Sobrevolaba las fuentes termales y al verlo casi tuve la sensación de volar yo. La semana pasada conduje hacia el norte, al punto donde se encuentran los dos ríos. Ya dentro del coche sentí el poder de la corriente. Me hizo decidirme a escribir un blog. Mis incursiones en la naturaleza me proporcionan un motivo para escribir».

Cuando conectamos con la naturaleza tenemos algo que compartir. Cuando conectamos con la naturaleza establecemos nuevas conexiones con quienes nos rodean, con nuestro pasado y con nuestro futuro. Nuestro mundo se expande.

Una actividad en la naturaleza que siempre resulta gratificante y se puede hacer en casa es la jardinería. Pasatiempo de muchos jubilados que de pronto se encuentran con que les sobran horas, la jardinería es una fuente inagotable de belleza y satisfacción. Cuando Isabel dejó de enseñar, llenó el jardín trasero de su casa de flores y pasó muchas horas felices cuidando y disfrutando de su cosecha. El jardín de la abuela, como lo llamaban sus nietos, era un lugar mágico lleno de pensamientos y rosas. Isabel enseñó a sus nietos a prensar flores y a plantar bulbos. Si hoy le enseñas a cualquiera de sus nietos un pensamiento se siente transportado de inmediato a aquel jardín encantado de una pequeña calle de Indiana.

Thomas Berry escribió que «la jardinería es participar activamente en los misterios más profundos del universo». Más de un jardinero estará de acuerdo con esto. Conectar, literal y directamente, con la tierra proporciona una paz y una perspectiva de las cosas que no se adquieren con facilidad.

Frank sabía que quería hacer jardinería, pero no acababa de decidirse entre plantar flores u hortalizas.

«¿Por qué no plantas las dos?», le sugirió su mujer, y eso hizo Frank. Plantó zinnias y tomates, malvarrosa y calabacines, girasoles y calabazas. Las tardes que pasaba trabajando en el jardín le daban gran satisfacción. Se enorgullecía de su pasatiempo y su mujer disfrutaba de las flores frescas que proporcionaba. Las hortalizas que cultivaba eran frescas y deliciosas. No había ni punto de comparación con las compradas en una tienda. En su primer año de jardinero Frank plantó una parcela modesta y, sin embargo, la cosecha le pareció prodigiosa. El segundo año Frank expandió la variedad de frutas y hortalizas, añadiendo zanahorias y coliflores, lechugas y rábanos. Llegó un momento en que todas las hortalizas que se consumían en su casa procedían de su huerto. El tercer año Frank cosechó lustrosas berenjenas y pepinos. Empezó a cocinar platos especiales de verduras y descubrió que le gustaba tanto como llevar el huerto.

El pan de calabacín se convirtió en su especialidad. Regalaba a sus familiares y amigos rebanadas recién horneadas. Tampoco se quedaba atrás la sopa de verduras casera, con todos los ingredientes recién cogidos del huerto.

«Antes de jubilarme tenía el deseo pero no el tiempo para mis aficiones. La combinación de tiempo y deseo me llegó con la jubilación. El año que viene voy a duplicar el sembrado de tomates».

Da igual si tu estilo de vida te permite explorar bosques, plantar un jardín, pasear por la playa o simplemente visitar un parque o un invernadero. Todo ello son incursiones en la naturaleza; estate atento a lo que

«Siempre hay flores para quien quiere verlas».

Henri Matisse

esta incursión puede sugerirte. Las respuestas pueden sorprenderte.

✐ TAREA
Descubrir la naturaleza

¿Qué puedes hacer donde vives ahora para disfrutar o explorar la naturaleza? Cuando vivía en Nueva York, coger piñas en el parque o tener flores frescas en el apartamento me daba sensación de conexión con la naturaleza. Cuando vivía en Los Ángeles, los paseos junto al mar eran como un «baño» de aire limpio. De Nuevo México me encantan los caminos largos y polvorientos que recorro con mi perra, Lily. Hay a quien le gusta recoger hojas o piedras. A otros les gusta sentarse al aire libre y empaparse de los sonidos del viento y de los pájaros. Escoge algo que puedas hacer y fíjate en si conectar de forma activa con la naturaleza te hace sentirte más cerca de una fuente de energía superior.

«En cada paseo por la naturaleza uno recibe más de lo que busca».

JOHN MUIR

SINCRONICIDAD

«La sincronicidad es una realidad siempre presente para quienes usan los ojos para ver».

CARL JUNG

El ya fallecido gran mitógrafo y profesor Joseph Campbell animaba a sus alumnos a «perseguir su felicidad». Les decía que así encontrarían sincronicidad, algo que definía como «una mano tendida». «Perseguid lo que os hace felices», decía, «y el universo os abrirá puertas». Ya octogenario cuando le llegó la fama, tenía en su haber décadas de experiencia docente con las que respaldar sus teorías. Había visto innumerables puertas abrirse. Su vida le había enseñado a creer firmemente en el consejo que nos brinda Johann Wolfgang von Goethe: «Si piensas que puedes hacer una cosa, o crees que puedes, hazla. Porque en las acciones hay magia, gracia y poder».

Me viene a la cabeza otra cita, esta vez del explorador escocés Joseph Murray. «Existe un hecho elemental, y pasarlo por alto ha malogrado muchos grandes planes. Es este: cuando tú te comprometes, el universo también se pone en marcha».

Cuando escribimos las páginas matutinas estamos estableciendo contacto con el universo. Le estamos hablando a un ente benévolo de nuestras necesidades, metas y deseos concretos. Es como si fuéramos en una balsa que cabecea en las olas. Cuando escribimos las páginas, enviamos una señal que revela nuestra ubicación precisa y permite que nos rescaten. Al poco de contactar con el universo, el universo se pone en contacto con nosotros. Empezamos a experimentar sincronicidad. Estamos cada vez más en el lugar indicado para que se hagan realidad nuestros deseos. Cuando enseño y explico a mis alumnos el concepto de sincronicidad, al principio en ocasiones me dicen que es demasiado bonito para ser cierto. No quieren parecer crédulos y protestan: «Pero, ¡Julia! ¿De verdad crees que el universo nos abre puertas?». Les digo que sí y les pido, no que no me crean, sino que estén atentos a los ejemplos de sincronicidad que se encontrarán a partir de ese momento.

Para Eva, buscar la sincronicidad se convirtió en un juego. En sus páginas matutinas enumeró los frentes en los que necesitaba ayuda. Algunos parecían importantes. Otros casi insignificantes. Acababa de mudarse a una ciudad nueva y necesitaba encontrar una peluquería de confianza. Un día, en una conferencia sobre arte minimalista, se encontró sentada al lado de un hombre atractivo que se mostró de lo más comprensivo con su situación de recién llegada a la ciudad. Aunque sintiéndose un poco tonta, Eva le confesó que su principal preocupación era encontrar una peluquería. El hombre rio: «Soy peluquero», le dijo. Eva se quedó con su teléfono y al día siguiente llamó para pedir cita. Necesitaba un tratamiento específico para su pelo rizado.

«El universo está lleno de cosas mágicas que esperan pacientemente a que nuestros sentidos se agudicen».

Eden Phillpotts

«Esa es mi especialidad», le dijo el apuesto peluquero. Le dio cita para el día siguiente y, aunque Eva tenía dudas —todo le parecía demasiado fácil—, salió de la peluquería con una preciosa melena suavemente rizada.

«Estoy feliz de haberle encontrado», dice. «Sé que suena frívolo, y es la típica cosa que habría considerado una petición nada espiritual. Pero quizá es que todas las peticiones valen. Estoy aprendiendo que en las páginas matutinas se puede pedir de todo y de la manera que se quiera. Soy más humilde y tengo más fe. Estoy dándole vueltas a qué pedir la próxima vez y tengo muchas ganas de ver qué pasa».

Registro semanal

1. ¿Cuántos días has hecho las páginas matutinas? ¿Qué tal fue la experiencia?
2. ¿Has tenido cita con el artista? ¿En qué consistió? ¿Has descubierto algo en tu autobiografía que te gustaría explorar en una cita con el artista?
3. ¿Has dado paseos? ¿Notaste alguna cosa cuando los dabas?
4. ¿Cuántos «ajás» has tenido esta semana?
5. ¿Has experimentado sincronicidad esta semana? ¿En qué consistió? ¿Te hizo sentirte más humilde, conectado de alguna manera con un poder superior?
6. ¿Qué descubriste en tu autobiografía que te gustaría explorar con mayor profundidad? ¿Cómo te gustaría hacerlo? Como siempre, si tienes un recuerdo especialmente significativo al que necesitas dedicar más tiempo pero no estás aún seguro de qué pasos dar, no te preocupes. ¡Sigue avanzando!

«En el mundo todo son puertas, oportunidades, cuerdas en tensión que esperan a ser pulsadas».

Ralph Waldo Emerson

Reavivar una sensación de felicidad

Esta semana explorarás (y trabajarás en) la sencilla pero a menudo profunda pregunta: «¿Qué te hace verdaderamente feliz?». Al hacer repaso en tu autobiografía es posible que descubras que lo que te hizo feliz fue fundar una familia o un hogar por primera vez. Para algunos, el momento presente será «una segunda vez» en ese sentido, con la llegada de nietos o sobrinos nietos. Otros identificarán la felicidad con la época en que su carrera profesional era prioritaria y empezaba a despegar. Hoy es posible que estés iniciando una segunda carrera profesional o al menos una nueva actividad. A la hora de decidir cómo avanzar, de sentar los cimientos para el mañana, es importante tener en cuenta qué te hace feliz. ¿Cuál es tu relación con el mundo natural? ¿Qué experiencia tienes con mascotas? Esta semana sacarás a la luz aquellas cosas que te proporcionan dicha y explorarás tu lado caprichoso e infantil y también símbolos y experiencias que asocias al lujo. Así, con alegría, descubrirás muchos de tus verdaderos valores y comprobarás que actuar según nuestros verdaderos valores nos proporciona felicidad duradera.

Felicidad verdadera

«Me atreveré a hacer lo que hago, a ser lo que soy, y a bailar siempre que quiera».

Beverly Williams

¿Qué nos hace verdaderamente felices? ¿Has descubierto fuentes de felicidad en tu autobiografía? ¿Qué hacías en esos momentos de felicidad? ¿Estabas explorando pasiones e intereses? ¿Cuáles? ¿Había pasiones o intereses que tuviste que abandonar para dedicarte al trabajo, la familia o a otra cosa? Muchas personas renuncian a cosas que les interesan porque les resulta lógico. «Me gustaría componer canciones», podemos pensar, «pero no me parece sensato. ¿Cómo voy a mantenerme/mantener a mi esposa/mis hijos/mi estilo de vida con algo que es un pasatiempo?». Lo cierto es que componer canciones puede ser fuente de gran felicidad. Para mí lo ha sido. Todos tenemos ideas que nos atraen, y las hayamos abandonado o no en el pasado, ahora es un momento excelente para regresar a ellas, a esas pasiones —o atisbos— que, si estamos dispuestos a rascar la superficie, pueden contener la clave de nuestra felicidad.

En muchas ocasiones una emoción negativa puede colorear lo que en otro tiempo fue un sueño feliz. Solo pensar en ello puede desencadenar un torrente de emociones: pesar, tristeza, ira. Te pido que no te dejes asustar por esta reacción refleja. Debajo de esa capa de emociones negativas puede haber algo mucho más amable: una sensación de simplicidad, de inocencia, un interés. Si dejamos que nuestro lado infantil participe en este sueño es probable que experimentemos una sensación de libertad y emoción muy cercana a la felicidad. Así que, aunque temamos que revisitar nuestros sueños perdidos solo nos cause dolor, puede ocurrir lo contrario. Que en esos sueños esté nuestra cura.

Es importante que nos fijemos metas muy pequeñas. Debemos adentrarnos despacio y con cuidado en el proceso de curar nuestras heridas creativas para no causar nuevas. También conviene recordar que es normal que las personas dejen atrás sus sueños. Dejar atrás un sueño no constituye un error mayúsculo ni una pérdida irreparable. Más bien al contrario; una vez exploremos con cuidado esos sueños, veremos que la felicidad nos espera. Hay momentos en la vida en que debemos elegir. Dos caminos divergen, como en el poema de Robert Frost, pero tenemos nuevas ocasiones de elegir. Lo bonito de estar jubilado es que podemos viajar atrás en el tiempo y emprender los caminos no elegidos. El pintor que no llegó a serlo porque tenía que mantener una familia puede encontrarse hoy con que lavar sus pinceles y enfrentarse a un lienzo en blanco le hace feliz. El narrador que inventaba historias en el patio del colegio quizá tuvo que ahogar sus impulsos de seguir contándolas para ganar un buen sueldo o dedicarse a su pareja. Pero ese narrador sigue vivo y coleando y, con un empujoncito, estará encantado de recuperar la voz. La autobiografía nos revela nuestros sueños perdidos. Nos muestra los momentos en que esos sueños llamaron a la puerta de nuestra consciencia y les abrimos o no. Pero los sueños no mueren.

Jake es músico. A principios de su carrera tuvo mucho éxito. Pero ahora, a los 60 años, está estancado. «Me temo que he perdido el talento», me dice. «Recuerdo mis 30 años y me doy cuenta de que era mucho más seguro de mí mismo. Escribía porque quería, porque me lo pasaba bien. Compuse algunas de mis mejores canciones y, de hecho, sigo viviendo de ellas». Jake se presiona a sí mismo para recrear sus grandes éxitos, cuando en realidad lo único que necesita es sentarse al piano... aunque solo sea unos minutos.

«Prueba a usar las herramientas», le insistí. Escéptico, Jake obedeció. Escribió las páginas matutinas, hizo citas con el artista, dio paseos. Escribió su autobiografía, aunque temía que le resultara demasiado doloroso. A las semanas su creatividad empezó a reaparecer. Le venían a la cabeza canciones nuevas. «Tenía mucho

«Felicidad es maravillarse. Felicidad es soñar».

Edgar Allan Poe

miedo a recordar los que consideraba mis "años cumbre"», dice, «porque creía que era algo que había perdido para siempre. Pensé que me deprimiría, cuando lo cierto es que siempre he sabido perfectamente lo que me hace feliz. Componer canciones. Pero lo había abandonado durante tantos años que ahora me parecía fuera de mi alcance».

Jake tuvo que reconocer que sabía cuál era su pasión y también que estaba ahí esperándole a que volviera a conectar con ella. «Me daba miedo la autobiografía porque pensaba que descubriría que me había decepcionado a mí mismo. Pero lo que encontré fue inspiración. La actitud de mi juventud me recordó que lo importante es componer. Todo lo demás viene de ahí. Así que aquí estoy, escribiendo otra vez. Me encanta».

Un año más tarde Jake reunió a unos cuantos colegas músicos, muchos de los cuales también se sentían bloqueados, en un estudio y grabó su primer disco en quince años.

«Ahora creo en las herramientas», me dijo hace poco, algo cohibido. «Necesitaba verlo para creerlo, pero mi nuevo disco es la prueba irrefutable. A la gente le digo que es más fácil crear que no crear». Cuando miro a Jake hoy, rodeado de música, sé que no solo ha encontrado la felicidad, se ha encontrado a sí mismo.

Las páginas de Clarence planteaban una y otra vez la pregunta: «¿Qué puede hacerme feliz?». Al principio la respuesta parecía sencilla. «¡Por fin tengo tiempo para leer!». Pero a medida que seguía trabajando en las páginas matutinas encontró una respuesta más profunda: «Puedo leer a quienes no pueden hacerlo». Se puso en contacto con un programa de alfabetización y ofreció sus servicios. A lo largo de la semana leía en voz alta a personas diversas y descubrió que estas tenían intereses de lo más variados. A un hombre le encantaban las

«Busca un lugar en tu interior donde haya alegría, y el dolor desaparecerá».

Joseph Campbell

novelas de Dick Francis. A otro, la novela histórica. Una mujer, ciega y obligada a permanecer en su casa, disfrutaba muchísimo con los libros de viajes. Clarence extrajo un gran placer de sus lecturas. Un ministro de la Iglesia jubilado le pidió que le leyera la Biblia. Al hacerlo, Clarence encontró serenidad para sus inquietudes más recónditas.

«Leer a otros se ha convertido en la cosa más importante de mi vida», me dice ahora. «Me hace feliz».

Tarea
Planea una cita con el artista

Reserva más tiempo del habitual para tu cita con el artista; dedica medio día o incluso un día entero a disfrutar. Tal vez quieras planear actividades múltiples, revisitar recuerdos de distintas épocas de tu autobiografía o simplemente hacer una excursión más larga de lo habitual. Busca la sincronicidad: ¡la tienes asegurada en una cita con el artista más larga de lo normal!

Nietos

Los nietos —o los sobrinos nietos— pueden ser una importante fuente de felicidad en la jubilación. Quieren jugar y es posible que descubramos, para nuestro deleite, que liberan nuestro espíritu juguetón. Los abuelos somos excelentes compañeros de juego: tenemos tiempo para ir al parque o al zoo, tenemos paciencia para leer, y releer, un libro preferido. Compramos ropa de bebé frívola y encantadora. Podemos decidir de repente que un animal de peluche es un compañero muy necesario.

Stephen se siente culpable por lo mucho que disfruta de la compañía de sus nietos. «Mi hijo me pregunta si era tan paciente con él como lo soy con sus hijos, y la verdad es que lo intentaba. Pero me encontraba en un momento distinto de mi vida, en el que estaba muy concentrado en ganar dinero y todo era nuevo. Ahora estoy más relajado y mi relación con mis nietos es más lúdica que la que tenía con mi hijo».

A muchos, como Stephen, al jubilarnos nos asalta el arrepentimiento. De pronto tenemos tiempo para hacer introspección y nos ponemos críticos con las elecciones que hicimos en el pasado. La jubilación nos permite revisitar esas elecciones en un nuevo contexto. Muchos somos ya abuelos y comprobamos que hacemos más caso a nuestros nietos del que le hicimos a nuestros hijos. Es como si nos dieran una segunda oportunidad para ser los padres que siempre soñamos ser.

Frida analizó su treintena y su cuarentena en la autobiografía desde la perspectiva de sus 65 años. «Por entonces estaba muy centrada en mi trabajo, el diseño de moda», recuerda. «También fueron unos años dolorosos porque tenía que resignarme a la idea de que probablemente no tendría hijos. Sentía que se me acababa el tiempo, pero no había conocido a la persona adecuada y no me sentía cómoda con la idea de tenerlos sola. Al final no fui madre, y cuando echo la vista atrás me doy cuenta de que he tenido una vida maravillosa. Cultivé mis pasiones, que en mi caso tenían que ver con mi trabajo. He creado muchas cosas, aunque no sean vidas humanas». Frida piensa en las mujeres de su edad que sí tuvieron hijos. «Entonces no podía saber si llegado este momento de mi vida me sentiría tan segura de mis decisiones pasadas, pero lo cierto es que ahora soy capaz de reflexionar sobre ellas y darme cuenta de que fueron acertadas. Siento simpatía por mi yo de entonces al que tanto costó decidirse. Ojalá pudiera volver atrás y decirle: "Todo va a salir bien". Me ha encantado mi carrera profesional, he tenido ocasión de ayudar a otras personas. Es posible que algún día tenga un sobrino nieto, y he tenido ocasión de pasar tiempo con muchos niños. Llevé a mi sobrino a mi estudio muchas veces y me gustaría creer que eso influyó en su decisión de hacerse diseñador. Su viaje profesional y las oportunidades que he tenido de ayudarle han sido para mí una fuente de satisfacción, de felicidad en realidad».

Cuando expresamos nuestro amor a los demás mediante muestras de afecto, también debemos amarnos a nosotros mismos. Debemos aprender a perdonar nuestros fallos. Después de todo, muchos hemos sido padres solteros, y por mucho que hayamos querido a nuestros hijos es posible que nuestra principal preocupación fuera económica, puesto que tuvimos que luchar para mantenernos a flote. Es posible que ahora lamentemos no haber demostrado nuestro amor a los hijos de maneras más concretas. Pero ¿qué hay más concreto que comida en la mesa? Debemos aprender a perdonarnos y a reconocer nuestros méritos cuando procede. A veces tuvimos que quedarnos a trabajar horas extra en lugar de asistir a las actividades de nuestros hijos. Ahora que estamos jubilados, somos el público ideal. Al disfrutar de los muchos talentos de nuestros nietos, al ir a verlos ensayar en el coro, a los debates escolares, a representaciones de teatro, nos estamos dando una segunda oportunidad. Al apoyar a nuestros hijos apoyando a los suyos tendemos un puente de generosidad y reconciliación. Y además puede resultar muy divertido.

Algo bueno tiene cumplir años, y ese algo es, paradójicamente, la juventud. Parece que envejecer despierta al niño latente en nuestro interior. La paciencia de un abuelo a menudo casa muy bien con la energía del nieto. Cuando nuestros nietos aprenden a usar el lenguaje disfrutamos con cada nueva expresión. En cierto modo nos estamos reinventando, estamos encontrando nuevas maneras de expresarnos.

A Roger le tentaba la idea de esculpir. «Es infantil», objetó su censor interior. Pero, animado por sus páginas matutinas, Roger compró arcilla. Su primer modelo fue su cocker spaniel. «Ha sido divertido», escribió en sus páginas. A continuación esculpió una fotografía de su nieta volviéndola tridimensional, rizos incluidos. «En realidad da igual si se parece o no, lo importante es lo mucho que disfruto», se sorprendió a sí mismo pensando. Y cuando su nieta fue a visitarle le enseñó, orgulloso, el busto.

«¡Soy yo!», exclamó la niña, encantada.

«Sí», dijo Roger. «Estoy esculpiendo mis cosas favoritas» y le enseñó el cocker spaniel.

«¡Es Scruffy!», dijo la niña. «Abuelo, es idéntico».

A Roger le hizo feliz la reacción de la niña. La cogió de la mano y la llevó a la encimera de la cocina, donde esperaba un trozo de arcilla.

«¿Ves?», dijo. «Se empieza con esto, una pelota. Luego la pellizco y la estiro hasta que queda bien».

«Es que queda muy bien, abuelo», exclamó la niña.

«Te haré más cosas», prometió Roger. «Y el próximo día que vengas, te daré arcilla».

«Qué bien, abuelo», dijo la niña.

Roger se puso a pensar: «Ahora que tengo un pasatiempo estoy feliz. Ahora que soy feliz, soy fascinante».

Mi hija es madre de una niña, Serafina, que es lista y también voluntariosa. A los 16 meses ya tenía un pequeño vocabulario: «Mamá», «Papá» y «no». A mí me contaron que mi primera frase fue «Yo sola». Mi madre estaba enferma y vino una enfermera a casa a ayudar. Intentó ponerme un jersey y yo dejé clara mi rebeldía con esas dos palabras que pasarían a la historia familiar. Cuando visito a mi hija me maravilla su paciencia. Le lee y le canta a Serafina, que recibe sus esfuerzos por acostarla o cambiarle el pañal con un firme y agudo: «¡No!».

Serafina se parece a mí en mis fotografías de pequeña: despierta, alerta y obstinada. Estoy deseando que empiece a hablar de verdad. Desde luego, temperamento no le falta para decir: «Yo sola». A Serafina le encanta que le lean y mi hija, Domenica, la complace leyéndole muchos cuentos. También le encanta montar en poni y me pregunto si el amor a los caballos puede ser genético.

«¿No te encanta ser abuela? ¿No es lo mejor del mundo?», me preguntan. Ver crecer a Serafina me produce una gran felicidad. Es fascinante pasar tiempo con una persona con la que me identifico tanto, aunque no haya empezado a hablar aún. Pero a decir verdad, ser abuela me hace sentirme más cerca de mi hija. Cada día, cuando hablamos por teléfono, Domenica me cuenta algún progreso de Serafina. Canta y baila. Le gustan los Beatles. A Domenica le digo que a ella le encantaban los Rolling Stones. Siempre está deseando que le cuente cosas que recuerdo. «¿Hacía yo X?», me pregunta. «¿Y tú?».

A veces pienso que me gustaría que mi madre hubiera vivido más años para que pudiera contarnos historias. Pero murió a los 59, seis años menos de los que tengo yo ahora. Quiero que Serafina sepa lo más posible de la historia de su madre. Cuando me pongo a escribir, siento que tengo una misión. Siento la felicidad que inspiran las buenas acciones.

Tarea
Perdonar

¿Tienes hijos, nietos o relación con personas más jóvenes que han sido importantes en tu vida? ¿Crees que tienes algo que perdonarte respecto a estas personas? Esboza brevemente tres situaciones. ¿Cuál de ellas te causa más dolor? Ponte a escribir y explórala a fondo. ¿Eres capaz de reconciliarte con tu yo pasado?

✐ Tarea
Autobiografía, semana ocho

Años: ____

1. Describe las relaciones más importantes que tuviste en esos años.
2. ¿Dónde vivías? ¿Viviste en más de un sitio?
3. ¿Qué te proporcionaba felicidad en ese peridodo?
4. Describe un sonido de esos años.
5. Describe un olor de esos años.
6. ¿Tuviste alguna mascota?
7. ¿Cuáles fueron tus pasiones o intereses en ese periodo? ¿Qué pasiones o intereses ignoraste?
8. ¿Cuál fue la principal dificultad con la que te enfrentaste en aquel periodo? ¿Sigue presente en tu vida?
9. ¿Cuál solía ser tu estado de ánimo en esos años? ¿Y ahora?
10. ¿Qué otros recuerdos significativos guardas de esos años?

El poder de darse un capricho

Durante las décadas que llevo enseñando mi kit de herramientas a menudo me he encontrado con oposición, pero ninguna actividad despierta más objeciones que la cita con el artista. Creo que se debe a que hemos sido educados en una cultura del trabajo, y las páginas matutinas pueden considerarse «trabajo». Lo mismo ocurre con dar paseos, contestar preguntas y hacer tareas. Pero la cita con el artista es una actividad de ocio. Desde luego no puede considerarse «trabajo» y eso nos hace a muchos, yo incluida, vacilar a la hora de embarcarnos en una diversión deliberada. Sin embargo el poder de darse un capricho es grande, muy grande. El pisapapeles artesanal que tengo en mi mesa, que atrapa la luz en tonos rosados, me recuerda una cita con el artista al taller de una sopladora de vidrio donde yo misma lo hice. Bajo la mirada atenta de la maestra, el vidrio pasó por un infierno, cobró forma y se fundió hasta adoptar su apariencia actual. «Solo» un capricho, «solo» un rato de diversión, pero la excursión me dejó llena de optimismo, maravillada y con un bonito objeto a modo de recordatorio de la sensación de misterio, frivolidad y diversión. Me intriga y me inspira mientras escribo. Cada vez que examino sus profundidades, sus muchos ángulos me llenan de asombro mientras le doy vueltas a una frase o a un giro argumental.

Tenemos la expresión «jugar con ideas», pero casi nunca nos damos cuenta de que es una frase literal. Literal y potente. Al jugar, espoleamos la imaginación. Somos libres de hacer conexiones insólitas que pueden pasar desapercibidas a nuestro cerebro lógico. Y esos pensamientos insólitos pueden ser el germen de un invento creativo.

Lucy, profesora retirada, echaba de menos su trabajo. «Estoy deprimida», me contó. «Siento que mi vida no tiene sentido. Me siento sola, estoy engordando. Estoy...».

«Date el capricho de jugar un poco», le sugerí. Se quedó horrorizada.

«¿Cómo que jugar? Lo que echo de menos es trabajar».

«Venga», insistí. «Tiene que haber alguna cosa que te divierta hacer».

Lucy pensó un momento.

«Bueno», dijo por fin. «Me gusta bailar».

«Pues baila», le dije.

«Ya veremos», dijo Lucy dudosa. Unas semanas después tuve noticias de ella y me encantó saber que había dedicado, no una cita con el artista, sino dos, a cortejar a su bailarina interior.

«Lo estoy pasando de maravilla», anunció. «He dado dos clases y me he apuntado a una tercera. Es in-

«El niño que sigue vivo dentro de mí... no siempre sabe estarse quieto».

Fred Rogers

creíble lo bien que me hacen sentir. Y no sé si es una coincidencia, pero he conocido a un hombre encantador que estaba en mis dos clases. Hemos quedado para ir a bailar este sábado. Siempre he dicho que quería aprender a bailar».

Eso fue hace seis meses. El compañero de baile de Lucy es ahora su pareja. Baila tres días a la semana y ha perdido los siete kilos que engordó al jubilarse. Se ha comprometido sin esfuerzo a disfrutar de algo que le parece divertido, un antojo, e incluso se ha apuntado a un crucero para bailarines.

Es fácil descartar ideas porque «son un capricho» antes de darles siquiera la oportunidad de enseñarnos adónde nos llevan. Os animo a todos a que dediquéis tiempo a algo que os divierte, incluso si a primera vista no le veis el sentido.

Permitirnos hacer cosas divertidas es un ejercicio que requiere también dejar de lado nuestra intelectualidad y sustituirla por algo que simplemente nos hace felices. Esto puede, en teoría, dar miedo, pero en la práctica resulta delicioso.

Michael tiene un máster en pedagogía por Harvard. Cuando me llamó me dijo: «Uso mi educación para ayudar a otros, pero no me siento capaz de ayudarme a mí mismo».

«¿Estás haciendo citas con el artista?», le pregunté.

«Hago las páginas matutinas», se defendió. «Pero las citas con el artista se las asigno a mis estudiantes, a mis clientes, no a mí».

«Michael», le dije, «me parece que estás trabajando mucho y divirtiéndote poco. Prueba a hacer citas con el artista durante unas semanas y vuelve a llamarme».

Escéptico y reacio, Michael me hizo saber que estaba simplificando algo complejo y que no creía que mi consejo funcionara. Pero, como estudiante aplicado que ha sido siempre, hizo los deberes. No me sorprendió cuando me llamó al cabo de unas semanas y era otra persona.

«A veces el corazón ve lo que para el ojo es invisible».

H. Jackson Brown Jr.

«Te debo una disculpa», empezó. «Estuve muy hostil». Pero le aseguré que no era necesario que se disculpara. Entiendo que probar algo solo «por diversión» resulta amenazador. Sobre todo cuando la identidad de uno está unida a cultivar el intelecto, que es el caso de Michael, la idea de diversión puede parecer absurda.

«Fui a una biblioteca que llevaba años sin pisar», me contó. «Porque era algo que podía considerar un uso productivo de mi tiempo. Pero la experiencia me resultó de lo más sorprendente. Me devolvió a mis años de estudiante, a mi padre, que era profesor universitario y a muchos otros profesores que me inspiraron de joven. De hecho, me puse en contacto con uno de ellos y le di las gracias por los valores educativos que me había inculcado. Tuvimos una charla estupenda. Incluso le expliqué la razón de mi visita, que estaba intentando incorporar el factor "lúdico" a mi vida sin sentirme culpable. Se mostró increíblemente abierto. Hablamos largo rato sobre el esnobismo que hay en el mundo universitario. Volví de la visita —y de mi cita con el artista— decidido a repetir. No sé exactamente cuáles habían sido mis objeciones, pero me di cuenta de que divertirse no es de tontos... ¡De hecho es casi milagroso! Si soy un hombre feliz, seré un profesor mejor. Desde entonces he ido al cine, he probado restaurantes nuevos, visitado galerías de arte. Estoy pensando que en mi próxima cita con el artista voy a visitar la fábrica de helados de la ciudad. ¿Qué puede haber más divertido que eso?».

Las citas con el artista son un ejercicio de disfrute. Una de las primeras cosas que proporcionan es alegría, algo que le faltaba a Michael. Le expliqué las cosas tal y como yo las veo: la calidad de nuestras vidas siempre es proporcional a nuestra capacidad de disfrute.

Cuando nos permitimos jugar, nos permitimos conectar con nuestro yo juvenil. A menudo este yo juvenil, lúdico está lleno de excelentes sugerencias para nuestro

«Si siempre miras al suelo no verás arcoíris».

CHARLES CHAPLIN

yo adulto. «¿Por qué no pruebas esto?», nos dice. «¿Qué tiene de malo divertirse un poco?».

Lo mismo digo yo.

✏ TAREA
El poder de la diversión

A muchos nos cuesta divertirnos. Nos tomamos a nosotros mismos y también la vida demasiado en serio. A veces necesitamos engañarnos para disfrutar de la vida. Coge papel y lápiz y enumera diez cosas que ahora mismo no te estás permitiendo hacer. Pueden ir de pequeñas a grandes.

1. Pedir cita para una manicura.
2. Pedir cita para una pedicura.
3. Comprar una revista de cotilleos.
4. Montar en bicicleta.
5. Darme un baño de espuma.
6. Comprar calcetines con dibujos.
7. Ponerme un abrigo de piel de imitación.
8. Comerme un *banana split*.
9. Ir a bailar.
10. Comprarme unos guantes de piel rojos.

«La risa es el sol que ahuyenta al invierno del rostro de un hombre».

VICTOR HUGO

EL BÁLSAMO DEL HUMOR

Mi madre tenía un poema encima del lugar en el que cocinaba. Decía así:

> *Si de la piedra de moler la nariz no despegas*
> *y así mucho tiempo te quedas,*
> *pronto dirás que no hay cosas tales*
> *como arroyos rumorosos o canoras aves.*
> *Tres cosas solo conocerás:*
> *tú, tu nariz y la piedra; nada más.*

Era el recordatorio que usaba mi madre para animarse. Con siete hijos, siempre tenía alguna tarea que hacer. Pero por serias que fueran las obligaciones, un poco de humor siempre era bienvenido. Mis padres se enfrentaron a la abrumadora tarea de sacar adelante una gran familia con el humor como aliado. A los dos les gustaban las tiras cómicas. Les encantaba el humor de James Thurber y Chon Day. Mi madre nos enseñó a cocinar, y cada receta que compartía con nosotros merecía una «pizca de humor». Frente a la ventana de la cocina, en un árbol que llamábamos «el gran roble», mi padre colgó un comedero de pájaros para que las idas y venidas de las aves sirvieran de distracción a mi madre. Un invierno construyó un trineo de vela para usarlo en el lago Liberty. El trineo nos proporcionó grandes momentos de risas. Nos aferrábamos a él mientras nos deslizábamos a toda velocidad, a pocos centímetros del hielo. «Pero Jimmy», le regañó mi madre, «se podían haber desollado la cara». Arrepentido, pero aun así orgulloso de su travesura, el siguiente sábado que nevó mi padre nos llevó a montar en trineo normal.

Uno de mis amigos más queridos de hace muchos años es Gerard Hackett. Nos conocimos en el primer año de Georgetown y desde el primer momento me atrajo el brillo travieso de sus ojos. Ahora que somos unos vejestorios, como él dice, el brillo sigue ahí. A menudo se ríe de su propio chiste: «Soy un vejestorio», dice, «y tú también». Disfruta riéndose de nuestra edad, entre otras cosas. Cuando hace varios años estuve ingresada, venía a verme con un ramo de flores y grandes dosis de humor. «Oye, bombón», me decía al llegar. «Este sitio no está tan mal. Vamos a animarlo con estas flores. Y mientras tanto voy a hablar con alguien para ver cuándo podemos sacarte de aquí». Gerard siempre ha estado pendiente de mí: de mi salud, de mis finanzas y, sin duda, de mi estado de ánimo. Pero lo que me

«La risa convierte el universo en un caleidoscopio de nuevas posibilidades».

Jean Houston

reconforta en épocas de miedo o tristeza tanto o más que su naturaleza protectora es su sentido del humor. Soy muy afortunada de tener un amigo como Gerard, que me tiende una mano y me hace reír. Me da fuerza y risas, y su fuerza y sus risas aumentan mi resiliencia.

Muchos jubilados son conscientes de la importancia del humor, pero no saben muy bien dónde buscarlo. A un amigo mío le encantan los monólogos de humor, tanto en directo como en programas de televisión. Otro está suscrito a *The New Yorker*. «No por los artículos», dice, «sino por las viñetas cómicas». Reírnos de vez en cuando de nosotros mismos es saludable, y *The Complete Cartoons of The New Yorker* es un compendio de las manías de la edad adulta. Un tercer amigo alquila deuvedés de comedias, clásicas y antiguas. «Agradezco el humor», dice, «y cuanto mayor me hago, más cosas me hacen reír». Reír con los comediantes, los viñetistas y los directores de cine es un poderoso antídoto contra esa sensación de aislamiento que a menudo se apodera de nosotros. A la mayoría de los jubilados —o quizá debería decir «vejestorios»— les viene de perlas una inyección de humor. Ya sea en el papel o en una pantalla, el humor hace más llevaderos los días.

Candice, jubilada desde hace diez años, lee una novela romántica detrás de otra. «Son pura fantasía», dice, «y me encantan». Nancy tiene 71 años y acaba de casarse con un hombre diez años más joven. «Descubrimos que nos hacían reír las mismas cosas», dice. «El sentido del humor fue lo primero que nos unió. Y una cosa llevó a la otra...», ríe igual que una niña. «El mundo nos resulta divertido y nuestra diferencia de edad es motivo de carcajadas».

Encontrar personas que traen humor a nuestras vidas —y nos hacen sacar el nuestro— es un esfuerzo que merece la pena. A menudo el sentido del humor es lo que nos hace resistir en situaciones de adversidad.

El humor nos da perspectiva y esperanza de forma natural. No todo en la vida ha de tomarse en serio. La alegría empieza a colarse en nuestras vidas y en nuestra escritura diaria. Las cosas nunca son tan malas como parecen a primera vista. De hecho, puede que sean hasta buenas.

✏ Tarea
Humor

¿Qué te hace reír? Ve una comedia, lee un tebeo o tómate un café con alguien que te haga reír. Los criterios sobre qué o quién es divertido son muy personales. Lo importante es que te resulte divertido a ti. Mímate, permítete disfrutar de lo que te despierta una carcajada.

Mascotas

Un letrero en la consulta de un veterinario de Manhattan dice «Sé la persona que tu perro cree que eres». Las mascotas traen amor incondicional a nuestras vidas. Nos quieren sin condiciones, a pesar de nuestros enfados ocasionales, y pueden proporcionarnos una gran felicidad. Mi vida se ha enriquecido enormemente de una larga y variada sucesión de animales de compañía.

El más importante en mi juventud fue un poni hackney que se llamaba Chico. Juntos ganamos muchas medallas. Chico lo daba todo conmigo, pero rechazaba a cualquier otro jinete. Era un caballo fiel a su dueña y yo valoraba su lealtad y su talento a la hora de saltar vallas tan altas que podrían haber sido para caballos. Cuando murió, parte de mí murió con él. Hoy, mi terrier West Highland blanca, Lily, me sigue por las habitaciones y sus ojos castaños y redondos están llenos de amor. Cada mañana rezo por Lily y por Tiger Lily, mi

«Incluso a los dioses les gustan las chanzas».

Platón

«Ojalá lograra escribir algo tan misterioso como un gato».

Edgar Allan Poe

cocker spaniel muerta hace poco. Pido que a las dos se les conceda alegría, y el ánimo siempre jubiloso de Lily me dice que mis plegarias han sido atendidas.

No todos tienen la suerte de tener un poni, ni siquiera un perro, pero en casi todas las casas hay sitio para un gato, un pájaro o un pez. Para aquellos que quieren disfrutar de animales fuera de casa, ir al zoo o incluso a pasar un rato con la mascota de un amigo puede resultar una excursión muy placentera.

Mi amiga Scotty compró su primera mascota cuando se jubiló. Con sus tres kilos y medio de peso, su schnauzer enano, Moxie, tiene el ladrido de un perro mucho mayor.

«¿Quién iba a pensar que un perro tan pequeño ocuparía tanto espacio en mi corazón?», dice Scotty. Lo saca a pasear tres veces al día y cuando ha quedado con alguien siempre tiene prisa «por volver a casa con Moxie».

Cumplí 65 años cuando Tiger Lily cumplía 15. Las dos nos hacíamos mayores, necesitábamos dormir siesta y cuidar la dieta para no engordar. Tenía programado un viaje para impartir un curso, así que dejé a Tiger Lily, como siempre, en lo que llamaba «el spa», una residencia canina de lujo donde cuidan y miman a los perros. A Tiger Lily le encantaba «el spa» y siempre volvía de su estancia allí reluciente y peinada. Pero esta vez no volvió, sino que me llamaron por teléfono.

«Su perra se está muriendo», me dijo la persona que llamó.

Le dije que la llevaran al veterinario. Este le hizo una serie de pruebas y llegó a la triste conclusión de que sus órganos estaban fallando.

«Si fuera mi perra la sacrificaría hoy mismo», me dijo. Le pedí que lo hiciera, en lugar de tenerla esperando, sufriendo, a mi vuelta. Así que durmieron a Tiger Lily y murió apaciblemente. Yo terminé de dar el curso y volví a casa. Pasé por el spa para pagar la cuenta. Le habían hecho una foto a Tiger Lily y me alegré. En la fotografía se la veía vieja, cansada y enferma. Aquello me confirmó que había hecho lo correcto, pero cuando me dieron su collar y su correa me eché a llorar. Volví a mi casa vacía, triste por no haber podido despedirme. Pero me obligué a reconocer que las cosas eran mejor así, porque de haber estado presente, posiblemente me habría desmoronado. Sin duda mi dolor habría hecho más penosa su marcha a Tiger Lily.

Estuve varias semanas sin acostumbrarme a la ausencia de Tiger Lily. Pasó un mes antes de que el veterinario llamara para decirme que habían recibido sus cenizas. Fui a recogerlas y, una vez más, la pena me abrumó. Todos en la clínica fueron muy comprensivos, pero yo no encontraba consuelo. En aquella latita estaba todo lo que quedaba de Tiger Lily.

Sin tener a quien cuidar, mi vida me parecía vacía.

«¿Vas a tener otro perro?», me preguntaban mis amigos.

«De momento no», les decía.

Empecé a acordarme mucho de perros que había conocido, perros que me habían hecho feliz. La terrier West Highland blanca de Emma, Charlotte, me venía mucho a la cabeza. Charlotte vive en un apartamento con Emma y el amigo de esta, Tyler. Cuando hablo con Emma por teléfono, Charlotte se le acerca. Cuando quiere salir, mira hosca a Emma como diciendo: «¿Me sacas o qué?».

Sí, me dije, si tengo otro perro será un Westie.

Al ver lo triste que estaba, mi amigo Robert empezó a buscar Westies en internet. Encontró un refugio en Arizona y enseguida me puse en contacto y rellené un formulario larguísimo.

Después de escribir una redacción exponiendo mis razones para querer adoptar un Westie, envié mi solicitud. Pasó una semana y no tuve noticias. Entonces la agencia me envió una fotografía de la Westie que tenían

«Hasta que no se ha querido a un animal una parte de nuestra alma sigue dormida».

Anatole France

«Nuestros compañeros perfectos no suelen levantar dos palmos del suelo».

COLETTE

para adoptar. Era preciosa, tenía tres años y estaba educada, mejor imposible. Entonces llegó la mala noticia. «No vive usted en Arizona. Solo damos perros en adopción dentro de Arizona». Me quedé destrozada. ¿Por qué no me lo habían dicho desde el principio? Estuve semanas lamentándome. Entonces un día saqué la lista que me había hecho Robert de criaderos de Westies y, para mi gran alegría, encontré uno en Colorado dispuesto a que sus perros vivieran en Nuevo México. Había que pagar cien dólares de señal. En cuanto colgué, le mandé un correo electrónico a la mujer con la que había hablado.

«Busco un cachorro listo y sociable», le dije.

«Bueno», dijo. «Veré lo que puedo hacer».

Los cachorros nacieron el 17 de julio. Estarían listos para la adopción a mediados de septiembre. Añadí una plegaria a las que decía cada noche: «Por favor, Dios, mándame un buen cachorro». Mi amiga Pamela, artista, se ofreció a ir en coche conmigo. La semana anterior había habido inundaciones en Colorado y pospusimos el viaje. Por fin llegó el momento. Condujimos entre las montañas y vimos caballos, vacas e incluso una manada de alces. Llegamos a Aurora, Colorado, a media hora del criadero. Habíamos reservado habitaciones en un Holiday Inn Express sin verlo antes. Cuando entramos parpadeamos, incrédulas. La moqueta era de rayas azules, doradas y verdes. Nos miramos y dijimos: «Esperemos que esto no sea una señal». Nuestras habitaciones eran igual de estridentes, con paredes color naranja metalizado y moqueta estampada de hojas verdes y doradas.

«Por favor, Dios mío, que la perrita sea mejor que este recibimiento», recé. Salimos a cenar a un restaurante llamado Sweet Tomatoes que servía ensaladas y sopas. Luego volvimos al hotel donde comprobamos, con alivio, que las camas eran cómodas y tenían buenas almohadas.

A la mañana siguiente temprano fuimos al criadero. Habíamos quedado con la dueña a medio camino entre el hotel y el criadero. «Tengo un Blazer dorado», nos dijo, y acordamos encontrarnos en el aparcamiento de un área de descanso para camiones. Cuando llegamos no había ningún Blazer dorado. Esperé no haber entendido mal las indicaciones. Estaba nerviosa. Pero entonces llegó un Blazer que aparcó junto a nuestro coche y dentro iba la criadora con una cachorra en brazos.

«¡Mira, es preciosa!», le dije a Pamela.

«Es muy juguetona», nos advirtió la criadora. «Será mejor que la lleve un rato en el regazo». Así que hice un cheque por el resto del dinero y Pamela se sentó al volante. «Esta cachorra me parece perfecta», pensé mientras acariciaba a la diminuta perrita blanca que enseguida me dio un beso en la cara. Me enamoré.

Le puse su collar y la chapa con su nombre: Lily. Sí, se llamaría Lily y el nombre le pegaba. En el camino de vuelta, atravesando las Rocosas, Lily se hizo una bola de pelo en mi regazo. Parecía lista además de bonita. Dios había atendido mis plegarias. Era, sin duda, la perrita perfecta.

En mi casa volvía a haber compañía canina. El entrenador que había contratado me dijo: «Tiene una perra con mucha personalidad. Va a tenerla muy ocupada». No me había engañado. Lily resultó ser revoltosa y sociable. Cuando organicé una fiesta para que mis amigos la conocieran estuvo encantada de saludar a todos los invitados.

Los animales de compañía nos proporcionan momentos de felicidad. Su amor incondicional ayuda a mitigar el duro cambio que supone la separación. Educarlos es una actividad divertida. En mis plegarias matutinas pido que el espíritu de Tiger Lily guíe a Lily. Recuerdo que cuando adopté a Tiger Lily era tan revoltosa que estuve a punto de darme por vencida. A medida que se hizo mayor, se le suavizó el carácter. Cuando miro a Lily correr como una loca por la casa me digo que lo mismo le pasará a ella.

✎ Tarea
Mascotas

Dedica un tiempo a conectar con una mascota que te guste mucho. Si ya tienes una, quizá puedas dar con ella un paseo más largo de lo habitual. También puedes visitar al perro de un vecino, o quizá siempre has soñado con tener un acuario y hoy quieras empezar a investigar posibilidades. La alegría juvenil de las mascotas trae luz a nuestras vidas. ¿Con qué mascota podrías interactuar hoy?

Lujo

«Lo importante no es lo que miras, sino lo que ves».

Henry David Thoreau

Muchas personas llegan a la jubilación sintiéndose fatigadas. Durante muchos años han trabajado duro y han esperado con ilusión un futuro que ahora se les antoja repentinamente vacío. A menudo necesitan una dosis de lujo para reiniciar los motores. Pero ¿qué es el lujo? El lujo auténtico puede ser muy distinto de lo que imaginamos. Contrariamente a lo que podríamos suponer, lo que nos resulta lujoso no tiene por qué ser caro. Para mí las frambuesas son un verdadero lujo. En Sprouts, la frutería donde hago la compra, doscientos gramos cuestan cinco dólares. Me doy el lujo de comer frambuesas todo el año. «Qué bien hueles siempre», me dice mucha gente. Eso tengo que agradecérselo a mi perfume, otro lujo que me permito. Como la leña de enebro que arde en mi chimenea, otro lujo más, de mi perfume emana un suave hechizo.

Mi amiga Rhonda no compra frambuesas ni perfume ni leña de enebro, sino velas aromáticas. Su llama y su perfume le dan sensación de lujo. Mi amiga Brendalyn compra ingredientes para hacer *ratatouille*. Luego prepara suficiente para una semana y siente que es un lujo poder tomar un poco todos los días.

Mi amiga Scotty se regala todos los días quemar una vara de incienso.

«Dicen que el incienso lleva las plegarias directamente al cielo», me explica. Así que prende una varilla aromática y se sienta a meditar. Yo por las mañanas me doy el lujo de meditar con mis plegarias. Dedico casi una hora a enumerar a mis amigos y mis buenos deseos para ellos. La sensación de conectar con un poder superior es un poderoso lujo.

Muchos tenemos reservas, ideas instaladas que nos impiden hacer realidad nuestro deseo de ser creativos. Una de las maneras más efectivas de desmantelar esta resistencia es darnos permiso para disfrutar de pequeños lujos. Por sencillo que parezca, es de lo más productivo y, en ocasiones, difícil. Para saber qué lujo puede ayudarnos a bajar la guardia basta contestar con sinceridad a esta pregunta: «¿Qué es lo que más me hace disfrutar?». Aunque a menudo pensamos que el lujo tiene que ver con el dinero, en el fondo tiene que ver con la autenticidad. Un lujo es algo que nos da placer en sí mismo, no porque cumpla una función determinada. En ocasiones el precio es muy pequeño. Es importante recordar que el lujo es algo muy individualista. Cuando nos damos un lujo estamos actuando en beneficio nuestro. Estamos diciendo: «Esto me importa. Estoy dispuesto a gastar un dinero que me ha costado mucho ganar en esto solo porque me gusta y porque me hace sentir bien». Estos pequeños riesgos llevan a otros más grandes, y pronto estaremos invirtiendo no solo dinero, sino tiempo, energía y fe en nuestro artista interior, poniendo en práctica nuestros sueños e ideas de creatividad.

Karen llegó a la jubilación sintiéndose exhausta. Le sugerí que se malcriara un poco.

«¿Que me malcríe?», dijo. «No sabría cómo. Y además ahora tengo que vigilar los gastos, ya no cobro un sueldo».

«Bello es todo aquello que nos transmite alegría».

Edna St. Vincent Millay

Le sugerí que empezara por hacer una lista de veinticinco cosas que le gustaran. Aunque no estaba convencida, Karen hizo la lista. En los primeros puestos estaba un cuadro de Monet de su serie de los nenúfares. Karen vivía en Chicago, donde está el Art Institute, que tiene una importante colección de arte impresionista, sobre todo de cuadros de Monet.

«Ve», le dije. Karen llevaba años sin visitar el Art Institute. Dedicó medio día a la expedición y volvió con las pilas cargadas. Para ella el verdadero lujo tenía que ver sobre todo con la belleza. Le entusiasmó tanto la excursión, que decidió volver al Art Institute, esta vez para ver los cuadros de Van Gogh. De nuevo salió rejuvenecida.

«Esta vez me vino a la cabeza un recuerdo increíble», me cuenta. «Mi madre tenía muchos libros de arte en casa y de pronto me sentí transportada a cuando era niña y soñaba con pintar como los grandes maestros. La atención al detalle en sus obras me resultaba muy inspiradora. Yo nunca he pintado, pero estoy pensando en que igual me gustaría probar. Creo que voy a comprar unas postales en el Art Institute, reproducciones de los cuadros que mejor recuerdo de los libros de arte de mi madre y de cualquier otra cosa que me llame la atención. Y luego, quién sabe, igual me compro unas acuarelas y me entretengo un rato».

La idea de lujo cambia de una persona a otra. A Thad, artista de animación, le encanta comer, y elegir aguacates maduros y preparar un cuenco de guacamole le genera sensación de abundancia, y en ocasiones le da ideas creativas. «Una comida casera es mi idea del lujo», dice. «Mis proyectos creativos suelen prolongarse años, así que hacer algo que puedo empezar y terminar en menos de una hora me resulta muy satisfactorio». La última vez que tuve noticias de él, había pasado del guacamole a los macarrones con queso caseros. El coste de los ingredientes que usa está dentro de su presupuesto y la sensación de disfrute que extrae no tiene precio.

«¡Piensa en todas las cosas bellas que aún te rodean y sé feliz!».

ANNE FRANK

También para Angela la comida constituye uno de los placeres de la vida. Acostumbrada a cocinar en casa, se dio el lujo de ir a un restaurante tailandés nuevo. Para su alegría, la comida era deliciosa y el ambiente muy agradable.

«Soy vegana», me dice. «Así que suelo cocinarme yo, pero les pregunté si podían hacerme un plato sin ingredientes de origen animal. Fueron de lo más solícitos y la comida estaba estupenda. Para mí comer fuera pero respetando mi dieta constituye un auténtico lujo».

Alice, que vivía en Nueva York, comprobó que su lista de veinticinco cosas preferidas incluía sobre todo fauna y flora. Para ella el lujo era una excursión al campo. Un viaje corto en tren una vez al mes, aunque fuera solo a pasar el día, le daba sensación de bienestar.

Stanley, fotógrafo, pasaba muchas horas de pie en el cuarto oscuro y padecía dolores de espalda. Para él un masaje de tejido profundo constituía un auténtico lujo. Una sesión de una hora eliminaba las molestias que tenía y le permitía volver al trabajo repuesto e inspirado.

Da igual de qué tipo sea el lujo que nos damos, si viene acompañado de creatividad renovada. Nos llegan ideas vibrantes. Pensamos de formas distintas e innovadoras. Los pequeños lujos que nos damos estimulan a nuestro artista interior. En lugar de azuzarle con un látigo para que avance, pensemos en pequeños sobornos con que guiarlo en la dirección deseada. Recuerda, tratarte con mimo te hace fuerte.

✎ TAREA
Lujo

Muchos nos deprimimos cuando iniciamos la caída libre de la jubilación. Hemos perdido nuestro trabajo y nuestra identidad. No sabemos quiénes somos y la felicidad nos parece algo esquivo. Pero el disfrute, la esperanza y el optimismo están al alcance de nuestra mano. Basta que nos hagamos las preguntas adecuadas para encontrar una dicha duradera. ¿Y qué preguntas son esas? La primera debe ser: «¿Qué me hace feliz?».

Revisa tu autobiografía y saca cosas que te hicieron feliz en distintos momentos de tu vida. ¿Cuál de ellas te trae recuerdos más vívidos? ¿Cómo puedes incorporarla a tu vida actual?

REGISTRO SEMANAL

1. ¿Cuántos días has escrito tus páginas semanales? ¿Qué tal fue la experiencia?
2. ¿Hiciste la cita con el artista? ¿Qué fue? ¿Descubriste algo en tu autobiografía que te gustaría explorar en una cita con el artista?
3. ¿Has dado paseos? ¿Notaste alguna cosa cuando los dabas?
4. ¿Cuántos «ajás» has tenido esta semana?
5. ¿Has experimentado sincronicidad esta semana? ¿En qué consistió? ¿Te dio sensación de humildad, te hizo sentir guiado de alguna manera por un poder superior?
6. ¿Qué descubriste en tu autobiografía que te gustaría explorar con mayor profundidad? ¿Cómo te gustaría hacerlo? Como siempre, si tienes un recuerdo especialmente significativo al que necesitas dedicar más tiempo pero no estás aún seguro de qué pasos dar, no te preocupes. ¡Sigue avanzando!

Reavivar una sensación de movimiento

A menudo nos sentimos bloqueados, no porque no sepamos qué hacer a continuación, sino porque no nos apetece hacerlo. Esta semana explorarás los siguientes pasos lógicos y cómo darlos. Si repasas tu autobiografía, es posible que identifiques un periodo de tu vida especialmente productivo. ¿Adónde te llevó, personal, creativa, económicamente? ¿Qué impacto tuvo en tu vida actual?

¿Recordar cómo empleaste entonces tu energía influye en cómo quieres emplearla ahora? Tu vida actual puede ser dinámica, no tiene por qué estancarse. ¿Le encuentras más sentido a lo que haces y a cómo y dónde lo haces? ¿Sientes que las situaciones complicadas ya no lo son tanto? Siempre hay una manera de seguir avanzando en lo que se refiere a la productividad.

«Descansar no es estar ocioso, y en ocasiones, cosas como tumbarse en la hierba bajo los árboles en un día de verano y escuchar el murmullo del agua o mirar las nubes flotar en el cielo azul no tienen nada de pérdida de tiempo».

SIR J. LUBBOCK

REDEFINIR LA PRODUCTIVIDAD

Muchos jubilados se enfrentan a un doble problema: qué hacer para sentirse productivos y cómo aprender a sentirse productivos sin trabajar. Por lo común, cuando las personas tienen una profesión o un oficio, su productividad se define en relación a las expectativas de terceros: la empresa, el jefe o el cliente. Percibimos un salario a cambio de nuestros esfuerzos por conseguir un objetivo externo fijado por otra persona. Una vez jubilados, descubrimos que necesitamos redefinir nuestra creatividad y, en algunos casos, fijarnos nuestros propios objetivos. Necesitamos preguntarnos: «¿Qué tal lo estoy haciendo?», y contestar atendiendo a nuestro propio criterio.

Bernice se jubiló a los 65 años después de cuarenta de ser profesora. Durante cuatro décadas se había considerado «productiva» porque cada año cumplía a rajatabla un programa académico. Ahora que estaba jubilada, sus días le parecían vacíos. Hasta que aprendió a redefinir la productividad por sí misma.

Le encantaba cantar, y cantar fue la primera actividad que le vino a la cabeza cuando buscó cómo ser productiva fuera del ámbito académico. Con el invierno llegan los villancicos, y Bernice se unió al coro de su parroquia. De joven había tocado el piano. Ahora se apuntó a clases y dedicó las tardes a practicar.

«Se han terminado las Navidades, pero no el invierno», canturreaba mientras cogía papel y unas tijeras y recortaba unos bonitos copos de nieve para pegarlos en las ventanas —lo mismo que había hecho en sus clases año tras año— y los repartía entre sus amigos.

«Son preciosos, Bernice», exclamaron sus amigos y Bernice pronto empezó a organizar veladas de invierno con sus amigos dedicadas a recortar copos de nieve y tomar chocolate caliente.

«Muchos llevaban años sin hacer algo así y fue muy divertido», explica con una sonrisa. Para el día de San

Valentín compró cartulina roja y blondas. Sus tarjetas hechas a mano entusiasmaron a sus destinatarios. En Pascua tiñó huevos e invitó a sus amigos a hacer cestas donde ponerlos. Poco después se unió a un club de lectura. Sentía que las horas que pasaba leyendo, igual que las que dedicaba a hacer manualidades, eran productivas.

Bernice era mi tía y aprendí mucho de su productividad. Las manualidades son un pasatiempo que solemos abandonar cuando nos incorporamos al mundo laboral y puede ser un excelente punto de partida en momentos en que no sabemos qué proyecto emprender. La satisfacción de empezar y terminar algo, por pequeño que sea, siempre proporciona una inyección de energía y la sensación de estar avanzando.

Nada más jubilarse, Jerry se hizo el propósito de decir que sí a todas las invitaciones que le llegaran. Se notaba productivo, y también más abierto de mente, cuando se apuntaba de buena gana a planes que habían hecho otros. Almuerzos, cenas, obras de teatro, conciertos... a todo iba. «Estaba más ocupado que cuando trabajaba», cuenta. El problema era «¿cómo corresponder?».

«Encontré una pista en mi autobiografía y la seguí», explica. «Mi madre siempre hacía *brownies* para las grandes ocasiones. Era su manera de conectar con la gente. Era un recuerdo muy potente y supe que quería experimentarlo más a fondo. Pensé: "Tengo su receta, ¿por qué no hacerlos?". En cuanto empecé con la masa, el olor me llenó de recuerdos. Me llegaron imágenes de lo más nítidas: cómo envolvía mi madre los *brownies* en papel encerado y nos los ponía en las tarteras; la vez que nuestro gato se quedó atrapado en un árbol y mi madre horneó una tanda para los bomberos que vinieron a rescatarlo; los regalos de Navidad y las fiestas del colegio». Jerry pasó una tarde de lo más emocional preparando *brownies*, luego los envolvió y se los llevó a los amigos cuyas invitaciones había aceptado recien-

«No podemos hacer grandes cosas, solo pequeñas, pero con grandes dosis de amor».

Madre Teresa de Calcuta

temente, así como a otros que llevaba tiempo sin ver. «Conecté con muchas personas», dice. «Es una cosa muy sencilla, pero muy poderosa. Los *brownies* parecen decir "hola" o "gracias" o "te he echado de menos" o "te aprecio". Me sentí tan bien haciéndolo, me parecía que tenía mucho sentido y también me acercó al recuerdo de mi madre. Prepararlos me permitió entender lo que hacía ella. Ahora valoro su esfuerzo de otra manera». Este sencillo gesto de «seguir la pista» a un recuerdo conectó a Jerry con personas tanto de su pasado como de su presente.

Antes de jubilarse, Daryl había sido director de animación y tiempo libre durante más de treinta años. Cada día que iba a trabajar sabía que estaba haciendo algo productivo: ayudar a su comunidad. Los primeros días de jubilación, cuando le preguntaban a qué se dedicaba, siempre contestaba con una lamentación: «No he hecho nada productivo». A medida que pasaba el tiempo empezó a preguntarse: «¿Quién soy yo sin mi trabajo?».

La primera respuesta la encontró en las relaciones: soy amigo, soy padre, soy abuelo. «Cuando estaba trabajando no tenía tiempo de disfrutar de todos estos roles. Cuando me jubilé empecé a valorar muchísimo todas mis relaciones». Daryl siempre había sido una persona muy activa y aunque algunos días se mantenía ocupado visitando a amigos o cuidando a sus nietos, otros tenía la sensación —bastante desagradable— de que las horas se le habían pasado sin «haber hecho nada útil». Pasó el tiempo y a Daryl le preocupaba cada vez más su productividad diaria. «Me sentía culpable por las horas o días en que no "hacía" nada, hasta que me di cuenta de que me estaba "cuidando a mí mismo". Ahora esos días los considero sencillamente "días para descomprimir". ¡Y la verdad es que me ayudan mucho!».

Daryl explicó su concepto de días para la descompresión a otros amigos también retirados y estos le ani-

> «La felicidad no reside en tener dinero sin más; reside en la alegría que da conseguir algo, en la emoción del esfuerzo creativo».
>
> Franklin D. Roosevelt

maron a que los asumiera y le advirtieron: «No te exijas demasiado el primer año». Daryl escuchó sus consejos y se dedicó a disfrutar de sus días de descompresión. «Sé que no van a durar para siempre, y que este tiempo de no hacer nada terminará por conducirme a mi próxima actividad. Creo que es un periodo de adaptación y no tengo problema con ello».

Una vez eliminada la presión a que se sometía él mismo y al repasar los recuerdos que habían salido a relucir en su autobiografía, no tardó en decidir que le apetecía dar clases de carpintería. Siempre le habían gustado las artes visuales, y de niño dibujaba caricaturas de su familia y sus amigos. En clases de educación artística siempre había sobresalido, e incluso se había metido en líos por adornar sus libros de matemáticas y ciencias con dibujos satíricos de sus profesores. Aquello había sido fuente de humor y diversión, pero llevaba muchos años sin hacer nada artístico, concretamente desde que se había convertido en un «adulto responsable». Había vivido con orgullo el talento para el arte de sus hijos, pero dejado de lado su propia creatividad. Ahora se dio cuenta de que había llegado el momento de recuperarla. La carpintería siempre le había interesado. Había pasado sus años de padre dedicando su creatividad a estimular la creatividad de sus hijos.

«Me parece genial que papá se apunte a clase», dice Piper, su hija mediana. «Cuando le dije que quería ser actriz, me animó y me apoyó en todo». Piper anima a su padre a que desarrolle su creatividad. «Cuando papá dice que no ha hecho nada creativo en tres meses, me parece que está siendo demasiado exigente consigo mismo. Espero que las clases de carpintería le parezcan creativas. Desde luego, a mí sí».

Daryl tiene que agradecer esta nueva elección que ha hecho a su paciencia... y al apoyo de su familia. Acaba de empezar con las clases de carpintería y ya está entusiasmado con su nuevo proyecto. «Me gusta mantenerme ocupado, pero no solo por estar ocupado. Esto me interesa de verdad», dice. Encontrar una actividad que nos llene en lugar de limitarnos a «llenar las horas con esto y aquello» en ocasiones requiere valor.

El concepto de productividad cambia según las etapas de la vida. Los objetivos que nos ponemos al jubilarnos pueden ser muy distintos de los que tenemos cuando estamos trabajando. Pueden parecer «demasiado grandes» o «demasiado pequeños». La libertad a la hora de fijarlos puede resultar abrumadora y conducir a la parálisis. Sin embargo, he descubierto que existen trucos para poner en marcha la productividad, y que, una vez iniciado un proyecto, este suele cobrar impulso solo.

Liza tenía el muy ambicioso plan de organizar y crear álbumes con todas las fotos familiares que había hecho y heredado. «La autobiografía me despertó un fuerte deseo de conectar con el pasado», dice, «y así es como quería vivirlo, creando libros con toda esta historia visual. Pero no conseguía ponerme a ello». Día tras día, semana tras semana, Liza se reprendía a sí misma por procrastinar. Como a muchos de nosotros cuando nos embarcamos en una tarea exigente, le abrumaba la envergadura del proyecto, luego se castigaba por aplazarlo y a continuación se sentía culpable y apática, con lo que seguía atascada. Le sugerí que probara a sobornarse a sí misma. Se quejó: «Suena tonto».

«Lo es», dije. «Las cosas que funcionan son tontas».

Así que, aunque no le parecía bien y seguía convencida de que su enfoque «todo o nada» era mejor, Liza probó con pasos pequeños y sobornos. «Si empiezas», le dijo a su artista interior, «te compraré unos pantalones nuevos». Llevaba prácticamente un año con el mismo par. Para su sorpresa, Liza empezó, y la tarea le llevó menos tiempo y esfuerzo de los esperados. «Tenía que empezar por alguna parte, así que despejé una mesa grande de mi despacho y decidí que sería mi mesa de trabajo. Estuve algún tiempo recopilando fotos de toda la casa y poniéndolas en la mesa. No hice más, pero fue el principio». También cumplió su promesa de comprarse unos pantalones. A continuación y a instancia mía, le hizo otra oferta a su artista interior. «Si ordenas fotografías durante dos horas», le dijo, «te compro un abrigo nuevo». Ordenó fotos y se compró el abrigo.

«No puedo permitirme más sobornos», me dijo, aunque se sentía muy aliviada por haber iniciado el proyecto con el que llevaba tanto tiempo soñando.

«Prueba con un soborno más pequeño», le dije. «No tiene por qué ser algo caro».

Esta vez Liza le dijo a su artista interior: «Cuando hayas recopilado todas las fotografías que hay en la casa y te hayas puesto en contacto con todo el que creas que puede tener fotos que a ti te faltan, te llevaré a tomar una buena taza de cacao a la fábrica de chocolate». De nuevo se puso manos a la obra: rebuscó en cajas, subió al ático, registró cajones y envió correos a familiares con la taza de cacao bailando en sus pensamientos. «Qué contenta estaba», dice. «Me hacía ilusión lo de la taza de cacao, pero es que además mi proyecto cobraba impulso. Por fin estaba siendo productiva. Tengo que reconocer que esto funciona». Liza había establecido ya un patrón: ofrecer una recompensa y luego trabajar. «Trabaja y podrás ir a ver la nueva película de Woody Allen», se ofreció a sí misma. Con el tiempo, tuvo una estantería llena de álbumes de fotos ordenados cronológicamente y etiquetados con cuidado.

«Qué satisfecha estoy. Estoy pensando en cuál será mi siguiente proyecto, y ahora sé que conseguiré ponerme con él. Los sobornos me hicieron mucho más feliz. Como estaba más feliz, fui más productiva».

Recuerda: nuestro artista interior —nuestra parte creativa— es un niño. Los sobornos que le ofrecemos deben ser divertidos. Unos pantalones nuevos, un abrigo eran sobornos sensatos, pero festivos. La taza de cacao era una llamada a la niña interior de Liza.

Probé esta misma técnica de sobornos igual a rendimiento con Kaden, que estaba bloqueado; quería pintar, pero no podía. También él lo pasó muy bien con esta estrategia. Sus sobornos tendían a ser de tipo aventurero: «Si pintas», le prometió a su artista interior, «te llevaré a hacer el paseo en barco alrededor de Manhattan». Para su deleite, empezó a pintar con regularidad. Y cada vez que se bloqueaba, sabía que tenía que inventarse un soborno.

Ya sea el soborno material o psicológico, lo importante es que el artista interior se siente tenido en cuenta. Para hacerle salir de su escondite, más que la exigencia funciona la tentación, porque esta despierta su curiosidad y, por tanto, sus ganas de empezar.

TAREA
Productividad

Contesta las siguientes preguntas:
1. En el pasado me sentía productivo cuando...
2. Ahora me siento productivo cuando...
3. Creo que me sentiría productivo si...
4. En realidad lo que me gustaría es...
5. Un pequeño soborno que podría hacerme empezar sería...

TAREA
Autobiografía, semana nueve

AÑOS: _____

1. Describe las relaciones más importantes que tuviste en esos años.
2. ¿Dónde vivías? ¿Viviste en más de un sitio?
3. ¿En qué cosas eras productivo en esos años?

4. Describe un olor que te devuelva a aquella época.
5. Describe un sabor de esos años.
6. Describe un progreso que hiciste en esos años.
7. ¿Te sentiste bloqueado o paralizado en algún momento de ese periodo? ¿Se parece la sensación que tuviste entonces a la que tienes ahora?
8. ¿Qué o a quién echas de menos de esa época de tu vida? ¿Tienes forma de conectar con esa persona o con ese sentimiento hoy?
9. ¿Qué relación tenías con el dinero en esos años? ¿Es distinta de la que tienes hoy?
10. ¿Qué otros recuerdos significativos conservas de entonces?

PONERSE EN MARCHA

Muchos hemos pasado años soñando con lo que queremos crear, pero soñar y hacer son cosas diferentes. Cuando soñamos con lo que queremos crear, pero no emprendemos acción alguna, terminamos flagelándonos por nuestra desidia. Pero en realidad la desidia no es lo que nos frena. Debemos llamar las cosas por su verdadero nombre. Lo que nos frena es el miedo. Pero la incapacidad de empezar no es un defecto de carácter incorregible que nos vuelve inútiles, sino un rasgo típicamente humano que hay que tratar con amabilidad y cariño.

Para dar el primer paso hacia superar el dolor de sentirnos bloqueados podemos pedir orientación. A mí me gusta preguntar por escrito: «¿Qué tengo que hacer?». Y para mi sorpresa siempre «oigo» una respuesta, y siempre es pequeña y factible. Dar ese pasito me saca de la inmovilidad y me pone en marcha. Es cierto que dar un paso nos hace querer dar otro, y luego otro. Cuando actuamos, mejora nuestra autoestima. Valoramos nuestras acciones y nos valoramos a nosotros mismos por haber emprendido esas acciones. Sentimos

«Nada mitiga más la ansiedad que la acción».

WALTER ANDERSON

nuestro poder. Nos sentimos guiados y protegidos. A medida que actuamos para hacer realidad nuestros sueños, aumentan nuestra fortaleza y nuestro valor. La primera pincelada lleva a la siguiente. La primera palabra lleva a la segunda. Nuestra capacidad de crear está ligada a nuestra capacidad para tener la fe y el optimismo necesarios para empezar algo. Y nuestra fe y nuestro optimismo crecen con cada acción positiva que emprendemos, por pequeña que sea.

Bonnie había sido redactora publicitaria. Su pasión secreta eran las novelas románticas. Las devoraba en el tren que cogía diariamente para ir y volver al trabajo. Soñaba con escribir una, y tenía muy claro cómo empezaría, pero nunca se ponía manos a la obra. Llegó la jubilación y, con ella, muchas horas libres. Se dio cuenta de que ya no tenía excusas para no escribir. Entonces fue haciendo las páginas matutinas y, cuando llevaba unas semanas, un personaje le vino a la cabeza.

«¿Qué debo hacer?», me preguntó por teléfono.

«Deberías escribir», le contesté. «Sigue haciendo las páginas matutinas como hasta ahora, y escribe a otra hora del día». He visto nacer muchas ideas de las páginas matutinas. El secreto está en recordar que las páginas ayudan a estas ideas nuevas a entrar en el mundo. Así que, por tentador que resulte abandonarlas porque decides que ya han cumplido su cometido, no lo hagas. Seguirán apoyándote y guiándote a medida que creas.

Bonnie empezó a escribir sospechando que aquella era la novela que tanto tiempo había esperado y luego se dio cuenta de que así era.

No tuve noticias de ella hasta que me llamó un día para preguntarme: «Y ahora, ¿qué hago? He terminado».

«Me encantaría leerla», contesté. «Mientras tanto, ha llegado el momento de empezar con la novela número dos».

Emprender una acción, y luego otra, es la clave de progresar. Es fácil olvidar algo tan sencillo como que cuando estamos trabajando en un proyecto, ese proyecto está en marcha. Está vivo. Nos corresponde alimentarlo y cuidarlo.

Antes de jubilarse, Judith era contable. Cuando tenía los días llenos de clientes y sus problemas, pensaba con ilusión en la jubilación y en el tiempo libre que tendría para trabajar en sus proyectos. Pero el tiempo libre no le trajo lo que había imaginado. En lugar de trabajar afanosa y productivamente en los proyectos que tenía planeados, estaba atascada. La jubilación se había convertido en licencia para procrastinar. Tenía un proyecto para remodelar su cocina que había bosquejado durante sus atareados años laborales. Ahora no conseguía reunir la energía suficiente para ponerlo en marcha.

Tanto procrastinar le llevaba a despreciarse a sí misma: «¿Por qué no soy capaz de empezar?», se preguntaba y se pasaba los días reflexionando sobre las posibles causas de su falta de resolución en lugar de trabajar en el proyecto.

«¿Qué tal va lo de la cocina?» se convirtió en una pregunta que los amigos de Judith aprendieron a no hacer. La cocina no iba hacia ninguna parte y la autoestima de Judith estaba por los suelos de tanto hacer comidas entre paredes a medio pintar y trozos de granito y azulejo.

«Me siento incapaz hasta de tomar las decisiones más insignificantes en esa estúpida cocina», me dijo. «Creo que es porque no estoy segura de tener otra cosa que hacer con mi tiempo libre. Si no termino esto, entonces siempre tendré algo que hacer. Pero es triste. Sobre todo ahora, que paso más tiempo en casa, me enfrento todos los días a esta chapuza sin terminar».

«Si necesitas algo, encárgaselo a alguien ocupado», era una frase que Judith solía citar cuando trabajaba y se enorgullecía de su capacidad para terminar las tareas que se asignaba para cada día y algunas más. Ahora se

«La manera más segura de triunfar es volver a intentarlo».

Thomas A. Edison

dio cuenta con amargura de que el dicho le iba como anillo al dedo. Echaba de menos sus días atareados y la sensación de satisfacción que le producía resolver los problemas de sus clientes. Por fin, desesperada, cogió a algún cliente por libre. De inmediato su ánimo mejoró y empezó a trabajar de nuevo en su proyecto tantas veces aplazado. A los tres meses estaba tan ocupada como antes de jubilarse y tenía la cocina terminada con unos azulejos de lo más alegres.

«Es posible que algunas personas no estén hechas para la jubilación», reflexionaba Judith. Atareada y feliz, ahora se da cuenta de que no le había llegado el momento. «No podría haberlo descubierto de otra manera», dice. Ahora está redecorando su dormitorio, decidida a trabajar en ello en el tiempo libre que le deja su trabajo a tiempo parcial como gestora.

El de Judith no es un caso aislado. Muchos jubilados se sienten incapaces de empezar algo solos. No todos pueden coger las riendas de la carrera profesional que han abandonado, como hizo Judith. Para los que tienen problemas para ponerse en marcha, las páginas matutinas son un buen punto de partida. Son una acción diaria, consistente y productiva. Combinadas con otras herramientas cambian nuestra trayectoria y nos vuelven activos.

Los jubilados también se impacientan con su nueva vida. Mis herramientas contestan preguntas, pero también las plantean. En palabras de Rainer Maria Rilke: «Sé paciente con todo lo que está sin resolver en tu corazón. E intenta amar las preguntas en sí mismas». Para muchos, las preguntas que plantean las páginas matutinas exigen un grado de introspección al que no están acostumbrados.

Janice se sentía atascada. Aunque vivía en Santa Fe, una ciudad llena de color y de cosas que ofrecer, no disfrutaba de sus atractivos. Después de jubilarse se sentía deprimida porque ya no la necesitaban, y también aislada. A instancias de una amiga, empezó de mala gana

«Las acciones expresan prioridades».

Charles A. Garfield

a leer la agenda cultural del periódico de los viernes. De peor gana aún se arrancó a sí misma de lo que llamaba «aburrida rutina» y se embarcó en una aventura semanal, acudiendo a una serie de conferencias sobre arte moderno. Al principio se sintió intimidada, tenía la impresión de que todos los presentes sabían más que ella. «Tienen un aspecto tan *cool*», se lamentó a su amiga. «Van por ahí como si fueran obras de arte: gafitas redondas, chaquetas, camisas y pantalones gris monocromático, pelo de punta teñido y brillante. Ninguno va "normal"». En la tercera conferencia, su compañera de asiento le habló:

«Vienes todos los días», le dijo.

«Sí», dijo Janice. «Me siento como un alumno en clases de recuperación».

«Yo también», dijo la vecina de asiento. «¿Te apetecería que fuéramos a ver galerías?».

«¡Sí!», contestó Janice.

«Hay una exposición maravillosa de un artista que se llama Chris Ritcher en la Chiaroscuro. Podríamos empezar por allí».

Janice se apuntó a la visita a la galería y descubrió, para su sorpresa, que se sentía inesperadamente optimista.

«De hecho me sentí moderna», comentó. Y a sus 63 años, estaba activa por primera vez en mucho tiempo.

La jubilación es un momento perfecto para volverse más activo. Es un tiempo de elegir con libertad, de oportunidades. Cuando las posibilidades parecen infinitas, es emocionante probar todo aquello que nos motive o nos llame la atención.

Dave y Joan son un matrimonio y formaban un equipo profesional de dentista e higienista. Estaban acostumbrados a largas jornadas laborales. Cuando se jubilaron, el tiempo se les hacía eterno y necesitaban muchas actividades para llenarlo. Empezaron trabajando en equipo, tallando y pintando bonitos patos de madera. Eran tan buenas sus tallas que ganaron un campeonato nacional. En Navidad me regalaron una.

Pero pronto descubrieron que aquello no era suficiente. Se ofrecieron voluntarios para prestar atención dental en un centro penitenciario. Aquello mejoró, pero seguía sin bastar. Joan empezó a entrenar en un gimnasio y pronto mejoró en forma física a muchas personas de 30 años. Para no quedarse atrás, Dave se puso a buscar otro pasatiempo y comenzó a hacer pan. Cuando ya no le cabían las barras de pan en la despensa, las regalaba a vecinos y amigos.

«¿Cómo te salen tan buenas?», le preguntó una vecina. Aquella pregunta dio lugar a una clase monográfica de hacer pan. Dave descubrió que le encantaba enseñar y que a todos les entusiasmaba el pan que hacía. «Cuantas más cosas hago, más quiero hacer», dice Dave. «Cuanto más tiempo paso sentado, más tiempo quiero estar sentado... y ahí es cuando lo paso mal».

Sin duda. Es mucho más difícil y doloroso ser un artista bloqueado que trabajar.

Cuando estamos bloqueados, nuestros sueños nos parecen desmesurados, irrealizables incluso. Cuando hacemos cosas, por pequeñas que sean, lo que antes nos parecía imposible y abrumador se vuelve sencillo.

El kit de herramientas nos saca de la inercia y nos impulsa a actuar. Las herramientas en sí son activas. Nos dicen lo que queremos, lo que no queremos, aquello de lo que queremos más y aquello de lo que queremos menos. Nos aportan lucidez y terminan con nuestra indecisión. Cuando recordamos nuestros sueños y metas en la autobiografía, vemos con claridad las razones de no intentar hacerlos realidad. Entramos de nuestra propia mano en un mundo con el que hasta entonces solo habíamos soñado. Ya no nos conformamos con dormirnos en los laureles y nos ponemos en marcha, casi sin darnos cuenta, hacia la consecución de nuestros sueños.

Tarea
Ponerse en marcha

Enumera cinco grandes sueños, por ejemplo:

1. Escribir una novela.
2. Viajar por el mundo.
3. Encargar una ampliación para tu casa.
4. Pintar un autorretrato.
5. Aprender a tocar la batería.

Ahora escribe pequeñas acciones que podrías emprender enfocadas a esos sueños. Por ejemplo:

1. Hacer una lista de posibles temas.
2. Ir a una agencia de viajes.
3. Comprar revistas de arquitectura y decoración.
4. Hacer un boceto rápido de ti mismo.
5. Tocar el bongo.

Cuanto más pequeña sea la acción, mejor; ¡los pasitos siguen siendo pasos!

Asuntos de dinero

El dinero es algo que todos tenemos que sopesar y tener en cuenta cuando abandonamos la vida laboral. Esta nueva fase económica puede requerir cierta adaptación. «Tengo dinero suficiente», nos recordamos a nosotros mismos, «pero ¿y si vivo hasta los 101 años? ¿Y si la inflación alcanza máximos históricos?». Es comprensible que tengamos sensación de inestabilidad, aunque nuestras finanzas sean estables.

En el momento de jubilarnos ayuda decidir cómo queremos gastar nuestro dinero. Si lo gastamos de acuerdo a nuestros verdaderos valores, nos sentiremos prós-

«La verdadera riqueza es interior».

B. C. Forbes

peros. Si actuamos de acuerdo a lo que de verdad nos conviene, a menudo nos encontraremos con una inyección económica adicional. Es verdad que tenemos suficiente. Podemos florecer, prosperar y sentir abundancia. Y es que la prosperidad es un estado espiritual: cuanto más fieles somos a nosotros mismos más prosperamos. Pocas cosas hay más agobiantes que la ambigüedad; tener claras nuestras finanzas nos fortalece.

Algunos hemos trabajado duro en nuestra profesión sin disfrutar gran cosa de ella salvo la nómina mensual. Ahora que nos hemos jubilado, podemos hacer trabajos «por diversión» que nos permitan desarrollar nuestra creatividad. Y en ocasiones esos trabajos que hacemos «por diversión» vienen con un sueldo. Esto lo podemos aceptar con gratitud, incluso con deleite.

A Jill le encantan los animales; es de esas personas que se paran por la calle a acariciar a los perros. Se sabe los nombres de todas las mascotas de su edificio. Jubilada después de veinte años de secretaria en un bufete, dedica parte de su tiempo libre a una organización que rescata animales. Tres tardes a la semana cuida a cachorros y gatitos que de otra forma estarían desamparados.

«Tengo que hacer un verdadero esfuerzo por no llevármelos a todos a casa», dice riendo. «Vivo en un apartamento de un dormitorio donde solo cabemos un cachorro, un gatito al que no me pude resistir y yo. El perro se llama Harry. Por el pelo tan esponjoso, creo que tiene mezcla de spitz enano. La gata es himalaya, mitad persa, mitad siamesa. Se llama Meow porque habla mucho pero siempre dice lo mismo: miau. Mis amigos me dicen que les encantaría ser mis mascotas por lo bien que las trato. Las veladas las paso en casa, cómodamente instalada con mis animales. Harry sabe hacer cinco números circenses. A Meow no le interesa que la eduquen ni la enseñen a hacer cosas. Tengo una vida muy plena gracias a estas criaturas».

Cuando Jill trabajaba, pasaba todos los días delante de una tienda de aves exóticas.

«El otro día entré y me enamoré de un loro gris. Me encantaría llevármelo a casa, pero sería un caos. Así que tengo que conformarme con visitas breves y me da pavor el día que alguien se enamore de ese pájaro. Le llamo Spalding, por el gran monologuista Spalding Grey».

Jill iba tanto a la tienda que el dueño de esta le preguntó si quería trabajar allí. «Al principio pensé: pues claro que no; estoy jubilada. Pero después de pensarlo unos días me di cuenta de que podía trabajar dos días a la semana. Cuando el dueño me dijo que eso era precisamente lo que buscaba, me lo tomé como una señal».

Al Jill le divierte que le paguen «dinero por jugar», tal y como lo explica ella, pero su mayor diversión es pasar tiempo con los pájaros. «Cuando pienso que soy una empleada en una tienda de pájaros me quedo asombrada. En todos los años que trabajé en el bufete nunca me pregunté: ¿qué me gusta? Ahora que me he jubilado, resulta que trabajo en lo que me gusta y además me pagan. ¿Cómo no se me ocurrió antes? Cada talón que recibo es un regalo. Y Spalding está estupendamente».

A veces los profesionales jubilados tienen la sensación de que si un trabajo es «demasiado fácil» no están desarrollando todo su potencial o, de alguna manera, están «vendiéndose barato». Pero preguntarse si algo es «demasiado fácil» es un error de base. Artistas de todo signo y condición tienden a equiparar facilidad al trabajar con venderse barato. Lo cierto es que hay que revertir la fórmula: cuando nos embarcamos en nuevas ideas debemos aprender a equiparar facilidad con virtud y dificultad con venderse barato.

Hank ha sido agente inmobiliario. Al jubilarse se puso a hacer algo que siempre había considerado un «pasatiempo»: soplar vidrio. Cuando trabajaba dedica-

«Riqueza es la capacidad de disfrutar plenamente de la vida».

Henry David Thoreau

ba todas sus vacaciones y su tiempo libre a estudiar y perfeccionar su técnica. Ahora, convertido en soplador a tiempo completo, se resiste a cobrar por su trabajo, aunque tiene ofertas de compra.

Hank se defiende diciendo que no necesita el dinero. «¿Por qué voy a cobrar nada? Puedo permitirme hacer esto como pasatiempo».

Al final es Hank quien debe decidir si saca su obra al mercado de artesanía en vidrio, pero haría bien en apreciar sus esfuerzos por lo que de verdad valen. Si no asignamos un valor económico a nuestro trabajo corremos el riesgo de no valorarnos a nosotros mismos. Con esto no digo que no podamos donar nuestro talento como mejor nos parezca, pero es importante buscar el equilibrio entre lo que damos y lo que recibimos. Que algo nos resulte divertido, y fácil, no quiere decir que no tenga valor.

Los jubilados a menudo deben vivir con un presupuesto más ajustado que cuando trabajaban, y su mentalidad de gasto tiene que cambiar. ¿Qué es lo verdaderamente importante? ¿Cómo decidimos dónde recortar? Se puede gastar por placer pero también con prudencia. Conseguirlo es fácil con una herramienta que llamo: «contar».

Contar es una herramienta que he usado muchas veces ya. Consiste precisamente en eso: en contar cada céntimo que ganamos y que gastamos. Es una herramienta informativa, no evaluativa. Nos permite ver que, por ejemplo, somos frugales a la hora de hacer la compra, pero gastamos diariamente más de la cuenta en cafés caros y llenos de calorías. Puede que gastemos demasiado en los demás y poco en nosotros mismos, colmando a nuestros amigos de regalos y usando siempre los mismos zapatos. Quizá nos parezca que el teatro es «demasiado caro», cuando a la hora de la verdad gastamos en taxis mucho más de lo que cuesta una entrada. Si contamos, descubriremos dónde va nuestro

«El dinero no es más que una herramienta. Te llevará donde quieras ir, pero no te hará de conductor».

Ayn Rand

dinero. Ver nuestros gastos por escrito nos permite comprender lo que de verdad nos importa. Aprendemos qué es lo que queremos cambiar.

Si identificamos nuestros verdaderos valores y, en consecuencia, gastamos —y ganamos— de acuerdo a ellos, el dinero dejará de resultarnos tan misterioso. Al concedernos la dignidad de las cosas claras, llevaremos una existencia más digna.

✎ Tarea
Contar

Prueba a contar durante una semana. Quizá descubras que quieres seguir haciéndolo. Contar es fácil: apunta cada céntimo que ganas y cada céntimo que gastas. Eso incluye gastos grandes y pequeños: comprar un coche, pero también un periódico, recibir una herencia inesperada, encontrarse una moneda en el suelo. Todo cuenta. Escríbelo. Al final de la semana, revisa tus gastos y verás tus patrones con claridad.

El cuidador profesional

Muchas veces veo en mis alumnos jubilados que a aquellos con una profesión dedicada a servir a los demás les cuesta más trabajo trasladar esa atención hacia sí mismos una vez se jubilan. Enfermeras, médicos, profesores, chefs, cualquier profesión de esas en las que «nunca se termina de trabajar» con frecuencia se adaptan mal a su nueva situación. Incluso si están preparados para jubilarse —o cansados de trabajar— la novedad que supone no sentirse «necesario» les supone una conmoción. Ahora que sus capacidades profesionales no son requeridas, pueden sentirse sin rumbo, resentidos incluso. Le puede pasar a personas que trabajaban cuidando a los

«La empatía con uno mismo consiste simplemente en tratarnos con la amabilidad con la que tratamos a los demás».

Christopher Germer

demás, pero también a los padres cuyos hijos vuelan del nido, a los que se ocupaban de un familiar mayor, o cualquiera que haya hecho las veces de «pila» para otra persona.

Dennis fue chef en un restaurante de lujo durante muchos años. «Cuando empecé», dice, «tuve que trepar con uñas y dientes para llegar a la cima. Era incansable, estaba lleno de ambición y de motivación. No me detenía ante nada». El estilo de vida lleno de altibajos propio de un chef le iba bien. Tal y como él lo describe, «nunca tenía sensación de avanzar y las subidas de adrenalina eran continuas». Puesto que en su profesión uno nunca termina de estar al día, su lista de cosas que hacer siempre era infinita y siempre se sentía necesitado. Jubilarse fue como «tirarse de un tren en marcha», explica. «Prácticamente me desmoroné, no tenía ni idea de qué hacer con mi vida».

Para cuando se jubiló, Dennis estaba exhausto, pero también acostumbrado a un horario interminable y lleno de adrenalina y a tener un equipo de trabajadores —por no hablar de los clientes del restaurante— que dependían de él. «Estaba acostumbrado a cuidar de los demás. Eso le daba sentido a mi vida todos los días. Ahora no tengo ni idea de a qué dedicar mis horas».

Cuando le sugerí que probara a pensar en maneras de cuidarse a sí mismo, reconoció que no lo había hecho nunca. «Tengo una buena casa, un buen coche... pero hay cosas que nunca he hecho, como cogerme unas vacaciones que no fueran por trabajo, o darme un masaje». Al escribir su autobiografía Dennis recordó que a los cuarenta y tantos años, cuando se hizo cargo del restaurante que sería donde transcurriría el resto de su carrera profesional, había vivido un momento cercano al pánico. «Sentí que tenía que "triunfar" y pronto», dice. «Me vi de joven y me di cuenta de que había estado dispuesto a renunciar a todo por mi profesión. No es de extrañar, por tanto, que ahora tenga la sensación de estar perdiendo una parte muy importante de mí mismo». Cuando lee su autobiografía Dennis siente, en cierta manera, lástima de sí mismo.

«Si te cuesta trabajo pensar en cuidarte a ti mismo ahora, prueba a cuidar a tu yo pasado», le sugerí. «¿Qué necesitaba ese hombre de cuarenta y tantos años que no consiguió?».

Dennis reflexionó al respecto y terminó por darse cuenta de que no había tenido un verdadero mentor. «Me sentía solo», dice. «Era como si tuviera que abrirme camino en la selva sin ayuda. Que no podía contar con nadie. Ahora que lo digo, me doy cuenta de lo triste que resulta. Ojalá pudiera dar marcha atrás y ser un mentor para mi yo de aquellos años».

La buena noticia es que, hasta cierto punto, puede. Poco a poco Dennis trabajó hasta reencontrarse con su yo de 40 años. «Al principio pensé que debía irme un mes a la playa a descansar. Pero ahora me doy cuenta de que eso no es lo que de verdad me apetece. Quiero hablar con otras personas. Quiero conocer a otros restauradores, a personas que se hayan jubilado y hayan conseguido emprender otra actividad que les resulte satisfactoria». El arte de cuidarse a uno mismo es muy específico, y debemos ser sinceros con nosotros mismos sobre lo que de verdad necesitamos. Si lo que necesitamos es consejo, tomarnos un litro de helado no nos ayudará. Si necesitamos descansar, una agenda sobrecargada nos alterará más. Si hemos dedicado muchos años a servir a los demás, la investigación para encontrar lo que necesitamos puede requerir bastante tiempo. Por favor, sé paciente. Merece la pena.

Fred llevaba algún tiempo jubilado cuando su mujer cayó enferma. Se convirtió en su cuidador y terminó pasando todo el tiempo a su lado. «No podría haber hecho otra cosa», dice. «Pero fue muy doloroso, en muchos sentidos». El estrés de la enfermedad de su mujer le pasó factura también a él. «Estoy exhausto

«Primero quiérete a ti mismo y todo lo demás vendrá solo. Tienes que quererte de verdad si pretendes conseguir algo en este mundo».

Lucille Ball

físicamente, pero también mental y espiritualmente. Casi no he tenido tiempo para estar triste». Para Fred, ir a darse un masaje fue casi un gesto radical. «No me puedo creer que mis planes se reduzcan a eso, pero voy a probar». Durante el masaje se dio cuenta de lo mucho que le dolía la pérdida de su mujer. Echaba de menos que alguien le tocara. Recordó momentos de felicidad y de sufrimiento. Sintió compasión de sí mismo y se dio cuenta de que llevaba años sin pensar en sus necesidades. Cuando el masaje estaba a punto de terminar, concertó cita para darse otro. Para Fred aquello era una terapia productiva. Decidió que se daría un masaje a la semana.

Para muchos jubilados, el arte de cuidarse a sí mismos es complejo. Pero sus recompensas exceden con mucho el dinero que deben invertir. Cuando no tenemos claro cuál debe ser nuestro siguiente paso, nos viene bien buscar en nuestra autobiografía pistas de cosas que nos habría gustado tener. Cuando cuidar de otros nos ha dejado agotados, lo que más nos ayudará es dedicar tiempo a mimar nuestro maltrecho yo. Echarnos una mano a nosotros mismos cuando no estamos acostumbrados a ello y descubrir qué poco necesitamos para sentirnos mejor puede constituir toda una sorpresa. Al preguntarnos qué necesitamos de verdad quizá descubramos, inesperadamente, que tenemos la respuesta. Y que además es sencilla.

✎ Tarea
Cuidar de nosotros mismos

¿Has sido alguna vez las pilas de otra persona? Enumera tres momentos de tu vida en que invertiste más energía en una relación de la que obtuviste muy poco. Si un recuerdo te resulta particularmente emotivo o doloroso, dedica cinco minutos a escribir sobre esa relación.

«Lo que dejamos atrás y lo que tenemos por delante son menudencias comparado con lo que llevamos dentro».

Ralph Waldo Emerson

Ahora, escribe diez cosas, de menor a mayor, que podrías hacer para mimarte un poco, cosas que no te costaría hacer para otros pero que rara vez (o nunca) te regalas a ti mismo. Elige una cosa de la lista. Hazla.

Avanzar: hacer lo que toca

Muchos pueden sentirse confusos cuando se enfrentan a su jubilación. Durante su vida profesional sabían lo que venía a continuación. Su jefe, su empresa o sus clientes dictaban su agenda. Una vez jubilados, sin nadie que la dicte, pueden atravesar momentos de sentirse perdidos, sin saber en qué ocupar su tiempo. De pronto se encuentran en casa a mediodía y entre semana y descubren que llevan varios minutos de pie delante de la nevera o con la mirada perdida en las páginas de un periódico mientras tratan de decidir qué hacer.

Estos momentos de confusión son algo normal. A quien los tiene le digo: «Haz lo que toca». No pienses en el panorama general y céntrate en las cosas pequeñas. Para la mayoría de nosotros debería resultar fácil. Lo que toca puede ser algo muy sencillo: hacer la cama, lavar los platos, sacar la basura. Cada pequeño paso dicta el siguiente, y así sucesivamente. Por ejemplo, hacer la cama conduce a colgar la ropa o, si se quiere, colgar la ropa conduce a hacer la cama.

Por insignificantes o simples que puedan parecer estas acciones, un cuerpo en movimiento sigue en movimiento, e incluso la acción más pequeña —sacar la basura o darse una ducha— conduce inevitablemente a otra. Si pensamos en Dios como LDC (la dirección correcta) es fácil ver cómo hacer lo que toca es una especie de puesta en orden espiritual. Lo que toca puede ser algo físico, como dar una vuelta a la manzana para despejarse, apilar la leña de forma ordenada junto

«El valor no siempre es un estruendo. En ocasiones es la voz callada al final del día que dice: "Mañana lo intentaré otra vez"».

Mary Anne Radmacher

a la casa o jugar con el perro. Puede ser emocional: llamar a un pariente o a un amigo, escribir en la auto-biografía sobre un recuerdo especialmente intenso, gritar con una almohada puesta en la cara para que no nos oigan. Puede ser espiritual: oír música o leer un libro que nos inspire. El truco está en salir del estanca-miento de la forma que se nos ocurra.

A mí, limpiar u ordenar me resulta de gran ayuda para avanzar. Si consideramos la limpieza una virtud, entonces limpiar y ordenar nuestro entorno nos sitúa en la dirección correcta. Muchos alumnos me comentan que mientras hacen limpieza les vienen ideas sobre «lo que toca» en distintas facetas de su vida. A mí fregar los platos siempre me ayuda con los argumentos de mis obras de teatro.

Algo que nunca es una mala idea son las citas con el artista. Resulta fácil saltárselas, pero las citas con el artista son siempre satisfactorias y constituyen una elec-ción excelente cuando se trata de avanzar. Cuando me siento atascada o no estoy segura de qué debo hacer a continuación, una visita rápida al museo de Georgia O'Keeffe, en el centro de la ciudad, me transporta a un estado de serenidad y lucidez. Vuelvo llena de energía y lista para emprender un proyecto nuevo.

Un alumno mío, Joseph, sufría haciendo las páginas matutinas porque cada vez que escribía «le entraba el pánico». «No hay razón para ello», decía, «pero me pongo muy nervioso. Creo que tiene que ver con el hecho de que no sé hacia dónde quiero ir. Casi no ten-go ganas de escribir porque pensar en ello me resulta demasiado doloroso».

Le pedí que pensara en una cosa que podía hacer, por pequeña que fuera.

«Bueno, podría ir a hacer la compra», dijo.

«Perfecto», le animé, encantada.

«¿Por qué te alegra tanto que vaya a hacer la com-pra?», me preguntó, suspicaz.

«Porque es una buena idea y te conducirá a otra», le dije. «Llámame luego para contarme que lo has hecho».

Cuando me llamó estaba considerablemente más animado. Había ido al supermercado y comprado cosas que necesitaba y otras solo porque «le habían apetecido». Al salir se había dado cuenta de que estaba cerca del banco y se había pasado a solucionar unas cosas que tenía pendientes. De vuelta a casa, de pronto se encontró con fuerzas para revisar el correo que había ido acumulando sin abrir. Encontró una carta de un amigo del que no tenía noticias desde hacía tiempo.

Ahora se sentía más útil, pero su casa le daba sensación de soledad y no sabía muy bien cómo mitigarla. Se le hacía demasiado grande. Llenar la nevera era una cosa, pero…

«Haz lo que toca», se recordó, y vio con claridad que tenía que mandarle una nota al amigo que le había escrito. No tenía que ser muy larga, solo: «Hola, me acabo de jubilar y estoy tratando de decidir qué hacer. Se me ocurrió escribirte porque me ha encantado que me escribas tú».

Una vez escrita la nota, había que ir a correos. Allí compró un pliego de sellos y usó el primero para la nota a su amigo. De vuelta a casa se paró en una gasolinera nueva donde el galón de gasolina costaba treinta céntimos menos de lo que pagaba normalmente. Al limpiar el parabrisas mientras le llenaban el depósito, se dio cuenta de que tenía el coche muy sucio. Así que condujo un kilómetro hasta el lavado automático. Metió el coche en el circuito y se preparó a disfrutar de la cascada de agua jabonosa. Lavar el coche le llevó menos de diez minutos y aspirarlo por dentro, otros diez. Volvió a casa sintiéndose bien. Hacer lo que tocaba le había resultado reconfortante y productivo.

Cuando me contó la historia le dije: «Por lo que me dices has tenido un día de lo más productivo, Joseph».

«Haz lo que puedas, donde estés y con lo que tengas».

Squire Bill Widener

«El progreso no consiste en mejorar lo que es, sino en avanzar hacia lo que será».

Khalil Gibran

«Sí, y tengo que admitir que también ha sido esclarecedor. Una vez salí de mi parálisis me resultó muy fácil lo de hacer "una cosa a la vez", y luego otra. Para serte sincero, saber que tenía que llamarte y contarte que había hecho la compra fue lo que me hizo salir de casa».

No hay que subestimar la efectividad del truco de la «llamada sándwich», es decir: llamar a un amigo, contarle que vas a hacer una cosa y volver a llamarle cuando la has hecho. A los que piensen que reclutar a un amigo para que nos ayude a movernos puede sonar ridículo, les diría que es más doloroso quedarse atascado que coger el teléfono. ¿Y a quién no le ha pasado? Si elegimos bien al amigo, podemos estar seguros de que nos comprenderá... e incluso es posible que nos llame cuando necesite a alguien que le ayude a cumplir su propia agenda.

Ya sea para ayudarnos a nosotros mismos a decidir qué hacer a continuación o para ayudar a alguien, resulta útil formularse la pregunta: «¿Qué cosa sin importancia llevas retrasando?». En el caso de Paco, era sacarse el carné de la biblioteca. «Pero eso no cuenta, ¿no?», me preguntó. «¿No es demasiado pequeño?».

Para nada. En absoluto.

«Ve a hacértelo», le apremié.

«Está bien», gruñó Paco.

La siguiente vez que hablé con él, presumió: «Me he sacado el carné y resulta que nuestra biblioteca está bastante bien».

«Y entonces ¿ahora qué, Paco?», le pregunté.

«Hay una exposición de fotografía en un café...».

«Ve», le urgí.

Cuando volvimos a hablar, me contó orgulloso: «Conocí al fotógrafo. Mañana voy a su estudio a ver más obras. Igual compro una». Paco estaba descubriendo el arte de la exploración sin prisas. Estaba comprobando que una vez que salía de su inercia, no le resultaba difícil llenar sus días.

Hacer «lo que toca» puede resultar casi mágico una vez se inicia el ciclo de movimiento. No dediques demasiado tiempo a pensar en lo que toca. Será algo pequeño, algo sencillo, algo que estimula la imaginación.

✎ Tarea
Haz lo que toca

Pista: lo que toca es algo diminuto, nada amenazador y lo tienes delante. Hazlo.

Registro semanal

1. ¿Cuántos días has escrito tus páginas semanales? ¿Qué tal fue la experiencia?
2. ¿Hiciste la cita con el artista? ¿Qué fue? ¿Descubriste algo en tu autobiografía que te gustaría explorar en una cita con el artista?
3. ¿Has dado paseos? ¿Notaste alguna cosa cuando los dabas?
4. ¿Cuántos «ajás» has tenido esta semana?
5. ¿Has experimentado sincronicidad esta semana? ¿En qué consistió? ¿Te hizo sentir humilde, guiado en cierto modo por un poder superior?
6. ¿Qué descubriste en tu autobiografía que te gustaría explorar con mayor profundidad? ¿Cómo te gustaría hacerlo? Como siempre, si tienes un recuerdo especialmente significativo al que necesitas dedicar más tiempo pero no estás aún seguro de qué pasos dar, no te preocupes. ¡Sigue avanzando!

Reavivar una sensación de vitalidad

Esta semana se centra en desarrollar una sensación saludable de autoprotección que nos proporcione la fortaleza y la claridad necesarias en las situaciones difíciles. Cuando trabajes en tu autobiografía, recuerda cómo empleabas tus energías esos años, en ti mismo y en los demás. Hoy puedes elegir de nuevo cómo emplear tus recursos interiores más valiosos, y cuando elijas correctamente para ti y para los demás, la energía y la fuerza serán tu recompensa. Escribir te guía y te ayuda a seguir adelante. Las citas con el artista te proporcionan inspiración. Durante los paseos te conectas con un recurso espiritual ilimitado y, si te comprometes a cuidarlo, obtendrás la fortaleza que necesitas. Al repasar tu vida en la autobiografía conectas con tu antiguo yo y aprendes de él. A menudo los sueños enterrados son tarjetas de visita de nuestra verdadera identidad. Y cuando somos fieles a nuestra verdadera identidad, la vitalidad es la recompensa.

EL POZO INTERIOR

«En la vida lo importante
no es la longitud, sino la
profundidad».

Ralph Waldo Emerson

Cada vez que hacemos algo creativo buscamos inspiración en nuestro manantial interior. ¿Qué quiero decir con eso? Quiero decir que todos tenemos una reserva de imágenes que usamos para crear. Podemos vernos a nosotros mismos como un ecosistema. Cuando escribimos, pintamos, cosemos o dibujamos sacamos imágenes de nuestro manantial interior. Si aprendemos a reponer nuestras reservas de imágenes, trabajamos mejor. De igual manera, si sacamos del pozo y no volvemos a llenarlo, nuestro trabajo se vuelve más arduo y nos preguntamos qué se ha torcido «de repente».

Lo que se ha torcido es que estamos sacando inspiración del pozo sin reponer imágenes. La mejor manera de volver a llenar el pozo es concertar una cita con el artista. A medida que llenamos el pozo de manera consciente recuperamos la inspiración. Una única cita con el artista suele bastar. Sin embargo, si estamos inmersos en un proyecto pueden ser necesarias más.

La cita con el artista parece algo frívolo: salir a hacer algo que es diversión pura. Pero muchos de mis alumnos me cuentan que durante una cita con el artista fue cuando experimentaron por primera vez la sensación de contacto consciente con un poder superior, y es cierto que esta actividad nos ayuda a percibir el universo como algo benévolo. La cita con el artista puede ser lujosa o modesta; algo tan sencillo como ir a una floristería en ocasiones para llenar el pozo.

Escribir la autobiografía siempre proporciona posibles temas que desarrollar en una cita con el artista. Hacer citas con el artista destinadas a «recordar» algo específico puede ser una herramienta muy poderosa que nos conecta con el pasado y estimula nuestro presente. Algunas personas vuelven a calles donde vivieron o recorren el camino que hacían de la escuela elemental a su casa. Otros recrean recetas de cocina, ven una película que les gustaba de pequeños, releen un libro infantil de cabecera. Hay muchos detalles pequeños —las formas de un móvil de cuna, el ratón rojo de juguete del gato, el olor de la colonia que usaba la abuela, la canción que oíamos una y otra vez en el instituto— capaces de liberar estos poderosos recuerdos. Más que recuerdos, las imágenes y sensaciones nos conectan con nosotros mismos. Siguen siendo parte de quienes somos y, al volver a conectar con ellas, nos hacemos más fuertes.

Recuerda que la cita con el artista puede ser cualquier cosa; el único requisito es que te dé sensación de diversión. Cualquier cita con el artista sirve para rellenar el pozo porque nos conecta con imágenes nuevas. Las imágenes no tienen por qué estar directamente relacionadas con la obra que tenemos en ese momento entre manos. Sirve cualquiera.

Genevieve es una profesora de literatura convertida en novelista después de cumplir los 50 y que está inmersa en su segunda novela.

«Julia», se lamentó. «Estaba escribiendo en plena tormenta y de pronto ha llegado la sequía».

«No te preocupes, Genevieve», la tranquilicé. «Lo único que ha pasado es que se te ha agotado el pozo. Haz unas cuantas citas con el artista y pronto volverás a escribir. Y recuerda que las citas no tienen por qué estar relacionadas con la novela que estás escribiendo».

Genevieve se dispuso a hacer sus citas con el artista. «Siempre me resisto en el momento de salir de casa», me confesó. «De repente hace demasiado viento, o no he fregado los platos o tengo cualquier otra excusa tonta. Es una resistencia ilógica. La cita con el artista no dura más que una hora y hacerla me inspira muchísimo. Luego estoy varios días de buen humor. Lo que pasa es que me cuesta trabajo motivarme».

En su primera cita con el artista, Genevieve visitó una tienda de donuts artesanos de una localidad vecina. «Había oído hablar del sitio y de sus donuts extraños

«Tenemos una deuda incalculable con el juego de la imaginación».

Carl Jung

y fascinantes. Me picó la curiosidad. ¿Donuts rellenos de naranja sanguina y caqui? ¿De dulce de leche? Pero nunca pasaba por la tienda y desde luego no iba a desviarme solo para comprarme un donut».

Pero cuando por fin se desvió, se sintió mágica y traviesa. «¡Me parecía una frivolidad! Pero los donuts estaban deliciosos. Y sí, me comí dos», me confió, pícara. «Me sentí igual que un niño al que dan un premio».

Darnos el lujo de sentirnos como un niño disfrutando de un premio es un poderoso acto creativo. Y si elegimos premios que disfrutamos de pequeños, la satisfacción es aún mayor. Revisitar un premio infantil puede desencadenar toda una marea de recuerdos e ideas.

En su segunda cita del artista, Genevieve hizo algo que se salía mucho más de su zona de confort: fue a comprarse un vestido.

«Nunca fui de esas chicas que salen de compras por diversión», me contó. «Así que comprar por comprar era algo que me resultaba extraño. Pero probarme vestidos... ¡eso sí que se me hizo raro! ¡Creo que no lo hacía desde el instituto!».

Genevieve encontró, y se compró, un vestido sencillo en esa cita con el artista. Y un mes más tarde se le presentó una ocasión inesperada de ponérselo.

«Me llamó mi agente literario para decirme que había una editorial nueva que podría estar interesada en mi novela», dice. «Qué contenta estaba de tener algo que ponerme para la reunión. El vestido nuevo me resultaba cómodo, pero además tenía un secreto: ese vestido representaba el hecho de que cuido a mi artista interior. Me sentía segura con él puesto. La reunión fue muy bien y ello se debió en gran parte al hecho de que las citas con el artista extra me habían hecho sentir libre creativamente. Tenía claros mis objetivos y me sentía capacitada para hablar de mi obra en la reunión. Las citas me ponen en contacto con lo que de verdad me importa».

«Con vivir no basta... Hacen falta sol, libertad y alguna que otra florecilla».

Hans Christian Andersen

Genevieve me contó que la escritura de su nueva novela iba de maravilla. «Es increíble lo fácil que es», me dijo a continuación, encantada de haber vuelto a su libro. A mí en cambio no me sorprende. Tengo comprobado que las citas con el artista ponen a las personas en contacto consigo mismas, y, por consiguiente, con el mundo, de una manera muy poderosa.

Cuando planeemos la cita con el artista debemos buscar la magia. Dicho en otras palabras, debemos disponernos a desentrañar un misterio, algo que atrape nuestra imaginación. Una cita con el artista no tiene que ser —incluso es conveniente que no lo sea— demasiado intelectual. Visitar una librería infantil y releer nuestro cuento preferido puede desatar emociones y energía a raudales. Cocinar un plato de infancia o volver a ver una película que nos gustó en el pasado conecta nuestro pasado con nuestro presente. Las citas con el artista son esclarecedoras, y estoy usando esa palabra en un sentido literal. Después de una cita estamos «iluminados».

Una de mis citas con el artista preferidas sigue siendo la del pisapapeles, cuando visité un taller de soplado de vidrio y observé con fascinación, y algo de miedo, a la artista trabajar con un grumo de vidrio fundido y darle forma de pisapapeles. Fue algo que se salía por completo de mi esfera de experiencia.

«¿Quieres probar?», me preguntó. Me oí a mí misma decir sí y tendí las manos para coger la vara con el vidrio fundido en el extremo.

«Métela en un color», me indicó la artista señalando una paleta. Elegí escarlata y sumergí la vara.

«Ahora otro», me indicó. Esta vez elegí fucsia y teñí la vara de rosa intenso. Luego seguí paso a paso las indicaciones de la artista.

«Bájala», me explicaba. «Ahora gírala». Obedecí y descubrí que había hecho un pisapapeles de lo más digno. A continuación miré fascinada cómo la artista hacía un pez koi, dorado con motas plateadas. Hacía que pareciera fácil, desplegando la cola para darle sensación de movimiento. Hacer ese pez koi requería dominio y gran delicadeza. Era un artículo caro, y con razón.

Me encanta el vidrio coloreado, pensé. Me encanta ver formas volverse reconocibles. Me encanta la magia y el arte que implica hacer algo a partir de nada. Esta, para mí, es la esencia de una aventura fructífera.

Por simples que parezcan estas reflexiones, celebrar lo que amas y celebrar ser tú quien lo ama es algo muy poderoso.

Cadee, autora teatral, recurría constantemente a su pozo interior cada vez que tenía cerca una fecha de entrega. Consciente de que necesitaba «influjo» extra en momentos de intensa productividad, se fue a una pajarería.

«Elegí una pajarería porque recordé, cuando hacía la autobiografía, que a mi abuela le encantaban los pájaros», dice Cadee. «Quería conectar con ella. No estaba muy segura de cómo hacerlo, pero pensé que pasar unos minutos en una pajarería era el paso correcto».

«En el jardín tengo arrendajos y gorriones», le explicó Cadee al dependiente.

«En ese caso», dijo este, «necesitará comida de dos clases. Al arrendajo le gustan los cacahuetes y al gorrión, las semillas». Cadee no había entrado en la tienda con la idea de ampliar sus conocimientos sobre la alimentación de las aves, pero terminó comprando los dos alpistes y al llegar a casa llenó con ellos los comederos que tenía en la parte trasera de su casa. Tal y como le había dicho el dependiente, en cuanto puso los cacahuetes empezaron a llegar arrendajos, en ocasiones de cinco en cinco. Los gorriones fueron más lentos. Llegaban solos o en pareja y picoteaban las semillas. Cadee tenía los comederos justo fuera de las ventanas de su cuarto de estar y, si se sentaba en el sofá, podía ver el espectáculo. Tenía un breve manual de especies de aves y lo uso para identificarlas según llegaban: juncos, carboneros, pinzones... eran todos preciosos. Y por supuesto también había arrendajos azules, hermosos y audaces. Mientras miraba los pájaros se sintió cerca de su abuela. Al pensar en su abuela le vinieron nuevos recuerdos a la cabeza. Recordó que de niña se sentaba en el porche cubierto de la casa de su abuela, con láminas de Audubon en las paredes. En el porche su abuela tenía un libro de colorear lleno de pájaros para que se entretuvieran sus nietos cuando estaban de visita.

En los descansos que hacía mientras escribía su obra de teatro, Cadee buscó a Audubon en internet. Encontró un sitio que vendía láminas y compró una docena. En cuanto llegaron las llevó a enmarcar y eligió unos marcos muy bonitos para todas. Resulta que en la ciudad donde vivía Cadee había una reserva de pájaros de la National Audubon Society. El primer día cálido de primavera fue de visita a este santuario. Para su alegría, eran muchos los pájaros que volaban allí, sin duda sintiéndose amados y seguros. En la librería compró un libro de colorear, muy parecido al del porche de su abuela. Una vez en casa, disfrutó de lo lindo coloreando cada una de las especies que visitaban sus comederos.

«Me he dado cuenta de que me encantan los pájaros», dice Cadee. «Vivo en las montañas, demasiado lejos de las garzas y garcetas con las que crecí, pero ahora tengo dos láminas, una de una garceta nívea y otra de una garza azul. Rodearme de pájaros me conecta con mi abuela y con mi infancia. Observar pájaros me produce gran felicidad y me inspira como escritora».

Es difícil subestimar el poder de recuperar recuerdos queridos de nuestro pasado. Recordarlos es una cosa, pero reencontrarse con ellos —o con una manifestación física de los mismos— otra muy distinta. Cuando buscamos nuestro antiguo yo, este nos sale al encuentro lleno de ideas para el mañana.

✏ Tarea
Llena el pozo

Esta semana concierta una cita extra con el artista; haz una que simplemente te proporcione placer y otra que sea un ejercicio de «recordar», en el que vayas a la búsqueda consciente de algo del pasado. Si concertar dos citas te hace sentirte frívolo, estupendo. Rellenar el pozo dará impulso al proyecto en el que estés ahora y te preparará para el siguiente.

✏ Tarea
Autobiografía, semana diez

Años: _____

1. Describe tus relaciones más importantes en ese periodo.
2. ¿Dónde vivías? ¿Viviste en más de un sitio?
3. ¿A qué dedicabas el grueso de tu energía en esos años?
4. Describe un sonido que te devuelva a esa época.
5. Describe un sabor de esos años.
6. ¿A quién dedicabas tus energías en ese periodo? ¿Dejaste tus necesidades a un lado para atender las de otra persona?
7. ¿Qué te hacía feliz en esos años? ¿Sigue haciéndote feliz, o podría?
8. ¿Te enfrentaste a problemas de salud, tuyos o de alguien cercano, en esos años?
9. ¿Qué te producía dolor en ese periodo? Cuando lo recuerdas ahora, ¿has aprendido algo de la experiencia?
10. ¿Qué otros recuerdos significativos conservas de esos años?

Egoísmo sano

En la jubilación muchos debemos aprender a practicar algo que podríamos llamar «egoísmo sano». Ya no nos ata un trabajo y tenemos libertad, pero esa libertad debemos usarla en beneficio propio. A muchos esto nos resulta extremadamente difícil. Estamos demasiado dispuestos a sacrificarnos en nombre de la familia, de las obligaciones domésticas, de promesas que hemos hecho de ayudar en la parroquia o de deberes u obligaciones largo tiempo pospuestas. El problema es que en ocasiones renunciamos a nuestros deseos por exigencias externas.

Cuando Geraldine se jubiló de su trabajo de maestra de escuela infantil, una de las cosas que más ilusión le hacía era pasar más tiempo con sus nietos. Se ofreció a echar una mano de vez en cuando a su nuera y terminó reclutada como niñera a tiempo completo. Aunque le encantaban sus nietos y le gustaba sentirse necesitada, no le gustaba que no valoraran su labor. «Debo de parecer una amargada, pero tengo la sensación de que me han colgado el estereotipo de abuela santa con paciencia y energía infinitas. Quiero a mis nietos pero ¡estoy cansada!».

Cuando arañé la superficie de las lamentaciones de Geraldine, descubrí que su malestar estaba justificado. Su nuera quería recuperar su puesto en el mundo profesional y se aferró a la oferta de Geraldine de cuidar a sus nietos como a un clavo ardiendo. Una cosa llevó a la otra y pronto se encontró trabajando de ocho a cinco, cinco días a la semana. Sus nietos, un niño y una niña de 4 y 2 años respectivamente, eran activos, sanos y revoltosos. Controlarlos requería toda la energía de Geraldine. Empezó a no gustarle ser niñera. «Se te dan tan bien», comentaba a menudo su nuera, y era cierto, pero a medida que su cansancio aumentaba, Geraldine estaba cada vez más incómoda. Sus nietos eran encan-

«Hace falta valor para crecer y convertirse en quien se es de verdad».

E. E. Cummings

tadores, pero echaba de menos las conversaciones y las actividades para adultos.

«Me equivoqué», dice. «Ofrecí, y cedí, demasiado. Ahora echarme atrás me haría sentir culpable, pero me molesta que den por hecho que siempre estoy disponible. Me preocupa que esto dañe mi relación con mi hijo y mi nuera, y también con mis nietos».

Cuando conocí a Geraldine enseguida tuve claro el diagnóstico: demasiado solícita. Le sugerí que probara a escribir las páginas matutinas, y cuando lo hizo le sorprendió toda la ira que había estado acumulando. Le aseguré que desahogarse en las páginas no tenía nada de malo, porque para eso están, y que ella era su única destinataria.

«Lo que necesitas», le dije, «es un poco de egoísmo sano. Dile a tu nuera que puedes cuidar a los niños algunos días, pero no todos». A Geraldine le alivió mi diagnóstico, pero la receta le hizo dudar. Me preguntó si no sería egoísta. Después de todo no tenía «nada» que hacer.

«Precisamente», le dije. «Necesitas buscarte pasatiempos e intereses propios». Geraldine era reacia a poner límites. Parecía tener vocación de santidad, aunque, en su caso, de la santidad al martirio había solo un paso. Sus páginas matutinas seguían sugiriendo que necesitaba tener su propia vida. Por fin, un día, al final de una larga jornada cuidando de sus nietos, mantuvo una conversación difícil con su nuera.

«Sabes que te quiero», le dijo, «y sabes que quiero a los niños. Pero cuidarlos todos los días me resulta excesivo».

La nuera rio, incómoda.

«Me parecía demasiado bonito para ser verdad», confesó.

«Puedo cuidarlos tres días a la semana», se ofreció Geraldine, «pero para los otros dos días tendrás que buscar a alguien».

«La persona que dice que algo no se puede hacer no debe interrumpir a la que dice que sí se puede».

PROVERBIO CHINO

«Muy bien», accedió la nuera.

Geraldine comprobó que se sentía aliviada. «No creo que les pase nada por probar a llevar a los niños a una guardería», se atrevió a decir. «Socializar con otros niños puede venirles bien».

«Igual tienes razón», reconoció la nuera.

De esta forma, Geraldine pasó a tener dos días libres a la semana. «¿A qué los voy a dedicar?», se preguntó. Entonces se contestó sola: «Puedo ir a museos, galerías y al teatro. Puedo apuntarme a clases de algo. Puedo hacer muchas cosas. Si no se me ocurre nada, haré *alguna cosa*... y luego otra cosa». No pasó mucho tiempo antes de que Geraldine empezara a cultivar por primera vez un egoísmo sano. «Tuve que dejar clara mi postura y defender mis intereses», dice ahora, «y esa fue la parte difícil. No quería reconocer que ser cuidadora a tiempo completo era más de lo que me apetecía ahora mismo. Pero una vez acepté que se trataba de una petición razonable, pude plantearme llevar una vida más equilibrada y sin enfadarme o, lo que es peor, volverme pasivo-agresiva y resentida por intentar ocultar mis sentimientos. Ahora me doy cuenta de que tengo más paciencia con todo el mundo, incluida yo».

Llegar a un egoísmo sano puede requerir un difícil equilibrio entre sinceridad respecto a nuestras emociones y empatía con nosotros mismos, pero el resultado es, inevitablemente, la felicidad.

Cuando emprendemos la recuperación de nuestra creatividad, necesitamos trazar un círculo sagrado a nuestro alrededor. Muchos de nuestros amigos no entenderán que pongamos esos límites. Tenemos que proteger nuestras nuevas actividades. Por ejemplo, las citas con el artista debemos hacerlas solos, no con amigos curiosos.

Clarice comprobó que muchos de sus amigos recibían la recuperación de su creatividad con escepticismo. No obstante, siguió adelante con la ayuda de las

«Cuando al final de mi vida comparezca ante Dios, espero que no me quede nada de talento y pueda decir: he usado todo el que me diste».

Erma Bombeck

herramientas básicas: páginas matutinas, citas con el artista y paseos. Al escribir su autobiografía le sorprendieron los recuerdos tan vívidos que conservaba de su madre cuando, recién jubilada, se dedicó a hacer colchas. Conmovida e inspirada, buscó una feria de artesanía a la que pudiera asistir. Pero cuando contó sus planes a una amiga especialmente dominante, esta enseguida se autoinvitó.

«Preferiría ir sola», se aventuró a decir Clarice con cautela, sintiéndose al mismo tiempo egoísta y segura. «Quiero estar a solas con el recuerdo de mi madre, no sé si me entiendes».

«Venga ya, Clarice», la importunó la amiga. «¿Cómo es que te has vuelto tan egoísta de repente?».

Clarice, aunque dolida, se mantuvo en sus trece y sugirió a la amiga que comieran juntas después. Esta accedió de mala gana.

Durante la visita a la feria a Clarice la inundaron los recuerdos. La colección de dedales de su madre le vino a la cabeza con la misma claridad que décadas atrás cuando la miraba empezar a hacer colchas. Vio trozos de tela con jirafas en uno de los centones que le recordó a la colcha de su infancia, una que le había hecho su abuela. Paseando entre colchas en silencio, sintió que su madre y su abuela estaban con ella. Supo lo que tenía que hacer.

Al salir de la feria se acercó a una mujer mayor que estaba en la entrada.

«¿Podría darme algún consejo de principiante?», preguntó tímida. Nunca se le había ocurrido hacer colchas, pero después de aquella especialmente intensa cita con el artista sentía un apremio innegable.

«Por supuesto», dijo la amable mujer, y le dio una tarjeta y unos folletos. «Aquí hay algunos recursos que quizá le resulten de interés: una buena tienda de telas y mi número de teléfono. Y recuerde, querida, que la primera colcha que haga puede ser pequeña».

Clarice volvió al coche sintiendo que había entrevisto, por un lado, el pasado y, por otro, un futuro que le traería dicha y satisfacción. «Qué importante era que hiciera esto sola», pensó. De haberla acompañado alguien, en especial su amiga tan dominante, la experiencia no habría sido tan íntima.

A medida que Clarice siguió haciendo citas con el artista se hizo evidente quiénes de sus amigos respetaban sus deseos de vivir determinadas experiencias en soledad. Esas fueron las personas con las que elegiría pasar su tiempo y compartir sus reflexiones. Y elegir con quién compartimos nuestro tiempo y nuestras reflexiones debe hacerse con cuidado, pues estamos escogiendo con quien queremos compartirnos a nosotros mismos.

En su raíz, el arte es un ejercicio de autobiografía que saca a la luz secretos familiares que forman parte de nuestra historia personal. «¿Cómo has podido?», es la pregunta que puede sugerir la obra que producimos. Hace falta audacia para forjar una pieza artística, y esa audacia no es siempre bien recibida. Es como si el artista hubiera abierto la puerta del sótano, del ático o del armario y estuviera rompiendo un tabú familiar.

Eliza era pintora especializada en paisajes. Trabajar en sus páginas matutinas le dio deseos de probar el género del retrato. Empezó a pintar a su familia y a sí misma. Sus familiares recibieron su nueva obra horrorizados. «¡No estoy tan gorda!», exclamó una hermana. «¿Tenías que pintar a papá con un martini en la mano?», quiso saber otra. «Y mamá tiene cara de enfadada».

El trabajo de Eliza estaba aireando los secretos de familia.

«Nuestro hermano parece fumado», dijo otra hermana.

«Es que lo está», contestó Eliza. Hay que decir que su galerista sí aceptó su nueva obra. «Siempre pensé que detrás de tus bonitos paisajes se escondía algo más», le dijo mientras ultimaban los detalles para la exposición de retratos. Cerraba la muestra un autorretrato de esta, pintando. Su aspecto era indómito, pero feliz.

Reconocer ante nosotros mismos lo que de verdad deseamos, y hacer el arte que queremos hacer, requiere valor. A medida que avanzamos en la recuperación de nuestra creatividad encontraremos cosas pequeñas y grandes en las que necesitaremos ser egoístas. Al analizar estos deseos en las páginas matutinas nos ponemos en contacto con nosotros mismos y sabemos cómo hacerlos realidad. Si actuamos de manera adecuada a nuestros deseos, experimentaremos la autoestima que trae consigo la autenticidad. Si nos valoramos más a nosotros mismos, nuestra relación con los demás será más plena.

✎ Tarea
Egoísmo sano

Completa las frases siguientes:

1. Si no fuera demasiado egoísta, me gustaría...
2. Si no fuera demasiado egoísta, me gustaría...
3. Si no fuera demasiado egoísta, me gustaría...
4. Si no fuera demasiado egoísta, me gustaría...
5. Si no fuera demasiado egoísta, me gustaría...

En la enfermedad

En nuestra vida profesional muchos hemos disfrutado de una sensación de competencia y fortaleza. Pasábamos de un proyecto a otro vigorosos y llenos de autoestima. Cuando dejamos atrás esa vida, muchos flaqueamos. Disminuye nuestra sensación de fortaleza. Ya no nos sentimos ni tan robustos ni tan físicamente capaces. Echamos de menos la sensación del deber cumplido que nos proporcionaba nuestro trabajo. Desconcertados por nuestra debilidad, nos preocupa no recuperar nunca la sensación de fortaleza. Pero son temores infundados. Lo que necesitamos hacer es, en realidad, muy sencillo: fijarnos nuevas metas. Es tan fácil como coger papel y lápiz y escribir categorías en las que clasificar esas metas. Pueden ser sencillas: espiritualidad, amistad, creatividad, bienestar físico.

Cuando hago este ejercicio, fijo una meta factible dentro de cada categoría. Para la espiritualidad puede ser una breve lectura diaria de literatura espiritual. Para mis amistades, organizar una comida. Para la creatividad me comprometo a hacer las páginas matutinas y tres páginas del proyecto con el que esté trabajando en ese momento. Me pongo metas que puedo conseguir y, una vez lo he hecho, me encuentro más fuerte y con ganas de hacer más. Alcanzar nuestras metas nos da satisfacción. Cuando las cumplimos nos volvemos más fuertes.

Soy vegana desde hace dos años, cuando algunos de mis amigos empezaron a seguir una dieta vegana y vi cómo mejoraban física y mentalmente. Hoy, con veinte kilos menos, tengo más energía, estoy más lúcida y doy gracias por haber dado este paso. Desde el punto de vista físico, uso varias tallas menos y tengo mucha más resistencia. Me ha bajado el colesterol y duermo mejor. Pero también tengo la sensación de que los beneficios de la nueva dieta van más allá de lo que se puede medir y ver. Ser proactivos respecto a nuestra salud es una meta factible y que nos beneficia mucho de cara a nuestra nueva vida.

Vincent se jubiló y pasó un verano paseando por un centro comercial en Indianápolis. «Es muy cómodo», dice, «porque en el centro hay marcadores y puedo ver cuánto camino. También evito la nieve. Indianápolis no es una ciudad con demasiados lugares para pasear, sobre todo cuando hace mal tiempo. He descubierto que hay toda una cultura de gente que se dedica a caminar en

«En pleno invierno, he descubierto en mí un verano invencible».

Albert Camus

los centros comerciales. Nos conocemos y es divertido ver a las mismas personas todos los días». Vincent ha encontrado un hábito saludable que además le pone en contacto con gente que comparte sus aficiones y que le sirve de estímulo. «A veces incluso camino con mi hija, y es divertido porque pasamos tiempo juntos y además no hay peligro porque tan temprano por la mañana las tiendas están cerradas», bromea. «Así que no puede sacarme del circuito para ir de compras». Para cuando termina el invierno, Vincent ha perdido nueve kilos y su médico está encantado con cómo ha mejorado su analítica. Antes era prediabético; en cambio ahora es «la viva imagen de la salud».

Mi amigo Kevin tiene otra actitud. Padece de mala salud y, resignado, dice a menudo, «al envejecer uno tiene que acostumbrarse a la mala salud, la suya y la de los demás». El dolor crónico que produce la artritis, la necesidad de un marcapasos o una prótesis de rodilla son algunas de las dolencias que puede traer consigo la edad. Hacer esfuerzos, por humildes que sean, por combatir sus efectos no solo es productivo, sino, diría yo, fundamental. Mary Elizabeth tiene 84 años y sufre de esas tres dolencias. «Ahora mismo estoy muy limitada físicamente», dice, «pero todos los días puedo hacer algo positivo». Mary Elizabeth se toma en serio sus sesiones de fisioterapia y es una apasionada de la poesía, que le sirve de consuelo espiritual. Mi amiga Elberta, a sus 86 años, tiene un rancho y un imperio de azulejos. Su salud no es la que era, pero se cuida con una dieta equilibrada, humor, ejercicio físico moderado y usando el trabajo como distracción.

Edmund, recién jubilado a sus 65 años, de pronto se encuentra aquejado de dolores y con una sensación de malestar general.

«Creo que necesito hacer alguna actividad», dice. «Cuando trabajaba no tenía ningún problema de salud». Se apuntó a una clase de carpintería para principiantes

> «No llores porque se haya acabado: sonríe porque pasó».
>
> Dr. Seuss

con mucha ilusión. «Estoy probando», dice. Cuando era pequeño disfrutó haciendo mesas y estanterías sencillas en el garaje de su padre.

En cuanto empezó el curso, Edmund notó que recuperaba su energía y los dolores desaparecían. Igual que otros muchos jubilados, lo que le resultaba curativo era la sensación de dedicarse a algo. Su malestar tenía más de espiritual que de físico, aunque se manifestaba físicamente. Gracias a la revitalización del espíritu que le proporcionaba el trabajo —y también a la inspiración de sus compañeros de curso— se dio cuenta de que su buena salud regresaba. «La carpintería es justo lo que necesitaba», dice. «Puede parecer un camino enrevesado a un mejor estado de salud, pero lo voy a tomar. Me siento bien y me estoy divirtiendo mucho». Animado y revigorizado, se entregó en cuerpo y alma, y sin esfuerzo, a sus clases.

A los 78 años, Kaida, psicóloga escolar, tuvo cáncer de pecho. La operación fue un éxito y decidió jubilarse. «Mi problema de salud fue un toque de atención. ¿Cómo quería pasar los años que me quedaban?». Kaida tenía muchos intereses, ahora necesitaba decidirse por uno. Después de años de escuchar a otros, le había llegado el momento de escucharse a sí misma.

A Kaida le encantaban los caballos y decidió sacar entradas de palco para una exhibición ecuestre de purasangres árabes en Denver. Los animales eran preciosos y la llenaron de optimismo. Compró algunas postales de purasangres y las usó para ponerse en contacto con amigos que vivían lejos. «Son las pequeñas cosas», dice, «como volver a conectar con personas hoy sin esperar a mañana. Ahora tengo más claro lo que quiero, y, después del susto, pongo más atención en todo lo que hago. Había oído a gente decir cosas así antes, pero ahora que lo he experimentado, me doy cuenta de lo importante que son las decisiones pequeñas y de hasta qué punto me importan».

«Solo tenemos que decidir qué hacer con el tiempo que nos ha sido dado».

J. R. R. Tolkien

A veces, a medida que cumplimos años, nos toca ser cuidadores. Nuestras parejas también envejecen y en ocasiones sus enfermedades se convierten en responsabilidad nuestra.

Angie cuida de su marido, que tiene Parkinson. Su marido tiene días buenos y días malos, pero la tendencia general no es positiva. Angie lo ve empeorar cada día. El hombre dinámico con el que se casó ya no es dinámico. Angie sigue queriéndolo de corazón, y prefiere ser ella quien lo cuide, pero su labor de enfermera le está pasando recibo. Se encuentra malhumorada, nerviosa e irritable. Cuando le sugerí que hiciera una cita con el artista y dejara a su marido al cuidado de otra persona durante unas horas, se le llenaron los ojos de lágrimas de frustración.

«No quiero dejarlo», confesó.

«Van a ser solo unas horas», insistí. «El descanso os vendrá bien a los dos».

Angie no estaba convencida. Le explicó la idea a su marido enfermo y, para su sorpresa, el ánimo de este mejoró considerablemente.

«Tómate un descanso», le dijo. «Te vendrá bien».

Así que Angie, aunque nada convencida, contrató a alguien que cuidara a su marido un día a la semana para que ella pudiera salir de casa.

Hizo su primera cita con el artista, una visita al acuario, sintiéndose culpable. A medida que observaba peces empezó a relajarse. En la penumbra del acuario lloró suavemente. Se permitió sentir, un lujo que no se había concedido en semanas. Cuando después de una hora salió a la luz del día, se sentía ella por primera vez en mucho tiempo.

De vuelta a casa encontró a su marido también más contento. Había conseguido echar una partida de cartas con su cuidadora y quería saberlo todo de la cita con el artista de Angie. Esta le habló del acuario, de las morenas y de los tiburones. «Cómo me alegra que hayas ido», le dijo su marido y Angie decidió que repetiría una vez por semana, una resolución que su marido aprobó con entusiasmo.

Cuidar de nosotros mismos a menudo ayuda a quienes nos rodean. Ahora que tengo mejor salud, mi perra se beneficia, pues nuestros paseos son más largos y más regulares. Estoy más lúcida como profesora y como escritora. Cuando nos damos a nosotros mismos los demás se benefician también... e incluso es posible que nuestro ejemplo les inspire.

✐ Tarea
Por tu salud

Enumera cinco cosas sencillas que puedes hacer por tu salud, física, emocional o espiritual. Por ejemplo:

1. Ir andando a la biblioteca en lugar de en coche.
2. Dedicar tiempo a visitar esa capilla que tanto me gusta cuando vaya al centro.
3. Llamar a Laura. Esas largas charlas en las que intercambiamos noticias siempre me alegran.
4. Recuperar la costumbre de tomarme un batido de frutas por la mañana.
5. Etcétera.

¿Te sientes capaz de añadir, y cumplir, una o más cosas a tu lista de rutinas diarias?

El equilibro en la pareja

Hay un chiste que dice: «Tener un marido jubilado es como tener un piano en la cocina». El chiste es gracioso, pero no exagera tanto la verdad. Cuando nuestra pareja se jubila, de pronto la tenemos «encima» las vein-

«No hay decepción profunda sin amor verdadero».

Martin Luther King Jr.

ticuatro horas del día siete días a la semana. No es fácil adaptarse. Una ama de casa cuyo marido se jubila puede pasar de tener tiempo para sí misma a de pronto sentirse observada y objeto de críticas. «Me las arreglaba perfectamente sin mi marido», dice una esposa. «Es como tener un niño pequeño en casa», dice otra. «Mi marido espera que le entretenga», dice una tercera, «o eso creo».

Cuando es la mujer la que se jubila también hay que adaptarse. «Mi mujer estaba acostumbrada a ganar dinero. Su jubilación significó menos ingresos y menos autonomía. Yo crecí en otros tiempos y mi madre nunca trabajó. Creo que de manera inconsciente esperaba que mi mujer fuera como mi madre y esa suposición la ofendió profundamente. No me extraña. Ahora me doy cuenta de lo equivocado de mi manera de pensar, pero creo que su jubilación ha sido un trastorno emocional para los dos».

Si la familia fuera un móvil de cuna, la jubilación sacude todas las piezas. El movimiento de una de ellas afecta a todas las demás.

«Me jubilé», dice Jim, «pero mi mujer siguió trabajando. Me sentía desazonado e insatisfecho. En otras palabras, me sentía solo. Echaba de menos a los compañeros de trabajo e, inconscientemente, esperaba que mi mujer se convirtiera en mi compañera de juegos. Pero ella seguía teniendo un trabajo con todas las obligaciones que eso implica. Si he de ser sincero, creo que en cierta manera me daba envidia».

«A mi pobre mujer», dice Jim, «no hacía más que encargarle una cosa detrás de otra. Estaba acostumbrado a tener un equipo al que dar órdenes. Al jubilarme convertí a mi mujer en mi empleada de manera inconsciente. Cuando se opuso a mis expectativas, que, ahora me doy cuenta de ello, eran muy poco razonables, consideré la posibilidad de divorciarme».

«Yo sí que soñaba con el divorcio», dice la mujer de Jim. «Habíamos tenido un matrimonio sólido durante más de treinta años, pero la jubilación lo hizo peligrar de verdad».

Jim me contó lo que al final resultó ser la solución a la difícil situación matrimonial. «Mi mujer sugirió que fuéramos a terapia. Me sentí ofendido; tal y como yo lo veía, lo único que necesitábamos es que mi mujer cooperara. Pero es obstinada y terminé cediendo. El terapeuta nos ayudó a los dos a darnos cuenta de que estábamos subestimando el cambio de poder que llega con la jubilación. A favor de mi mujer debo decir que vio que yo necesitaba su comprensión. En mi favor, que me di cuenta de que no era mi empleada y que, en lugar de sobrecargarla de tareas, necesitaba encontrar proyectos propios. Cuando me concentré en mí, mi matrimonio recuperó el rumbo. Me di cuenta de que me había portado como un niño mimado».

El equilibrio de la pareja cambiará de forma inevitable cuando uno de los miembros, o los dos, se jubile. Aceptar que ese cambio es natural ayudará a la pareja a encontrar un nuevo equilibrio.

Cuando Beatrice, psicoanalista junguiana, cumplió 70 años, su pareja la presionó para que se jubilara. «No estoy preparada», se opuso Beatrice. «Por fin soy lo bastante mayor y lo bastante sabia para hacer algún bien». Así que, desoyendo las protestas de su pareja, continuó con una agenda llena de pacientes e incluso aceptó nuevos casos.

«Te vas a quemar», se quejó su pareja, que estaba felizmente jubilado y deseoso de que Beatrice le imitara. Esta le recordó las enseñanzas de Jung sobre el valor de las personas mayores.

«Me gusta sentirme útil», le dijo a su pareja. «Tengo demasiada energía para jubilarme».

«Me gustaría que viajáramos», insistió su pareja. «Me gustaría ir a Egipto y al Machu Pichu».

«A mí también», contestó Beatrice. «Y creo que puedo encajarlo en mi agenda».

«Amarse a uno mismo es el principio de un romance para toda la vida».

Oscar Wilde

Pero que hiciera sitio en su agenda para viajar un poco no era lo que su pareja quería. Este quería ser el centro de atención de Beatrice. Cuando se dio cuenta de ello, Beatrice tomó la difícil decisión de romper el vínculo que los unía. Siguió en activo diez años más y su trabajo brilló especialmente en la década entre los setenta y los ochenta años. Llegado el momento, se jubiló con dignidad y elegancia.

Cuando la dinámica del hogar se ve afectada por la jubilación de uno o los dos miembros de la pareja es útil recordar que las páginas matutinas son solo para nosotros. Cuando estamos trabajando para cambiar nuestra vida es bueno que parte de ese trabajo se haga en soledad. No necesitamos verbalizarlo todo con nuestra pareja. Podemos escribir: «Me gustaría que Jim no se levantara tan tarde» en nuestras páginas matutinas, y quizá, a continuación: «En realidad, ¿qué más da? Lleva cuarenta años madrugando. Tampoco es tan grave».

> «Que este matrimonio esté lleno de risas, que cada día sea un día en el paraíso».
>
> RUMI

Las páginas matutinas nos ayudan a procesar nuestros sentimientos. Si tuviéramos que parar y contarle a alguien de viva voz cada frase que escribimos antes de sopesarla, es probable que se produjeran situaciones difíciles. Por eso es tan importante que las páginas matutinas sean algo privado. Tengo que dar las gracias porque nunca he vivido con alguien que fuera a leer mis páginas. Pero alumnos míos se han visto obligados a esconder, quemar, guardar bajo llave o romper las suyas. No pasa nada. A menudo los dos miembros de la pareja hacen las páginas. Empieza uno de ellos y el otro le imita, aduciendo «defensa propia». Estas parejas, no obstante, saldrán beneficiadas y capearán mejor las tormentas si cultivan la sinceridad y la confianza.

Cuando nos centramos solo en «limpiar nuestro lado de la calle» nos sentimos más felices y capaces, y en consecuencia estamos más presentes —y de una manera más grata— para los demás.

✐ TAREA
Equilibrio

Haz un rápido inventario personal. ¿Ha alterado tu jubilación el equilibro de tu hogar? ¿Hay alguna cosa que te saque de tus casillas? Si es así, ¿qué parte de culpa tienes tú? Cuando nos responsabilizamos de nuestros actos, nuestras parejas a menudo hacen lo mismo.

EL DOLOR COMO ENERGÍA

El mundo no es plano, aunque los hombres de la antigüedad así lo creyeran. Hizo falta el viaje de Magallanes para demostrar que era redondo. Muchas personas cultivan una creencia tan falaz y nociva como la de que el mundo es plano. Creen que no son creativas. Y solo navegando en dirección a sus sueños podrán comprobar que el mundo es redondo.

> «Algún día, cuando mires atrás, los años difíciles te parecerán los más bellos».
>
> SIGMUND FREUD

Creer que uno no es creativo resulta doloroso, porque nunca es cierto. En toda mi carrera profesional jamás he conocido a alguien que no fuera creativo. Lo duro del dolor es que nos hace sufrir. La buena noticia es que el dolor también es energía, y con un pequeño esfuerzo por nuestra parte podremos reconducir esta energía en beneficio nuestro.

Jesse se jubiló a los 55 años creyendo que «no tenía una fibra de creatividad en su cuerpo». Después de años en un trabajo de dirección corporativa, estaba convencido de que era «tan aburrido como la vida que he llevado». Pero vistos de cerca, resultaba que Jesse y su vida no tenían nada de aburridos. Se había movido y viajado, había esquiado, hecho senderismo, tenía un grupo de amigos íntimos, había leído grandes cantidades de literatura y formado una familia. Cuando se puso a escribir su autobiografía recordó que mucho tiempo atrás había soñado con actuar. «Decidí que al menos podía leer, así que me sumergí de lleno en Shakespeare», cuenta. «Solo interactuar con estas obras ya fue como un gran sueño hecho realidad. Pensaba que no tenía dotes de actor; y sin embargo me moría de ganas. Al final decidí probar y me apunté a una clase de monólogos en la universidad. Fue divertidísimo y me gustaría repetir. Ahora me debato entre dos emociones. Por un lado me siento orgulloso de haberme atrevido a actuar. Por otro, lamento los años que he desperdiciado creyendo que no era capaz». Jesse debe usar ahora ese dolor para avanzar. Pero ya ha dado el paso más importante, que es admitir lo que le ocurre, y eso garantiza que tendrá éxito.

Es posible que lleguemos a la edad madura con dolor psíquico además de físico. A lo largo de los años hemos sufrido heridas y podemos encontrarnos con que, en su mayor parte, las hemos enterrado. Escribir las páginas matutinas y la autobiografía puede sacar esas heridas a la superficie. Al escribir sobre nuestro dolor transformamos nuestras heridas en energía. Esa energía podemos usarla para sanar y para dejar atrás el dolor y avanzar hacia la consecución de nuestros sueños.

Jonah era un distinguido académico especializado en literatura medieval. Había escrito varios libros académicos, pero soñaba con ser novelista. Cuando cumplió 60 años se dijo: «Estoy harto de decir que no puedo. Es ahora o nunca», y escribió su primera novela. La publicó una editorial pequeña y no cobró regalías. Durante un tiempo, Jonah se conformó con la situación, agradecido de que le hubieran publicado su libro. Hasta que un escritor veterano lo leyó y le dijo a Jonah: «Esto merece una distribución más amplia. Es un libro maravilloso». Incómodo, Jonah confesó que no estaba cobrando derechos de autor. El escritor consagrado se enfureció y envió el libro a su agente literario, que fue de la misma opinión que él.

«Nada está escrito. Los obstáculos del pasado pueden convertirse en puertas a un nuevo comienzo».

Ralph Blum

«Contrata a un abogado», le aconsejó el agente a Jonah. «Si logras que se anule el contrato con la editorial pequeña te venderé el libro».

Jonah le echó valor. Contrató un abogado, tal y como le habían aconsejado. Este pudo liberarle del compromiso con la editorial alegando incumplimiento de contrato, puesto que no le habían pagado regalías. A continuación, Jonah contrató al agente literario, apostando así por su propio talento.

«No cambié de actitud hasta que me sentí verdaderamente frustrado», dice. «Pero es verdad que, en ese sentido, mi frustración fue productiva. Estoy orgulloso de mí mismo por actuar en lugar de quedarme atascado. Darle vueltas a lo que me ocurría no me servía de nada, aunque en teoría me sobrara el tiempo para hacerlo».

Cuando nos jubilamos, muchos nos encontramos con que nos sobra tiempo. Y en demasiadas ocasiones lo dedicamos a lamentarnos por cosas que nos hemos hecho, llevados por una desesperación autoinducida. Las personas creativas son melodramáticas y a menudo nos sugestionamos con pensamientos negativos hasta ahuyentar la creatividad. Es importante estar alerta y vigilar que esto no ocurra. Es posible que busquemos un enfrentamiento con nuestros seres queridos, imaginemos panoramas desalentadores para un futuro oscuro y amenazador, o alimentemos la frustración y el resentimiento. La jubilación no es fácil y estos peligros pueden sorprendernos con la guardia baja. «Se suponía que la jubilación sería divertida», rezongamos. En lugar de ello, nos resulta difícil. Eso nos enfada y esa ira a menudo nos incomoda. Es porque no nos damos cuenta de que, en realidad, la ira es energía. Si tenemos un sueño, la ira nos ayuda a hacerlo realidad. La ira es un reto y de nosotros depende enfrentarnos a él con éxito.

Cari había trabajado cuarenta años de pasante. Se jubiló físicamente, pero seguía teniendo la cabeza en el despacho. No hacía más que pensar en uno de los socios,

«Con los hechos de mi vida demostraré que mis críticos mienten».

Platón

al que nunca había logrado complacer y que siempre la había intimidado con críticas mordaces sobre su manera de trabajar.

«Todos los demás estaban contentos conmigo», pensaba Cari, «excepto él. Tendría que habérselo dicho. Debería haberle hecho ver que era una persona competente y segura. Pero me quedaba callada». Cari ensayaba mentalmente una y otra vez lo que debía haber hecho y dicho. «Estoy muy resentida», se reconoció a sí misma. «Ya no trabajo para él y sus críticas me siguen doliendo». Ya jubilada, estaba gastando tanta —o incluso más— energía en su trabajo como cuando estaba activa, y era una forma trágica de malgastar creatividad.

Por sugerencia mía, Cari escribió una carta —sin intención de enviarla— al socio que tanto la había ofendido. Le aconsejé que lo pusiera todo, por pequeño que fuera; que dijera todo aquello que deseaba haber dicho. Cari empezó a escribir la carta, con la ilusión y la convicción de que al final de la misma le esperaba la felicidad.

«Nunca te gusté», escribió. «Nunca elogiaste mi trabajo, por mucho que me esforzara. Heriste mis sentimientos». Se dio cuenta de que su resentimiento tenía mucho de infantil. «Me pareces un egoísta», escribió. «Y un tacaño. Por muy bien que hiciera algo, nunca decías nada. Yo era una buena profesional. De confianza. Jamás metí la pata. Una y otra vez cumplía con éxito lo que me proponía... y te ayudaba a ti a tener éxito».

Cuando Cari terminó la carta, le pedí que me la leyera.

«Es que parece de niño pequeño», se quejó.

«Sí», dije. «El resentimiento tiene mucho de infantil. No pasa nada».

Cari me leyó la carta. A medida que leía, su voz se volvía más firme. Dijo en voz alta que había sido una buena profesional y, al hacerlo, su resentimiento empezó a disiparse. Reconocer su dolor de la misma manera que reconocía el de los demás fue lo que la liberó.

Una vez puso por escrito su resentimiento, Cari se quitó un enorme peso de encima. La ira que había acumulado reviviendo una y otra vez mentalmente su situación ya no la paralizaba. «Estoy preparada para un nuevo reto», me dijo. «Escribir la carta fue duro, pero tener todo ese rencor dentro era más duro aún. Estoy segura de que, decida lo que decida hacer a continuación, no será ni la mitad de difícil». La última vez que supe de ella se había apuntado a clases de improvisación, algo audaz y valeroso, pero ni de lejos la cosa más difícil que había hecho en su vida.

Algunas personas mayores se hacen adictas a la compasión ajena. En lugar de buscar atención positiva a sus logros, buscan atención negativa. En principio, esto puede parecer inocuo; al fin y al cabo, toda atención es buena. ¿O no? Pues no. Ser adicto a la compasión es ser adicto a la debilidad.

Cuando Jude se jubiló después de una ajetreada carrera profesional en publicidad, echaba de menos la atención que estaba acostumbrado a recibir de manera automática. En lugar de tomar medidas para sentirse mejor, se dedicó a estar enfurruñado, convencido de que el mundo estaba obligado a hacerle caso. Su mujer y sus hijos seguían llevando vidas ocupadas y Jude se sentía vacío. A los seis meses de jubilarse empezó a deprimirse. Después de treinta años sin fumar, volvió a hacerlo. Sabía que su comportamiento era autodestructivo, pero insistió. Una vez a la semana jugaba al póquer con amigos y estos repararon en su apatía. En una de las veladas un amigo se quedó después de terminada la partida. Jude le confesó que su vida le resultaba vacía y que fumar era una distracción sin sentido.

«Mi mujer no hace más que regañarme para que lo deje», confesó, y añadió: «Al menos así me hace un poco de caso».

El amigo de Jude no escatimó palabras: «Creo que eres adicto a la atención negativa», le dijo. «Quieres nuestra compasión, no nuestra amistad». Jude protestó, pero en su fuero interno sabía que su amigo tenía razón. Hacía tiempo que le daba vueltas a aprender diseño de páginas web y, espoleado por las palabras de su amigo, se puso a mirar másteres y encontró un programa de grado online que podía hacer desde casa. «Soy algo mayor», le dijo a su mujer, «pero creo que lo voy a intentar». Se presentó, le aceptaron, y sus tardes vacías se llenaron con un nuevo desafío. Dejó de interesarle despertar compasión y en lugar de ello suscitó la admiración de familiares y amigos.

«Vuelvo a ver un sentido a la vida», reflexiona, «y es emocionante. Estoy aprendiendo un oficio propio de personas jóvenes, pero mi experiencia en publicidad ha resultado ser una base excelente. También he dejado de fumar; ¡tengo que poder seguir el ritmo a mis jóvenes colegas!».

Lo cierto es que convertir el dolor en energía positiva puede ser una de las grandes ventajas de la jubilación. Con un poco de voluntad podemos recurrir a nuestras reservas de experiencia, y, de paso, sanar nuestras heridas, trabajando para construir la vida que queremos.

✎ Tarea
El dolor como energía

El dolor gasta energía, pero podemos canalizarlo hacia acciones positivas y productivas si estamos dispuestos a valorar nuestras opciones con ojos nuevos. Escribe deprisa, para evitar censurarte, y termina estas frases:

1. La verdad es que me siento frustrado por...
2. La verdad es que me siento frustrado por...

3. La verdad es que me siento frustrado por...
4. La verdad es que me siento frustrado por...
5. La verdad es que me siento frustrado por...

Ahora, coge toda esa energía que acabas de liberar y úsala en algo creativo.

REGISTRO SEMANAL

1. ¿Cuántos días has escrito tus páginas matutinas? ¿Qué tal fue la experiencia?
2. ¿Hiciste la cita con el artista? ¿Qué fue? ¿Descubriste algo en tu autobiografía que te gustaría explorar en una cita con el artista?
3. ¿Has dado los paseos? ¿Notaste alguna cosa cuando los dabas?
4. ¿Cuántos «ajás» has tenido esta semana?
5. ¿Has experimentado sincronicidad esta semana? ¿En qué consistió? ¿Te hizo sentir humilde, guiado en cierto modo por un poder superior?
6. ¿Qué descubriste en tu autobiografía que te gustaría explorar en mayor profundidad? ¿Cómo te gustaría hacerlo? Como siempre, si tienes un recuerdo especialmente significativo al que necesitas dedicar más tiempo pero no estás aún seguro de qué pasos dar, no te preocupes. ¡Sigue avanzando!

Reavivar una sensación de aventura

Esta semana vas a soñar un poco: ¿qué te divertiría hacer si decidieras forzar tus límites solo un poco? Busca en tu autobiografía y piensa en los riesgos que asumiste... y en los que no asumiste. ¿Qué te hace ilusión y te produce curiosidad? También en el segundo acto de tu vida hay potencial de crecimiento ilimitado. No es demasiado tarde para asumir riesgos creativos por primera vez, para forjar nuevas relaciones y nuevas clases de relaciones, para ver lugares nuevos y alcanzar nuevas metas. Son años de libertad y, en este caso, de aventura.

EL RIESGO POR EL RIESGO

«Si no lo intentas, nunca
acertarás».

WAYNE GRETZKY

En la película *Toro salvaje*, el manager y hermano de
Jake LaMotta le apremia a aceptar un combate que es
posible que no gane. «Merece la pena arriesgarse», le
explica. «Si ganas, ganas. Y si pierdes, ganas también».

Cuando emprendemos un proyecto creativo siempre «ganamos», en el sentido de que nos beneficiamos
de haberlo intentado, aunque los resultados no hayan
sido los que esperábamos. Cuando nos exigimos a nosotros mismos, descubrimos nuevos intereses y forta-
lezas. Ampliamos los límites de nuestro potencial. Escribimos una canción y, con independencia de lo que
pase después de eso, hemos escrito una canción. La
siguiente nos costará menos trabajo. Ahora tenemos
algo en común con otros letristas. El mero hecho de
hacer algo refuerza nuestra autoestima. Como en *Toro
salvaje*, no es cuestión de ganar o perder, sino de coger
experiencia y salir convertidos en la persona que se atrevió a subir al cuadrilátero.

Igual que para Jake LaMotta, el momento más importante es salir al ring. Es el momento en que nuestros
miedos, nuestras dudas, nuestros amigos escépticos o
muchas otras cosas se interponen en nuestro camino.
Debemos estar dispuestos a empezar a pesar de todo.
Los riesgos creativos pueden ser de todas las formas
y colores. Quizá es ponerse a escribir. Puede ser salir
de casa para una cita con el artista en territorio poco
conocido. O contar a un familiar una anécdota que aca-
bamos de recordar. Puede ser coger el teléfono para
llamar a la hermana de un amigo o a un galerista que
nos puede aconsejar. Los riesgos creativos, grandes o
pequeños, amplían nuestros horizontes, y al asumirlos
crecemos.

El arte es una forma de fe que practicamos al prac-
ticarla. Da igual qué forma adopte nuestra creatividad,
al final se reduce a hacer algo a partir de cero. Eso siem-

pre supone un riesgo. Decimos: «Veo esto, creo esto. Imagino esto...». Asumir un riesgo siempre requiere valor. La página o el lienzo en blanco, el escenario o el podio vacío... todos requieren un acto de fe, la voluntad de arriesgar. Como escritora, la página en blanco diaria me supone un desafío. Rezo para ser guiada y a continuación escucho y escribo lo que oigo. Trato de permitir que el gran creador cree a través de mí y a menudo me sorprende la sabiduría de lo que escribo... como si la idea me llegara desde un lugar más allá de mí misma.

Mi hija me dice que escribir es también para ella un paso hacia territorio desconocido. En un año en que el trabajo de actor escaseaba, aceptó el reto de escribir y compuso sesenta y nueve poemas. Mi amigo, el fotógrafo Robert Stivers, primero fue bailarín. Cuando una lesión en la columna le obligó a retirarse, empezó de nuevo en algo completamente distinto: se hizo fotógrafo para captar las formas fluidas que ya no podía adoptar él. Fue una decisión muy arriesgada la de empezar de cero en otra disciplina artística, pero ha dedicado a ella la segunda mitad de su carrera profesional y hoy constituye una parte importante de lo que le define. Haber sido bailarín le convierte en un fotógrafo más perspicaz, más fuerte.

La edad puede traer consigo valor renovado. Riesgos que en otro tiempo nos dio miedo asumir, ahora son riesgos que no podemos seguir evitando. Cuando mires atrás en tu autobiografía, es posible que veas riesgos que evitaste, anhelos recurrentes de cultivar determinada forma artística que ignoraste en más de una ocasión. A veces, el sueño al que más a menudo cerramos los ojos es el que con más insistencia nos persigue. Los sueños no mueren. Podemos hacer algo o no por cumplirlos, pero el ascua del deseo no se apaga. Algunos aducen miedo al fracaso como razón para no perseguir un sueño. Cuando somos jóvenes a muchos nos preocupa lo que otros puedan pensar, o el efecto que puede tener

«Todos nuestros sueños pueden hacerse realidad... si tenemos el valor de ir en su busca».

Walt Disney

asumir ese riesgo en nuestra vida personal o profesional. Al hacernos mayores, estas preocupaciones no pesan tanto, pero el temor a ser demasiado viejos o no estar cualificados puede paralizarnos. A fin de cuentas las razones no importan. El sueño sigue esperando.

Doreen lleva años soñando con ser actriz. Sin embargo nunca se atrevía a presentarse a unas pruebas; le daba demasiado miedo. Así que pasaron los años y el sueño seguía ardiendo en su interior. Cuando cumplió los 65 empezó a trabajar en su autobiografía y vio cómo, década tras década, había ignorado su vocación de ser actriz.

«Sabía que había acariciado la idea, pero hasta que no eché la vista atrás no me di cuenta de con qué frecuencia», dice. «Estoy tristísima y, al mismo tiempo, extrañamente ilusionada. Ahora sé lo que tengo que hacer. No se trata de ser una estrella de cine o que me den un óscar, como soñaba de pequeña, sino de darme cuenta, de reconocer que *quiero actuar*. Punto. Hay algo en mi interior que me impulsa a hacerlo y ahora me doy cuenta de que es una señal para que lo intente».

Cuando el grupo de teatro de su barrio anunció su intención de poner en escena *Arsénico por compasión*, Doreen supo que no podía escapar. Sabía lo que quería, y allí estaba su oportunidad. «Tengo la edad adecuada y me encanta la historia. Es una señal clara». Se armó de valor y concertó una prueba.

«Me costó hacer la llamada de teléfono», cuenta, «pero la mujer que me atendió era muy simpática y no pareció extrañarle nada que quisiera hacer una prueba. Apuntó mi nombre y me dio cita. De alguna manera, el solo hecho de hablar con otra persona convirtió lo que me parecía un salto al vacío en una sucesión de pasos pequeños».

El día de la prueba Doreen madrugó y contó las horas hasta las diez. «Me prometí a mí misma que tenía que presentarme», dice. «Daba igual que me cogieran

> «La imaginación es más importante que los conocimientos».
>
> ALBERT EINSTEIN

o no. Lo importante era salir de mi casa e ir hasta allí. Punto. Me sentiría orgullosa de mí misma, lo celebraría incluso, por haberlo intentado». A esto me refiero cuando hablo de riesgo por el riesgo. Al fijarse como meta algo que podía cumplir —presentarse a la prueba— en lugar de algo que no dependía de ella —que la cogieran— Doreen asumía solo el riesgo necesario.

«Entré en el teatro y leí el texto. Estaba nerviosa. El director me dio indicaciones. Leí una escena con otro actor y me fui. Casi ni me dio tiempo a asimilarlo. Pero lo había hecho. ¡Lo había hecho!».

Imaginad la alegría de Doreen cuando la llamaron para decirle que tenía un papel en la obra.

«Me puse loca de contento», dice. «Pensar que lo que me detenía era presentarme a la prueba... Llevaba sin hacer una prueba desde que actué en una obra municipal de niña. Así que casi sesenta años. Pero me pregunté a mí misma qué iba a hacer: ¿esperar otros sesenta? Y ¿sabes qué? Las pruebas no son algo tan horrible. Lo que hay que hacer es concentrarse en el momento, no pensar más allá». A continuación Doreen asumió un pequeño riesgo tras otro: siendo puntual el primer día de ensayos aunque estaba nerviosa, preguntando al director cuando no comprendía una escena, pidiendo a su marido que le pasara el texto en casa para ayudarla a aprendérselo. «Poco a poco se fue haciendo más fácil», dice. «Una vez conseguía hacer algo bien que me asustaba, me sentía capaz de hacer otra cosa. No pasaba nada. De hecho, los nervios y la emoción que sentía cada día eran de lo más estimulantes. Supongo que es lo que se siente cuando se asumen riesgos».

Muchos llevamos vidas que están, al menos en determinadas áreas, exentas de riesgo. Es posible incluso que las hayamos elegido así porque creemos querer una existencia sin estrés. Pero si el estrés generado por situaciones negativas puede ser perjudicial, el que resulta de superar dificultades puede ser estimulante y motivador. Cuando nuestras vidas se nos antojan rutinarias, tal vez nos sea de ayuda preguntarnos si hay algún riesgo creativo que podríamos asumir pero no lo estamos haciendo. Un poco de riesgo sano nos puede hacer sentir vivos de una manera muy gratificante.

Es importante recordar que los riesgos pueden adoptar múltiples formas. Las posibilidades son infinitas, pero la clave del tipo de riesgo que deberíamos asumir está en nosotros. La respuesta debemos darla nosotros. Hacer arte siempre entraña un riesgo, y la recompensa de las actividades artísticas es la experiencia y una obra propia. Los artistas, tal y como dijo Agnes de Mille, «dan un salto tras otro en la oscuridad». Cuando supe que quería componer canciones, sentarme y ponerme a trabajar me pareció algo muy arriesgado. Pero me enfrenté al reto, me atreví a sentarme al piano y ponerme a componer, ya fuera algo bueno o malo; es decir, me presenté a una prueba ante mí misma. Di «un salto detrás de otro en la oscuridad» y con el tiempo fui creando una obra propia. Muchas de mis canciones han sido interpretadas. Ahora mismo estoy grabando un disco. De no haberme atrevido a escribir esa primera canción, qué distintas serían hoy las cosas.

Cuando era una niña, mi poni Chico saltaba más que muchos caballos. Llevarlo a una clase de saltos siempre era un riesgo. Pero era un riesgo que aprendí a asumir y a disfrutar. Chico salió victorioso en muchas ocasiones. Y si no era así, siempre nos quedaba el amor propio de haberlo intentado. Me sigo enorgulleciendo del valor de que hacía gala, acudiendo a clase una semana tras otra. Saltar con un caballo es el riesgo por excelencia: una vez decides saltar, no hay vuelta atrás. Tomar la decisión y ponerla en práctica genera muchísima energía y satisfacción. Hoy sigo refiriéndome a los riesgos como «saltos». En un día puede haber muchos «saltos»: una entrevista en directo, una conversación telefónica complicada, un programa de viaje apretado.

Pero he aprendido a dar esos «saltos» y también que casi siempre aterrizo de pie.

✐ Tarea
Riesgo

Termina las siguientes frases:

1. Un riesgo que podría asumir sería...
2. Un riesgo que podría asumir sería...
3. Un riesgo que podría asumir sería...
4. Un riesgo que podría asumir sería...
5. Un riesgo que podría asumir sería...

✐ Tarea
Autobiografía, semana once

Años: _____

1. Describe tus relaciones más importantes en ese periodo.
2. ¿Dónde vivías? ¿Viviste en más de un sitio?
3. ¿Qué riesgos asumiste en esos años?
4. ¿Qué riesgos quisiste asumir pero no asumiste?
5. Describe un sonido que te devuelva a esos años.
6. ¿Viajaste en ese periodo de tu vida? ¿Adónde? ¿Por qué? ¿Con quién?
7. ¿Qué metas tenías en ese periodo? ¿Las alcanzaste?
8. ¿Tienen esas metas algo en común con las que tienes ahora?
9. ¿Qué cosas te hacían sentir intrépido en esos años? ¿Y ahora?
10. ¿Qué otros recuerdos significativos conservas de esos años?

Nuevas relaciones

Es paradójico que cuando iniciamos la en apariencia monótona rutina de las páginas matutinas, nos embarquemos en una vida de aventura. Cuando rebuscamos entre nuestros recuerdos en busca de pistas, nos encontramos con un mundo interior primero, y luego exterior, de enorme interés. Una vez exploramos lo que de verdad sentimos, establecer nuevas conexiones constituye toda una aventura.

Perry habría dicho que su vida era aburrida hasta que empezó a hacer las páginas matutinas y descubrió lo contrario. Al escribir sobre su vida diaria comenzó a experimentar un acrecentado interés por las personas, los lugares y las cosas que se cruzaban en su camino. Pronto su interés por el arte moderno se convirtió en una pasión. Para sus citas con el artista elegía galerías y museos. Cuando miraba la obra de otros, se sentía extrañamente relacionado con muchos de los artistas. Tenía la impresión de que su arte expresaba de alguna manera sentimientos profundos con los que se identificaba. Una galería organizó una exposición que le interesaba especialmente y, para alegría de Perry, tuvo ocasión de conocer al artista.

Forjaron una amistad. La obra del artista se basaba en representaciones abstractas de árboles. Perry valoraba la profunda maestría del pintor. Este valoraba ser valorado. Los dos habían cumplido los 60 años. El artista había empezado a pintar a tiempo completo después de jubilarse. Hasta que Perry no se jubiló, no empezó a valorar el arte en toda su dimensión. Ahora disfrutan de una amistad animada y estimulante.

«Me alegro de haber hecho esa cita con el artista», dice Perry. «Hacer cosas solo en ocasiones te trae nuevas amistades». He visto muchas relaciones nuevas surgidas «por casualidad» una vez las personas empiezan a trabajar con las herramientas. Cuando nos conocemos

«Fe es dar el primer paso, incluso cuando no se ve el camino».

Martin Luther King Jr.

mejor a nosotros mismos y emprendemos aventuras que nos resultan atractivas, podemos encontrar almas gemelas por el camino.

Que nos vea otra persona es algo maravilloso. Y sentirse invisible es una situación dolorosa y común a los jubilados, que de pronto se encuentran rodeados de menos personas que cuando trabajaban. Despojados de su «identidad» profesional, muchos se sienten invisibles. Si antes tenían contacto diario con numerosos colegas, ahora pasan mucho más tiempo en soledad. De cada uno de nosotros depende forjarnos una nueva identidad una vez jubilados. Esta identidad empieza, no con cómo nos ven los demás, sino con cómo nos vemos nosotros. Las páginas matutinas revelan nuestro territorio emocional diario a medida que reflexionamos sobre el pasado y hacemos planes de futuro. Las citas con el artista nos ponen en contacto con una parte eternamente joven y desenfadada de nosotros. Cuando nos permitimos florecer y explorar estas facetas, nos sentimos más seguros de quienes somos, y más preparados para conectar de verdad con los demás.

Al envejecer perdemos nuestra identidad también desde el punto de vista sexual. Vivimos en una cultura de exaltación de la juventud y, a medida que la dejamos atrás, comprobamos que se nos ve de manera distinta... o no se nos ve en absoluto. Esto le ocurre a hombres y a mujeres por igual.

«No me miran», dice Randolph. «Me siento como si estuviera en lo alto de una colina y, cuando miro a una mujer con admiración, como un depredador». Randolph, un hombre atractivo con más de 60 años, se desespera con cada nueva arruga. Lo que en otro tiempo llamaba líneas de expresión ahora son simplemente «líneas». Es viudo e intenta resignarse a un futuro sin mujeres. Hace poco se renovó el carné de conducir y necesitó una foto nueva. «¿Así soy?», exclamó horrorizado. «Yo me siento joven, el problema es que no lo parezco». En el ae-

«Si tienes conocimientos,
deja que otros enciendan
sus velas con ellos».

Margaret Fuller

ropuerto de camino a Europa le preguntaron si había cumplido ya los 70. En ese caso podía dejarse los zapatos puestos para pasar el control de seguridad. «No me ponga años, por favor», le dijo al agente del aeropuerto y se quitó los zapatos de buena gana para reivindicar los cinco años que aún le quedan para llegar a esa edad.

Cuando se le anima a que hable de su dolor, reconoce: «Supongo que me siento prescindible». Esta es la esencia del sufrimiento que genera la vejez a los jubilados y pasa por alto un dato fundamental, a saber, que nadie es reemplazable. En las palabras del gran maestro espiritual Ernest Holmes, «Es justo y necesario que seamos individuos... El Espíritu Divino no hizo nunca dos cosas iguales: dos capullos de rosa, dos copos de nieve, dos granos de arena, ni tampoco dos personas. Todos somos únicos hasta cierto punto, pues cada uno tenemos un rostro distinto, pero detrás de todos está la Presencia Divina... Dios [...] Nada se repite».

Mi amiga Andrea se ha divorciado dos veces y ahora sale con un hombre diez años más joven que ella, pero no deja de pensar en la diferencia de edad. «Estás estupenda», le dice él, pero Andrea piensa: «Si nos hubiéramos conocido diez años antes...». Andrea admira y envidia a las mujeres más jóvenes. Aunque cree que la edad la ha hecho más sabia, le preocupa que esa sabiduría no esté acompañada de *sex appeal*. Pero aquí, de nuevo, la sensación que tiene Andrea de ser reemplazable es la razón última de su miedo y tiene poco que ver con la realidad de su situación. Evita «entregarse demasiado» porque teme que su pareja la deje «por una mujer más joven». Pero si nos centramos en lo que no somos, no podremos celebrar y compartir lo que somos, ni conectar de verdad con personas que valoran nuestro verdadero yo. Si nos centramos en quienes somos, en el aquí y el ahora, nos aceptamos a nosotros mismos y permitimos que los demás lo hagan también.

Las personas que se consideran jóvenes de corazón en el segundo acto de sus vidas a menudo encuentran un compañero. La sabiduría que trae consigo la edad les permite valorar y disfrutar al máximo su nueva relación romántica.

«Jamás me habría esperado esto. ¡Qué feliz soy!», exclama Elizabeth. Recién casada por segunda vez, Elizabeth no da crédito a lo que ella llama su «buena suerte». Su marido es un ingeniero jubilado que está «lleno de proyectos». Después de que su primer matrimonio terminara de forma catastrófica, Elizabeth tuvo que sacar adelante sola su rancho haciendo retratos por encargo. Lo consiguió, pero siempre andaba justa de dinero y algunos meses no estaba segura de poder pagar la hipoteca. «Siempre iba a salto de mata y no podía disfrutar mi arte porque había demasiadas cosas que dependían de él». Cuando Elizabeth conoció a Kjell, este acababa de quedarse viudo después de una lucha de siete años con el cáncer de pecho de su mujer. «Era un hombre maravilloso, pero yo no quería ser una "mujer-tirita"». Por su parte, Kjell supo enseguida que Elizabeth era su milagrosa segunda oportunidad de ser feliz. En el cortejo estuvo presente la creatividad de los dos. A Kjell le causaban admiración los retratos de Elizabeth y a esta le entusiasmaban sus «proyectos». Ahora que se había jubilado, Kjell tenía tiempo y energía para dedicar a una relación y empleó grandes dosis de creatividad en cortejar a Elizabeth. Por su parte, esta tuvo que aprender a compatibilizar una relación sentimental con su carrera profesional.

Kjell era divertido y Elizabeth llevaba mucho tiempo sin divertirse. Le costaba trabajo. Trató de no asustarse a medida que descubría lo enamorada que estaba. Cuando Kjell le propuso matrimonio, se hizo cargo de Elizabeth y del rancho. Puso cercas y cancelas nuevas y añadió un picadero cubierto, todo un lujo. Para la boda también tiró la casa por la ventana. «Es la mujer

«Si no cambias nada, nada cambia».

Tony Robbins

que quiero y todo es poco para ella». Por primera vez
en años, Elizabeth pintaba por el placer de pintar. La
alegría de vivir de su marido terminó por contagiarla
y declaraba: «Siempre estamos muy ocupados. A los dos
nos encanta trabajar. La jubilación de Kjell nos proporciona una ocupación a tiempo completo».

Es posible establecer nuevas relaciones con personas que nos traen amistad, emoción y amor. Trabajar
en nuestra autobiografía nos ayuda a que esto suceda.
Cuando regresamos, comprendemos y por consiguiente cerramos nuestras heridas pasadas, entretejemos
nuestro yo pasado con el actual. Esto nos hace más
fuertes. Si somos más fuertes tenemos más que ofrecer
al mundo... y a las personas con las que lo compartimos.

✎ Tarea
Visibilidad

Para que los demás te vean mejor, el primer paso es
verte a ti mismo con mayor claridad. Busca en la autobiografía un momento de tu vida en que te sintieras
invisible o tuvieras la sensación de que lo que hacías no
merecía reconocimiento alguno y escribe sobre ello.
Profundiza en los detalles: ¿pasabas largos días trabajando en una granja y solo tú veías los resultados? ¿Hacía frío y viento? ¿Tenía tu bufanda de cuadros rojos un
zurcido? Describe todo lo que recuerdes. Quizá prefieras usar la tercera persona: «Se levantaba a las tres y media de la madrugada y ponía agua a hervir en una olla
desvencijada mientras sacaba la misma ropa de todos
los días...». Cuando termines de escribir, quizá sientas
que has sido capaz de verte desde fuera, o puede que
necesites compartir este recuerdo con alguien. Es posible que tanto a tu lector como a ti os sorprenda la
intensidad emocional de un recuerdo que creías poco
memorable.

Viajar: en busca de nuevos horizontes

La jubilación puede significar libertad. Ya no nos atan un trabajo o una rutina, y somos libres para viajar. Durante nuestra vida profesional, muchos hemos viajado solo por negocios. Es posible que hayamos asistido a congresos en lugares exóticos y estado tan ocupados que no pudimos disfrutar de la belleza que nos rodeaba.

Cuando Fred se jubiló y empezó a dar vueltas a nuevos proyectos que le resultaran divertidos, comprobó que la palabra «viajar» era la que más le venía a la cabeza. «Pero si ya he viajado», se decía, hasta que se paró a pensar y se dio cuenta de que había ido a muchos lugares maravillosos pero sin explorar, ni disfrutar, de ninguno. En su autobiografía recordó un viaje a Hawái en la cincuentena que le dejó con ganas de pasar más tiempo allí. La cultura y el paisaje le habían cautivado y durante las largas reuniones que habían llenado sus días, había mirado a menudo por la ventana suspirando por lo que se estaba perdiendo. «Me gustaría volver a Hawái», pensó, pero enseguida desechó la idea por considerarla demasiado cara.

«Fred», le insistí. «Investiga las opciones».

«Soy como un niño con la nariz en el escaparate de la tienda de caramelos», refunfuñó obstinado, «al que no dejan entrar. Pero lo que resulta frustrante es que soy yo el que me detengo».

Al día siguiente, al hacer sus páginas matutinas, recordó que entre sus conocidos había una agente de viajes llamada Parker.

«Llámala», le apremié.

Fred protestó, la idea de poner en práctica algo que deseaba mucho le ponía nervioso. «¿Y si no me lo puedo permitir? No voy a ponerla a organizarme un viaje para luego cancelarlo porque es demasiado caro».

«Fred», le dije. «No sabes cuánto cuesta y el trabajo de Parker consiste en presupuestar viajes». Estaba

«Necesitamos reconocer nuestros límites para poder superarlos».

Albert Einstein

claro que por muchos obstáculos que se buscara, Fred tenía verdaderos deseos de hacer ese viaje.

«No puedo gastarme más de mi pensión mensual», dijo por fin.

«Esto está muy bien», le tranquilicé. «Tienes claro el límite que no quieres sobrepasar. Eso le facilitará las cosas».

Escéptico, Fred llamó a Parker y le preguntó si tenían viajes baratos a Hawái.

«Estás de suerte», le dijo esta. «Tengo el billete perfecto». Estaba cuatrocientos dólares por debajo del presupuesto de Fred.

«Sácamelo», dijo este encantado. Y así hizo realidad su viaje soñado. Solo necesitaba ponerse en contacto con su deseo y a continuación investigar un poco. Habían bastado su voluntad de valorar sus opciones y un empujoncito, y ahora se disponía a embarcarse en una gran aventura.

«La parte más difícil fue coger el teléfono para llamar a Parker», confiesa tímido.

Pues claro. Por algo hay un dicho según el cual cuando necesitamos ayuda pero no queremos pedirla, debemos «descolgar un teléfono que pesa cien kilos». Eso no significa que tengamos un trastorno emocional, solo que en ocasiones descolgar el teléfono cuesta.

Pero siempre merece la pena.

George, al igual que Fred, tenía deseos de viajar, pero no llamó a una agencia de viajes, sino que se puso en contacto con AAA, el club automovilístico del sur de California y, con su ayuda, organizó una ruta en coche por parques nacionales.

«Llevaba veinte años viviendo en el suroeste de Estados Unidos, pero no había visitado el Gran Cañón, el Desierto Pintado ni el Valle de los Monumentos. Me encanta conducir y el viaje me resultó una delicia. Iba a mi ritmo, me paraba cuando quería, fue el viaje de mi vida. Decidí que haría uno anual, el siguiente por el

«El destino nunca es un lugar, sino una manera distinta de ver las cosas».

Henry Miller

Pacífico norte. Nunca había hecho acampada, pero me llamaron la atención los campings que vi por el camino. Decidí que podía permitirme una tienda de campaña, y que fuera de calidad. La amortizaría con lo que me ahorraría en hoteles».

A los pocos años de jubilarse George empezó a salir con una mujer viuda. Pensaba que sus excursiones le parecerían una locura, pero en lugar de ello le encantaron y su reacción fue: «Pero, George, ¡qué romántico!». Así que el viaje siguiente lo hizo acompañado.

El viaje en todas sus modalidades, a lugares cercanos y lejanos, alimenta la aventura. Cambiar de entorno, aunque se trate solo de una escapada a una ciudad cercana, rellena nuestro pozo de imágenes y nos recuerda que hay mucho mundo ahí fuera. Algunos se echan a la carretera con una casa móvil, como mis amigos Arnold y Dusty, que primero viajaron desde su hogar en Santa Fe a los rincones más septentrionales de Alaska. A continuación fueron al sur, a la frontera con México. Su caravana les daba seguridad y flexibilidad. Hay muchas maneras de viajar, muchas maneras de ampliar nuestros horizontes y explorar los misterios que encierran los lugares nuevos.

Crista puso fin a un asfixiante matrimonio de treinta años y empezó su jubilación decidida a viajar a media docena de países que llevaba tiempo queriendo conocer. Su marido había viajado mucho por trabajo y luego no le apetecía hacerlo por placer. Ahora que estaba sola, Crista podía hacer realidad sus anhelos. Y le resultó de lo más satisfactorio.

«Antes me intimidaba el proceso de planear el viaje, sobre todo porque tenía que hacerlo sola. La búsqueda, la multitud de posibilidades y de decisiones que había tomar me disuadían. Luego estaba hacer el equipaje y llegar hasta allí, me resultaba trabajoso. Pero claro, una vez en camino, merecía la pena el esfuerzo».

Con el tiempo, Crista descubrió que aunque los preparativos la apabullaban, la satisfacción del viaje

«Uno no descubre tierras nuevas si no está dispuesto primero a perder de vista, durante mucho tiempo, la orilla».

André Gide

le compensaba con creces. «Estoy encontrando mi camino», dice ahora, «y me estoy encontrando a mí misma».

A Allison, el deseo de viajar le llegó poco a poco. Mientras trabajaba en su autobiografía, buscaba obediente pistas de intereses artísticos suprimidos durante los muchos años que había pasado centrada en su trabajo o en el matrimonio. Estaba convencida de que su sueño «tenía» que estar relacionado con la pintura o la escritura. Pero la idea de viajar no dejaba de aparecer. Los países que había soñado con visitar llevaban años llamándola. Entonces un día escribió en sus páginas matutinas: «Viajar es mi vocación artística». Aquello fue un punto de inflexión que además llegó acompañado de la constatación de que podía poner en práctica su amor por la fotografía documentando sus viajes.

«Ahora que vivo el hecho de viajar como una vocación artística, veo mi esfuerzo como el equivalente de convertir el borrador de "vamos a..." en una experiencia que compensa el tiempo y el dinero invertidos», dice Allison. «Si veo el viaje como una sinfonía, el trabajo previo serían la reescritura, los ensayos, y de pronto es maravilloso que forme parte de la creación. No busco crear el viaje perfecto, sino uno lleno de experiencias que añada perspectivas y riqueza a mi vida».

Hoy, Allison ha visitado casi la mitad de los lugares con los que había soñado y tiene el próximo a punto de entrar en la fase de «ensayo». También tiene una pared en el despacho de su casa dedicada a las muchas fotografías tomadas durante sus viajes. «Esa pared me alegra los días», dice radiante.

Chester se jubiló después de una fructífera y dilatada carrera dirigiendo un negocio. En su vida profesional obtenía satisfacción de ayudar a los demás a alcanzar sus objetivos. Ahora, jubilado, sin los objetivos ni la atención que le requerían otros, descubrió que tenía que centrarse en los suyos propios. Siempre había soñado con viajar por Europa. Consultó sus cuentas bancarias y comprobó que tenía fondos suficientes para hacer realidad su sueño. Planear el viaje le generó sensación de ilusión y aventura. Cuando sacó los billetes, su alegría era palpable.

«Me di cuenta de que cuando trabajaba, la sensación de aventura me la daba servir a los demás. Ahora he reservado mi propia aventura en solitario. La sensación es maravillosa».

Amanda, ministra de la Iglesia durante más de veinte años, descubrió que podía colmar su sed de aventura asistiendo a conferencias sobre sus intereses, escuchando a distintos oradores explicar sus teorías sobre la vida cristiana. Luego aplicaba estas teorías a la preparación de sus sermones. Conocer ideas nuevas enriquecía su vida profesional y también personal, la ayudaba a mantener sus ideas tan frescas y emocionantes como en sus primeros años de ministerio.

Para algunos de nosotros viajar requiere mucho tiempo y planificación. Para otros, basta un fin de semana en un lugar cercano para aplacar el gusanillo y alimentar la creatividad. La idea de cada uno de lo que constituye el viaje ideal es única. Pero la recompensa que trae consigo un cambio de escenario siempre influirá en nuestra creatividad, porque llega acompañada de imágenes y percepciones nuevas.

✐ Tarea
Explorar la idea de viajar

Completa las frases siguientes:

1. Un viaje largo apetecible podría ser a...
2. Un viaje corto apetecible podría ser a...
3. Siempre he querido ver...
4. Me gustaría pasar más tiempo en...

5. De los sitios que tengo cerca de casa, me gustaría conocer...
6. Sería divertido viajar con...
7. Preferiría no viajar con...
8. Una cosa que me preocupa de viajar es...
9. Una cosa que me hace ilusión de viajar es...
10. Quizá debería planear un viaje a...

Fijar nuevas metas

Cuando nos jubilamos nos convertimos en nuestros propios jefes. Por muy acostumbrados que estemos a alcanzar metas fijadas por otros, o al menos metas en las que participan otros, a menudo carecemos de experiencia estableciendo objetivos que nos atañan exclusivamente. Es posible que las páginas matutinas nos conduzcan de forma natural a metas propias.

Tengo una bolsa de tela para hacer la compra con citas inspiradoras impresas. Una de ellas anima a poner por escrito metas cuatro veces al año. Fijarnos metas pone en marcha nuestro «ordenador interior», explica la cita. Yo uso las páginas matutinas para fijarme objetivos que plasmo en la página en forma de deseos. «Me gustaría escribir una obra de teatro, pero ¿sobre qué?». Este deseo indefinido pronto se convierte en una tarea. «Mañana empiezo». Una vez la meta se concreta, voy dando pequeños pasos hacia su consecución.

«Me gustaría sentirme más espiritual» se convierte en la meta «Me gustaría leer más plegarias de Ernest Holmes». Empiezan como deseos y se transforman en planes. «Me gustaría estar más en forma» pasa a «Creo que voy a empezar a correr». A continuación matizo con «Mejor empezar poco a poco. Primero diez pasos corriendo y diez caminando, otros diez corriendo y otros diez caminando». No hay ninguna esfera de mi vida que no se beneficie de esta manera tan natural de fijarme metas.

Pueden ser en cualquier campo. Creatividad, espiritualidad, forma física y otras. Cuando me fijo metas, transformo lo impreciso y lo no factible en algo factible. «Me gustaría tener otra fotografía para mis publicaciones» se convierte en «Hablar con Robert para hacerme otra». «Adelgazar» se convierte en «Igual debería hablar con Dick de la dieta vegana. Él ha perdido veinte kilos». Las metas pueden empezar como cavilaciones, deseos, pensamientos y, cuando cobran forma, surgen los planes de acción.

Fijarse objetivos y perseguirlos da mucha energía. Empezamos con las páginas matutinas, explorando nuestros deseos con total libertad. Día tras día, las ideas se van definiendo. De la página surgen planes concretos. Nos vamos conociendo, palabra a palabra, y también palabra a palabra nos volvemos más fuertes.

Me gusta escribir a mano. Cada hoja manuscrita conduce a un pensamiento nuevo. Hace poco un amigo me envió un artículo que afirma que escribir a mano es «más creativo» que hacerlo en el ordenador. Así que sigo redactando a mano los borradores de mis obras, feliz de que se haya demostrado científicamente que eso abre nuevos caminos neuronales. Pero después ¿qué? He puesto mis pensamientos por escrito y ha llegado el momento de usar el ordenador. Estoy entrando en la fase del proceso relativa a la edición y publicación y, por consiguiente, también en la fase electrónica. Hace poco escribí en mis páginas matutinas: «Me resultaría de ayuda saber usar mejor el ordenador», que se convirtió en «Debería buscar a alguien que me ayude. Voy a preguntar...».

Ahora tengo una ayudante, Kelly, que me está enseñando el arte de los ordenadores. Para mí, hacer pequeños progresos en el uso de mis dispositivos resulta liberador y tonificante.

«Nunca se es demasiado viejo para perseguir un nuevo fin, para soñar un nuevo sueño».

Aristóteles

Cuando nos jubilamos también podemos fijarnos metas más ambiciosas, y no es raro que, a estas alturas de la autobiografía, este tipo de metas empiecen a hablarnos al oído. A veces somos muy conscientes de ellas. Otras nos pillan por sorpresa. Es posible que sintamos celos de quienes hacen cosas que nos gustaría saber hacer a nosotros, y puede ser necesaria la intervención de alguien ajeno para que nos ayude a identificar eso que miramos con tanto anhelo.

Andrew había tenido una carrera profesional larga y distinguida como crítico de cine. Cuando se jubiló descubrió que sentía celos de los que todavía, tal y como lo expresaba él, «seguían en el juego».

«Qué suerte tienen los guionistas», me dijo. «No tienen que jubilarse».

Cuando le sugerí que probara a escribir el guion de una película, se horrorizó.

«Soy crítico, no escritor».

«Tú prueba», insistí. Accedió de mala gana. Lo que se interponía entre la escritura y él era su ego. Como crítico, se había acostumbrado a escribir de forma crítica. Ahora era él el que se exponía a las críticas de otros.

«Busca algo que te interese de verdad y escribe sobre ello», le animé.

«Podría escribir sobre mis experiencias en películas», sugirió por fin. «La verdad es que siempre me ha encantado el cine». Una vez empezó a escribir, no dejaron de llegarle ideas. Descubrió que disfrutaba del proceso y que se sentía más cerca que nunca de los guionistas a los que había conocido durante su carrera profesional.

«Mis celos se debían a que evitaba ponerme una meta», me dijo Andrew. «Ahora mismo estoy disfrutando mucho de escribir. Pero en cuanto tenga un borrador, creo que sé a qué escritor me gustaría enseñárselo para que me dé su opinión. Es alguien sobre el que he escrito muchas veces. Es irónico, pero ahora veo el lado

«La brisa del alba tiene secretos que contarte. No te duermas».

Rumi

cómico de la situación. Me encantará su opinión sincera, si está dispuesto a dármela. Por fin me siento parte
del grupo, en lugar de un mero espectador». Andrew
tiene un plan. Una de las cosas más bonitas de las metas
es que a menudo conducen a otras nuevas.

Escribir las páginas matutinas nos permite no perder de vista nuestros objetivos. Es casi imposible escribir un día detrás de otro y no tener ideas sobre qué
hacer a continuación. Y si ignoramos estas ideas, no
harán más que volverse más apremiantes. La autobiografía con frecuencia nos pone en contacto con nuestros
verdaderos sueños. Una vez hemos puesto nombre
a nuestra meta, podemos trabajar de adelante atrás, una
técnica que mi profesor de piano llama «ir por partes».
Vemos el sueño en el horizonte, pero entre nosotros
y ese horizonte hay muchos pasos pequeños. Si recordamos que cada paso es factible, entonces podemos
avanzar. El horizonte no se puede alcanzar de un salto;
es imposible saber tocar una invención de Bach «de la
noche a la mañana» si no hemos estudiado piano nunca. Pero podemos aprender. Paso a paso, nota a nota,
avanzamos. Avanzar siempre es una opción. A medida
que avanzamos, sacamos inspiración para ir un poco
más lejos. Con la voluntad de poner nombre a nuestro
anhelo y la capacidad de descubrir —y dar— el primer
paso necesario para conseguirlo, entramos en una nueva vida que hasta ahora era solo un sueño.

> «El mérito de un hombre
> no reside en lo que
> consigue, sino en lo que
> anhela conseguir».
>
> KHALIL GIBRAN

✐ TAREA
Fíjate una meta modesta

Una meta es lo que nos separa de la sensación de logro.
Algunas son ambiciosas, otras modestas. Alcanzar una
meta pequeña nos da ánimos y nos inspira otra nueva.
Elige una meta pequeña que puedas alcanzar hoy mismo. Ponle un nombre y alcánzala. Fíjate en lo satisfecho

que te sientes. ¿Te está guiñando un ojo una meta más ambiciosa? ¿Le devuelves tú el guiño, preparado para ir en su busca?

REGISTRO SEMANAL

1. ¿Cuántos días has escrito tus páginas semanales? ¿Qué tal fue la experiencia?
2. ¿Hiciste la cita con el artista? ¿Qué fue? ¿Descubriste algo en tu autobiografía que te gustaría explorar en una cita con el artista?
3. ¿Has dado paseos? ¿Notaste alguna cosa cuando los dabas?
4. ¿Cuántos «ajás» has tenido esta semana?
5. ¿Has experimentado sincronicidad esta semana? ¿En qué consistió? ¿Te hizo sentir humilde, guiado en cierto modo por un poder superior?
6. ¿Qué descubriste en tu autobiografía que te gustaría explorar con mayor profundidad? ¿Cómo te gustaría hacerlo? Como siempre, si tienes un recuerdo especialmente significativo al que necesitas dedicar más tiempo pero no estás aún seguro de qué pasos dar, no te preocupes. ¡Sigue avanzando!

Reavivar una sensación de fe

Esta semana te centrarás en celebrar el ahora. En el momento estás a salvo. En el momento, algo te guía. Esta semana terminarás tu autobiografía y te reunirás con tu yo actual. Después de haber recorrido el territorio de tu vida puedes vivir el hoy de manera consciente. Tendrás perspectiva y podrás valorar el camino elegido. Si echas la vista atrás ¿tienes la sensación de haber sido guiado en tu vida? ¿Tienes idea de lo que te gustaría hacer a continuación? ¿Alguna intuición de lo que podría hacerte feliz? ¿Vuelves a sentir que tu vida tiene sentido? ¿Sospechas que ese sentido siempre ha estado ahí y que eras más consciente de él de lo que suponías? Tu «yo» presente y pasado se encuentran en el ahora y te dan fuerza y entereza.

El arte como alquimia

«El estudio y, en general, la
búsqueda de la verdad y la
belleza son actividades en
las que siempre podemos
seguir siendo niños».

Albert Einstein

A los 65 es posible que se nos considere oficialmente «mayores», pero nuestro artista interior siempre será un niño. Adoptamos el papel de persona mayor y procuramos ser fuente de sabiduría y discernimiento para nuestros familiares y amigos. A menudo cumplimos ese papel muy bien, pero lo cumplimos mejor cuando permanecemos en contacto con nuestro niño interior. En nuestras citas con el artista le damos a este la oportunidad de jugar y enseguida nos recompensa con un flujo fuerte y nuevo de creatividad. Descubrimos un recurso interior que nos viene de maravilla... a nosotros pero también a quienes nos rodean. Nuestras fuerzas renovadas nos permiten encontrar nuevas reservas de energía y fe.

Muchos aborrecemos la palabra «mayor». «Suena a viejo», me quejaba yo con frecuencia cada vez que se acercaba un nuevo cumpleaños. Sin embargo, a los 65 es posible que nos sintamos varias décadas más jóvenes. Para escribir este libro tuve que enfrentarme a la realidad. Me gustara o no, a mis 65 años ya era oficialmente una persona «mayor», lo mismo que otros miembros de mi generación que habían trabajado con mi libro *El camino del artista*.

«Pero, Julia», me decían muchos. «No estoy preparado para ser mayor y mucho menos para ser un sabio». Pero para determinadas personas somos mayores y, para algunas, también sabios. Nuestra experiencia vital nos ha hecho sabios... o al menos nos ha acercado a la sabiduría. Si aceptamos ese hecho, nos sentiremos capacitados para poner nuestra experiencia al servicio de los demás. La paradoja es que cuando compartimos nuestra «veteranía» con los que nos rodean, conectamos con la parte más joven y vibrante de nuestro interior.

En el momento de crear no tenemos edad. Nos sentimos al mismo tiempo jóvenes de corazón y mayores y sabios. «Los artistas trabajan hasta el final», me dijo ayer Robert, mi amigo fotógrafo. Y es verdad. Por eso jubilarse de una profesión —incluso si ha sido nuestra ocupación principal— no es, bajo ningún concepto, «el fin». Puesto que el acto de crear algo, lo que sea, nos vuelve atemporales, puesto que el acto de creación está guiado por esa parte interior, juvenil de nosotros, siempre estamos reinventando nuestras vidas mediante el arte. La capacidad de crear es tan innata como la fuerza vital. Diría incluso que creatividad y fuerza vital son una y la misma cosa.

Carla se jubiló de su profesión de óptica sin tener nada claro lo que haría después, pero llena de una energía que necesitaba canalizar en alguna cosa. «Las citas con el artista fueron lo que me dieron la idea», cuenta, «de abrir una pequeña pastelería». Carla había aprendido repostería de pequeña. Una serie de citas con el artista para probar los dulces de su infancia favoritos la animaron a probar a prepararlos ella en casa. «Recordé la felicidad que me daban esos postres y fue una desilusión comprobar que no los vendían en ninguna pastelería cercana. Así que empecé a pensar que podría ser una contribución mía a la ciudad y también un gran placer».

Hoy regenta una pequeña pastelería gourmet. Sus creaciones son deliciosas y también un placer para la vista. Cuando está haciendo repostería, Carla siente que no tiene edad. Tiene la capacidad de disfrute de un niño y el discernimiento de una persona madura. «Me encanta la repostería», dice. «Nada me hace más feliz. Antes de abrir la pastelería atravesé un periodo de aburrimiento y depresión. Necesitaba encontrar algo que me gustara, pero no sabía dónde buscarlo. Cómo me alegro de haber hecho esas citas con el artista que me devolvieron recuerdos y pasiones que ahora me han dado una nueva vida. Para mí, la repostería es vida».

Carla se enorgullece de sus creaciones, que van desde exquisitas galletas de jengibre o pastel de lima

«Tu luz es la que ilumina el mundo».

Rumi

a tarta de chocolate negro con pistacho o de queso con calabaza.

«Nunca me canso de hacer postres», dice Carla. «Qué joven me siento. Espero poder seguir haciendo esto muchos años».

Hacer arte, de la clase que sea, es un proceso alquímico. Al hacer arte convertimos la escoria de nuestras vidas en oro. Al hacer arte nos re-creamos. Cuando trabajamos en nuestra autobiografía, transformamos los acontecimientos de nuestra vida en valiosas aventuras. Cuando escribimos, lo ordinario se vuelve extraordinario; lo normal se vuelve especial. Deslizamos el lápiz sobre el papel y creamos una vida manuscrita. Cuando compartimos nuestras percepciones y descubrimientos con personas cercanas, les ofrecemos una ventana a nuestro mundo. A menudo se extrañan, se asombran incluso, con nuestras vivencias y recuerdos. A menudo nos cuentan las suyas. A medida que aprendemos a conocer y valorarnos a nosotros mismos, tenemos más cosas que compartir y, con más cosas que compartir, descubrimos que nuestras conexiones con los demás son más profundas y numerosas.

Cuando releí mi autobiografía me interesaron algunos recuerdos de infancia que habían aflorado a la superficie. Después de escribir sobre la vez que intenté comer setas mágicas después de leer *Alicia en el país de las maravillas*, usé la experiencia a modo de moraleja con mi nieta, Serafina. Cada vez que recuerdo esta aventura, y aunque me alegra que mi madre supiera lo que había que hacer, sigo valorando mi audacia. Entiendo el razonamiento de aquella niña en busca de magia. Me doy cuenta de que, aunque ya no como setas silvestres del jardín de mi casa, sigo buscando la magia.

Otra historia que recuperé de mi infancia fue cuando nuestra bóxer, Trixie, tuvo cachorros. Eran tan diminutos que no los podíamos coger. Trixie había elegido dar a luz en una ducha antigua que teníamos en el

«Para inventar, bastan la imaginación y unos cuantos cachivaches».

Thomas A. Edison

sótano. Yo aprendí a decir «perrito». Cuando a Serafina empezaron a interesarle los perros le dije «perrito», y pronto imitó el sonido.

Las historias de mi infancia pasan a formar parte de la suya, y de esa manera, siguen vivas para siempre.

«¿Por qué a mí no me las contaste?», quiso saber mi hija, Domenica.

«Porque todavía no las había convertido en oro», le expliqué.

Cuando recordamos con detalle un hecho de nuestra vida, lo transformamos con la magia de nuestra imaginación. Honramos nuestra experiencia. La llevamos con nosotros a modo de fuente de energía y fortaleza. Nuestro niño interior sigue floreciendo cada vez que honramos su memoria... y sus deseos actuales. Cuando escribí sobre las aventuras de infancia que mi mejor amiga Lynnie Lane y yo corríamos en nuestro club secreto de las «Rough Riders» las transformé en los trabajos de Hércules. Mis recuerdos se vuelven oro.

Nuestro yo juvenil está muy vivo, es ávido y curioso. Es aquella parte de nosotros que crea y atesora nuestros recuerdos valiosos. Al valorar nuestras experiencias, al trabajar para hacer realidad nuestros sueños nos recreamos hoy. Cuando aceptamos nuestra edad, debemos aceptar también qué le gustaría hacer a continuación a nuestro yo juvenil. Puede ser seguir una dieta sana o dedicarse a la repostería. Puede ser comprar unas acuarelas o entablar una nueva amistad. Sea lo que sea, nos llamará la atención, nos atraerá, nos reavivará. Sea lo que sea, debemos cultivarlo.

✐ Tarea
La fuente de la juventud

Todos hemos tenido la sensación de que el tiempo se nos escapa de las manos. Intenta recordar diez actividades que te hayan hecho sentir joven y a continuación elige una y hazla.

1. Me siento joven cuando...
2. Me siento joven cuando...
3. Me siento joven cuando...
4. Me siento joven cuando...
5. Me siento joven cuando...
6. Me siento joven cuando...
7. Me siento joven cuando...
8. Me siento joven cuando...
9. Me siento joven cuando...
10. Me siento joven cuando...

TAREA
Autobiografía, semana doce

AÑOS: _____

1. Describe tus relaciones más importantes en ese periodo.
2. ¿Dónde vivías? ¿Viviste en más de un sitio?
3. ¿Qué cambios importantes viviste en esos años?
4. Describe un momento en el que te sentiste guiado.
5. Si repasas por encima tu autobiografía, ¿sientes que algo ha ido guiando tu vida?
6. Ahora que has revisitado toda tu vida, ¿sientes que tienes un objetivo o una vocación?
7. ¿Qué has visto de ti mismo en tu autobiografía que ahora valores?
8. ¿Qué otros patrones detectas, relacionados con tu creatividad, al repasar tu vida?
9. ¿Qué otros recuerdos significativos conservas de esos años?
10. ¿Qué te gustaría hacer ahora?

Una vida sin arrepentimiento

Al escribir la historia de nuestra vida nos ponemos en contacto con nuestra sabiduría interior. Esto nos sirve a menudo para superar lamentaciones pasadas. El acto de escribir: «Si hubiera...» revela con frecuencia lo sabio de no haber tomado determinado camino. A medida que escribimos nuestra historia vemos nuestro destino con más claridad. Vemos las muchas elecciones que hemos hecho y valoramos su significado.

Cuando escribí *El camino del artista*, mi entonces agente cinematográfico leyó el manuscrito y me dijo: «Julia, dedícate a escribir guiones. ¿A quién le va a interesar un libro sobre creatividad?». Cerca de cuatro millones de lectores más tarde, veo lo inteligente que fue escribir un libro en lugar del guion de una película. A raíz de ese punto de inflexión he escrito más de cuarenta libros.

El camino del artista fue lo que yo llamo un «kit de apoyo a la creatividad». Sus herramientas ayudaban a los artistas a confiar en sí mismos. Me hice una reputación de «ayudante»... y debo decir que es una manera muy agradable de ser famosa. En cuanto a las películas, *El camino del artista* ha servido de apoyo a muchos actores y directores. Hace poco impartí un seminario en Nueva York y cuál sería mi sorpresa al reconocer a una conocida actriz de cine. Había usado el kit de apoyo de *El camino del artista* para su carrera meteórica.

Trabajar en la autobiografía nos ayuda a reconciliarnos con nosotros mismos. En ocasiones vemos que el camino tomado era el correcto. En otras encontramos un sueño enterrado que ahora tenemos el valor de perseguir. Con frecuencia, algo de lo que creíamos arrepentirnos se manifiesta como nuestro destino una vez lo revisitamos en la autobiografía.

Muchos llegamos a la jubilación decepcionados con nosotros mismos. Durante nuestra vida profesional es

«La experiencia no es aquello que nos sucede, sino lo que hacemos con aquello que nos sucede».

Aldous Huxley

probable que hayamos cumplido los objetivos y sueños de otros, a menudo ignorando los nuestros. Ahora que por fin somos libres de hacer lo que nos interesa, nos encontramos con que debemos centrarnos de manera cuadriculada en nuestros sueños para así poder decir que no nos arrepentimos de nada.

Para salir del bloqueo creativo, es necesario proceder despacio y con cautela. Nuestro propósito es cerrar viejas heridas, no abrir nuevas. Cammie, directora creativa publicitaria, era una música excelente que a menudo componía los temas de los anuncios cuya producción supervisaba. «Soy compositora», bromeaba, «pero solo de anuncios de treinta segundos». Entonces se enamoró y se casó. Su marido era músico en un estudio de grabación. A menudo tocaba los temas publicitarios que Cammie había compuesto. Pero al poco tiempo esta dejó de componer. Decidió que su marido era el «verdadero» músico de la familia. Dejó de componer y se contentó con mirar desde la barrera. Aunque era incapaz de admitirlo, echaba de menos escribir música. Cuando se puso a trabajar en su autobiografía y vio su actividad de compositora desaparecer con los años, todo su dolor por haber abandonado esa faceta creativa salió a la superficie.

«Me arrepiento de haber perdido tanto tiempo», me confesó. «Es como si hubiera llevado la vida equivocada».

«Enfréntate a tu música como a tus páginas matutinas», le dije. «Empieza a componer, pero solo para ti. A tu artista interior le asustó el arte de tu marido, así que compón, pero, de momento, no se lo enseñes a nadie. Necesitas devolver la confianza a tu artista interior». Por las mañanas Cammie escribía sus páginas matutinas y a continuación se sentaba al piano a esperar a que le llegara una melodía. A medida que pasaron los días y una melodía conducía a otra, se sintió aliviada. «Ahora me estoy expresando de la manera que necesitaba», me dijo. «La expresión en sí es casi lo más importante. Sí, es muy posible que cuando llegue el momento le enseñe mis composiciones a alguien, pero de momento el acto de escribir está mitigando mi sensación de arrepentimiento. No me atrevía a componer por miedo al dolor por todo ese tiempo "perdido"; de lo que no me daba cuenta es que ese dolor se iría componiendo. Quizá llegue un momento en que tenga la sensación de que el tiempo "perdido" —el dolor en sí— me ha hecho mejor compositora».

Vahn empezó su autobiografía nervioso por tener que regresar a un episodio de su adolescencia del que se había arrepentido muchas veces. A los dieciocho años había dejado embarazada a su novia y, después de pensárselo mucho, ambos habían decidido abortar. Ahora, cincuenta años después, su decisión seguía atormentándolo. Quería escribir un libro que sirviera de ayuda a los jóvenes.

«Quiero escribir, pero me da miedo», me dijo. Le animé con las páginas matutinas. Me hizo caso, y al cabo de un mes empezó a escribir su libro soñado. «Es como si cada vez que doy un paso en dirección a mi sueño, el universo diera dos», me explicó. «El acto de escribir es en sí mismo curativo». Cuando Vahn se reconcilió con su pasado a través de la autobiografía fue capaz de contarlo, conectando por fin con otras personas alrededor de algo que había mantenido en secreto mucho tiempo.

«Una vez al mes voy a un centro de rehabilitación. Hablo de mi pasado de adicción e incluyo el episodio del aborto. Luego se me acercan hombres para darme las gracias. "Yo también he vivido eso", me cuentan. Empecé a beber y a consumir drogas de forma compulsiva después del aborto, que me había dejado una herida profunda. Mi objetivo era automedicarme, pero, claro, el alcohol solo sirvió para ahondar la herida. No

«Todo el mundo es un genio. Pero si juzgas a un pez por su habilidad para subirse a un árbol se pasará la vida convencido de que es tonto».

Albert Einstein

era capaz de perdonarme. Era católico y fui a confesarme. El sacerdote me dijo poco menos que iría al infierno por lo que había hecho. Mi reacción fue abandonar la Iglesia. Pasaron veinte años hasta que volví a leer sobre temas espirituales. Conocí a un ministro de la Iglesia que me ayudó a cambiar la idea que tenía de un Dios castigador por otro misericordioso. Ese es el mensaje que quiero transmitir a los jóvenes. Al hablar con otros hombres me di cuenta de que el aborto es un tema que se trata más entre mujeres. Yo no tenía ningún hombre con el que hablar de mi experiencia y estoy comprobando que estos hombres tampoco. Mi dolor puede ser fuente de sabiduría o terapéutico para otros. Es posible que ayudar a otros me ayude a dejar atrás el dolor y el arrepentimiento».

Todos conservamos heridas abiertas de nuestra juventud. El arte nos ayuda a restañarlas. El arte ventila el sótano y el ático, abre los armarios de par en par y actúa de bálsamo para nuestras a menudo viejas heridas. El arte es como una aspiradora espiritual que accede a todos los rincones. En este sentido, el arte es autobiográfico, y todo arte encierra poder de curación.

En ocasiones las heridas son de gravedad. Adrienne acudió a mí porque estaba desesperada por escribir, pero le daba miedo. La animé a que probara a hacer las páginas matutinas, pero se mostró reacia.

«Hagamos un trato», le dije. «Escribe y si es un desastre, empiezas a ir a terapia».

Así que Adrienne empezó a escribir. Al cabo de unas seis semanas llegó a clase nerviosa. Me dio un sobre de estraza y anunció: «Es mi primer relato». Me llevé el sobre a casa y a la noche siguiente me senté a leerlo. La historia era maravillosa, pero inquietante. Trataba de un incesto. Llamé a Adrienne y le propuse que tomáramos un café. Cuando estuvimos sentadas, le pregunté si el relato era autobiográfico.

«Mientras respires nunca será demasiado tarde para hacer algo bueno».

Maya Angelou

«Sí», dijo. «Es el fantasma al que me daba miedo enfrentarme».

«¿Recuerdas el trato que hicimos?», le pregunté. «Búscate un buen terapeuta».

Unas semanas más tarde Adrienne me dio un segundo sobre de estraza. «Otro cuento», me dijo. «Y, por cierto, ya estoy yendo a terapia».

Esa noche abrí el sobre. De nuevo el relato trataba sobre un incesto. Pero la heroína de ficción se enfrentaba a la persona que abusaba de ella. Adrienne y yo volvimos a quedar a tomar café.

«Me ha encantado tu cuento», le dije. «La protagonista es muy valiente».

«Sí, a mí también me gusta», respondió Adrienne. «En la vida real, la persona que abusó de mí está muerta. En la ficción pude darle un final a la historia. Dice mi terapeuta que mi escritura me ha resultado curativa. Y yo también lo creo».

No todas las heridas son tan graves como las de Adrienne. Pero, con independencia del daño causado, el arte puede ayudar a curarlo. El arrepentimiento es doloroso, pero en nosotros está siempre el poder de emprender una acción positiva y mitigar ese dolor.

✎ Tarea
Cambiar para bien

A estas alturas del curso puede que tengas la sensación de que quieres hacer cambios en un terreno que te resulta intimidatorio. Coge papel y lápiz y escribe sobre un momento de tu vida en el que un cambio te parecía algo negativo, pero visto en retrospectiva resultó ser para bien. Cuando recuerdes ese momento, trata de pensar en un cambio al que te estés resistiendo que también vaya a ser para bien. ¿Eres capaz de ver un lado positivo a tu situación actual?

La magia del hoy

La vida se vive día a día. Pero muchos nos desviamos del día que estamos viviendo para irnos al pasado o al futuro. El pasado está terminado, el futuro aún no ha llegado. Solo podemos vivir el hoy. Cada día bien vivido es algo bello que nos reporta un pasado más satisfactorio y un futuro más prometedor.

Cuando rezo cada noche para que Dios me revele su voluntad, este me guía en la siguiente dirección correcta. Da igual que nuestra costumbre diaria sea preguntar la voluntad de Dios o simplemente escribir las páginas matutinas para ver qué nos descubren, siempre hay algo pequeño que podemos hacer para que nuestro presente sea productivo. Centrarnos en el ahora nos genera una sensación de satisfacción. Nuestra vida diaria se vuelve plena.

El doctor Carl Jung creía que el trecho último de la vida debía ser un periodo de reflexión, que al repasar los años transcurridos, seríamos capaces de encontrarles un significado. Cuando honramos la historia de nuestra vida explorándola en la autobiografía, mediante el arte, mediante palabras o enseñanzas a otros, construimos un legado. Les decimos a nuestros descendientes quiénes y qué fuimos. Vemos cómo nuestro pasado nos ha conducido hasta lo que somos hoy. Escribiendo las páginas matutinas, por el contrario, nos centramos no en el pasado, sino en el presente. Las páginas nos ayudan a «permanecer en el ahora». Nos ayudan a encontrar sentido y gracia en nuestros días.

Nuestras vidas profesionales exigían que prestáramos atención al presente, a nuestros horarios y agendas del momento. Liberados de las exigencias impuestas por el trabajo, es posible que nos sintamos asustados y sin rumbo. Necesitamos anclarnos una vez más en el presente. Cada mañana las páginas nos aportan sabiduría, los conocimientos que necesitamos para el momento presente.

Para muchos de nosotros, las páginas terminan siendo adictivas. Nos «enganchamos» a esa costumbre de gestionar nuestras vidas tal y como son, aquí y ahora.

Rae empezó a escribir las páginas matutinas de mala gana. Estaba segura de que la llevarían al divorcio. Tenía la constante sensación de que su matrimonio hacía aguas y no dejaba de imaginar un futuro negro y desolador. Las páginas no tardaron en devolverla al presente y, para su sorpresa, le inculcaron una sensación de responsabilidad respecto a su matrimonio.

«Me gustaría que mi marido fuera más abierto conmigo», escribió. Y después, solo un párrafo más tarde: «Creo que tengo que ser más abierta con mi marido». Animada por las páginas, empezó a comunicarse más. Para su sorpresa, su marido reaccionó haciendo lo mismo. En cuestión de semanas Rae se sintió más feliz y satisfecha con su matrimonio. En lugar de malgastar tiempo y energía en preocuparse por el futuro, se centró en mejorar, y disfrutar, el presente.

«Al final resultó que no necesitaba un cambio grande, drástico y por lo tanto destructivo. Solo aclarar unos sentimientos complejos que, en última instancia, no eran tan complejos como me había temido». Le insistí, como hago a menudo con alumnos en quienes las páginas matutinas operan un cambio positivo, a seguir escribiendo. Las páginas nos ayudan a mantener el rumbo. Rae siguió escribiendo, procesando así las variaciones diarias en el terreno emocional. «Las páginas son como un buen consejero matrimonial», escribió un día. «Me impidieron cometer un error gravísimo. El divorcio no era la respuesta. La respuesta era la comunicación». Por obvio que parezca este consejo, cuando la lucidez procede de nosotros mismos es verdaderamente profunda. Cuando encontramos solos las soluciones es porque las hemos interiorizado y podemos ponerlas en práctica

«Debemos estar dispuestos a renunciar a la vida que habíamos planeado para poder aceptar la vida que nos espera».

Joseph Campbell

«No te hagas viejo por muchos años que vivas... Nunca pierdas la curiosidad infantil ante el gran Misterio de la existencia».

Albert Einstein

siendo fieles a nosotros mismos. Los consejos que nos llegan de fuera, aunque sean el mismo, no son, ni de lejos, tan poderosos.

Algunos pensamos que hemos dejado atrás los años más interesantes de nuestras vidas. Si nos centramos en el presente, veremos que nuestras vidas siguen siendo fascinantes y nuestras percepciones, profundas.

Hace poco recibí una carta de una mujer en la sesentena llamada Nicki que empezó a escribir las páginas matutinas en la cárcel. ¿El delito cometido? Posesión de marihuana. ¿La condena? Siete años. «Las páginas me permitieron encontrar la manera de sobrevivir a la monotonía de la cárcel», me decía. Diez años después, ya libre, las páginas siguen ayudándola a gestionar su vida.

«Aprendí», dice, «a vivir en el mañana, a no pensar en los días que me faltaban para cumplir mi sentencia. Descubrí que el "ahora" estaba lleno de ideas. Incluso estando en prisión, a mi imaginación le crecieron alas».

Muchos pensamos en el tiempo como un larguísimo rollo de tela que va «desde hoy hasta que me muera». Pensar así, en el tiempo como «lo único que tenemos», no nos hace ningún bien. Nos permite procrastinar y nos impide usar nuestro tiempo de manera productiva. Sería mucho mejor que nos propusiéramos vivir día a día. Al despertarnos por la mañana y sentarnos a hacer las páginas matutinas cuestionamos, aclaramos, consolamos, persuadimos, priorizamos y sincronizamos al día que empieza. «¿Qué puedo hacer hoy?», nos preguntamos. La respuesta llega en forma de dosis de acción razonable.

Mi amiga Jane lleva cuarenta y cinco años en un camino espiritual. Cuando la llamo para contarle un problema siempre dice: «Suena duro, pero, de momento, hoy estás bien». Da igual de qué clase de problema se trate, Jane le da su dimensión justa centrándose en el ahora. Hace poco tuvieron que hospitalizarla y practicó centrarse en el ahora para sus propios problemas. El médico le dijo que le quedaban tres días de vida. Jane recibió la noticia con ecuanimidad. Cuando la llamaban amigos, aterrorizados, siempre decía: «Estoy *perfectamente*» y se negaba a caer en el melodrama. Hoy, tres meses después del veredicto del médico, su lección de permanecer en el ahora es un ejemplo para mí y para muchos otros amigos. Las cosas pequeñas de la vida son las bendiciones del ahora.

«Sin prisa pero sin pausa» es un dicho que todos hemos oído alguna vez, y yo siempre lo he interpretado como «¡No corras!». Hasta que pensé que también puede querer decir que sin prisas se terminan consiguiendo las cosas, y con las cosas me refiero a lo que tenemos entre manos hoy, en este momento. Así fue como comprendí que ese enfoque, el de primero un día y después otro, podía hacerme avanzar más deprisa que imaginar un futuro todavía por construir. La magia de permanecer en el aquí y ahora es que en un día solo puede pasar un número determinado de cosas, y una vez aceptemos, y terminemos la tarea que nos hemos fijado para ese día comprobaremos cómo, sin darnos cuenta, hemos avanzado más de lo que jamás habíamos sospechado.

«Solo hay dos días al año en que no se puede hacer nada. Uno se llama ayer; el otro, mañana».

Dalai Lama

✏ Tarea
En un día

Centrarse en el presente no siempre es fácil, pero si lo conseguimos la experiencia siempre resulta mágica. A menudo saltamos hacia atrás o hacia el futuro porque sentimos que es «demasiado tarde» o «demasiado pronto» para empezar algo. Damos por hecho que el paso siguiente nos queda grande o que es un tren que hemos perdido ya. Cuando nos centramos en el tiempo de que de verdad disponemos, en el hoy, vemos todo lo que podemos conseguir «en un día».

Completa las frase siguientes.

1. Hoy puedo...
2. Hoy puedo...
3. Hoy puedo...
4. Hoy puedo...
5. Hoy puedo...

No estás solo

Por las mañanas escribo mis páginas matutinas. Por las noches pido a los que ya no están conmigo que me guíen. Hago preguntas y permanezco atenta a las respuestas, por ejemplo: «¿Podría hablar con mamá?». Y entonces «oigo»: *Julie B., siempre estoy contigo. Vas bien encaminada. No te desanimes. Tus tías y yo trabajamos para que tengas ingenio y sabiduría. Siempre estamos contigo, tan cerca como tu propio aliento.*

Los mensajes de mi madre me resultan reconfortantes. A continuación, busco a mi padre. «¿Podría hablar con mi padre?», pregunto. Y «oigo»: *Julie B., te protejo y te guío. Pídeme que te oriente y vendré a ti. Estás a salvo y protegida.*

Los mensajes que me llegan del «más allá» son, sin excepción, positivos. Muchas veces me he preguntado si son «reales» o producto de mi imaginación. Desde luego *suenan* reales y, al releerlos, encuentro paz y serenidad. Cuando solicito que me hablen fuerzas superiores en un sentido más general, me llegan mensajes en segunda persona del plural del tipo: *Te protegemos y te guiamos. Estás bien, estás orientada. Te guiamos poco a poco. Paso a paso.*

Al igual que los mensajes de mis padres, los que proceden de fuerzas superiores, más misteriosas, son al mismo tiempo serenos y amables. Si su contenido es invención mía, lo importante es que me reconfortan.

«Todo avanza y se expande; nada se destruye».

Walt Whitman

En lugar de limitarme a «echar de menos» a las personas que se fueron antes que yo, disfruto una sensación de contacto permanente.

Podemos probar a escribir a aquellos que han muerto. Cuando menos lo esperemos podemos encontrarnos con que nos contestan. Con el tiempo, se crea un verdadero diálogo que busca respuestas a problemas y ofrece soluciones a los mismos.

June empezó a intentar contactar con sus amigos fallecidos porque sin ellos se sentía sola. Echaba de menos sus consejos y su compañía. Imaginad su sorpresa cuando estos le contestaron que también la echaban de menos.

«Fue un alivio tener noticias suyas. Comprobé que habían muerto en cuerpo, pero no en espíritu. Nuestra relación era sutil, pero continua. Comprobé que estaban deseando ayudarme».

También Carl mantiene una relación con personas fallecidas. «Me quedé asombrado», dice. «No esperaba establecer contacto, y vaya si lo hice. Tenía muchas preguntas y obtuve muchas respuestas. Pedir ayuda a mis amigos muertos se convirtió en una costumbre. Pensé que estaba un poco loco hasta que hablé con un sacerdote jesuita que me dijo que también pedía ayuda a amigos que se habían muerto. Luego abrió un cajón de su mesa y me enseñó una baraja. En cada carta había un nombre y una necrológica. "Si tengo un problema de salud, pido ayuda a un amigo médico", me explicó. "Si se trata de algo legal, pregunto a mi amigo, el abogado. Mis amigos son como mis santos particulares y siempre están deseosos de ayudarme"».

Poco a poco descubrimos que no hay faceta de nuestra vida que no pueda beneficiarse de ayuda espiritual. En la intimidad de nuestras páginas, experimentamos un despertar del espíritu. Poco a poco empezamos a pedir ayuda y a dar gracias cada vez que la recibimos. Es posible que nuestras parejas noten un cambio en

«Cuéntales historias».

Phillip Pullman

nosotros y en nuestra actitud. No tenemos por qué explicarles que se trata de un cambio espiritual. Nuestro despertar es algo personal, pero es un despertar.

Ponerme en contacto con quienes ya no están aquí me reconforta. Creo que hay vida después de la vida y a medida que avanzamos hacia (y después dejamos atrás) nuestros años dorados, el velo que separa este mundo y el siguiente se vuelve más delgado. Si pedimos que nos guíen, seremos guiados. Si actuamos de mentores de aquellos más jóvenes que nosotros, encontraremos nuestros propios mentores. Si buscamos establecer relaciones con aquellos que ya se han ido, nunca estaremos solos. Terminamos la autobiografía con una sensación de fe renovada y más firme. Somos parte de todo lo que ha sido y de todo lo que será. Estamos en contacto con otros mundos y transmitimos nuestra fe en esta conexión a modo de último, y más valioso, legado.

✐ Tarea
Pregunta y escucha

«Progresión: esa es la clave de la felicidad».

Ruth Montgomery

Esta semana prueba a hacer preguntas directas a personas que han muerto y a «oír» su respuesta. ¿Sientes la presencia de una sabiduría superior? ¿Las respuestas que recibes te parecen reales? ¿Reconoces la voz de alguien con quien has intentado contactar? ¿Empiezas a sospechar que no estás solo?

🗒 Registro semanal

1. ¿Cuántos días has escrito tus páginas matutinas? ¿Qué tal fue la experiencia?
2. ¿Hiciste la cita con el artista? ¿Qué fue? ¿Descubriste algo en tu autobiografía que te gustaría explorar en una cita con el artista?

3. ¿Has dado paseos? ¿Notaste alguna cosa cuando los dabas?
4. ¿Cuántos «ajás» has tenido esta semana?
5. ¿Has experimentado sincronicidad esta semana? ¿En qué consistió? ¿Te hizo sentir humilde, guiado en cierto modo por un poder superior?
6. ¿Qué descubriste en tu autobiografía que te gustaría explorar con mayor profundidad? ¿Cómo te gustaría hacerlo? Como siempre, si tienes un recuerdo especialmente significativo al que necesitas dedicar más tiempo pero no estás aún seguro de qué pasos dar, no te preocupes. ¡Sigue avanzando!

EPÍLOGO

Renacer

Llegados al final del libro, es mi deseo que, una vez hecho el trabajo, te sientas una persona más plena y especial de lo que habías imaginado. Espero que hayas reconectado con tu pasado y aprendido todo lo que tu viaje personal tiene que ofrecer a los que te rodean. Espero que hayas encontrado la fortaleza y la energía interiores que te impulsen al «segundo acto» de tu vida. Mientras avanzas, te animo a que sigas haciendo las páginas matutinas, las citas con el artista y los paseos. Estas herramientas aseguran tu creatividad futura. Al usarlas encontrarás una y otra vez que la respuesta a la pregunta «Y ahora ¿qué hago?» es sencilla, profunda y factible.

«Prueba esto», nos invitan las páginas. Y lo probamos. A medida que cumplimos años tenemos mucha sabiduría que comunicar. Creer en nuestra propia creatividad es un talento que podemos transmitir. Nuestros hijos y nietos, amigos y colegas se benefician de este convencimiento. Cuando nos ven llevar vidas nuevas, más vibrantes, en ocasiones deciden usar también ellos las herramientas. Nuestras acciones enseñan a quienes nos rodean que ellos también pueden atreverse a soñar.

Todos, sin excepción, somos creativos.

Tarea
Lista de deseos

A modo de despedida, una última herramienta que, además, es una de mis favoritas. La sencilla pero poderosa «lista de los deseos». Numera de 1 a 20 y completa las frases:

Quiero...
Quiero...
Quiero...

Los deseos pueden ir de lo frívolo a lo profundo, y a menudo está a nuestro alcance hacerlos realidad.

¿Cuáles son los tuyos?

Agradecimientos

Tyler Beattie
Dorothy y James Cameron
Sara Carder
Joel Fotinos
Gerard Hackett
Linda Kahn
Joanna Ng
Martha y Rob Lively
Susan Raihofer

Este libro
se terminó de imprimir
en el mes
de junio de 2017